국가직무능력표준
National Competency Standards

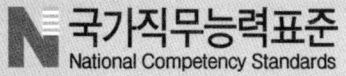

일반기업회계기준
한국채택국제회계기준
공통 반영

개정 최신판!

회계원리
필기이론

정호주 저

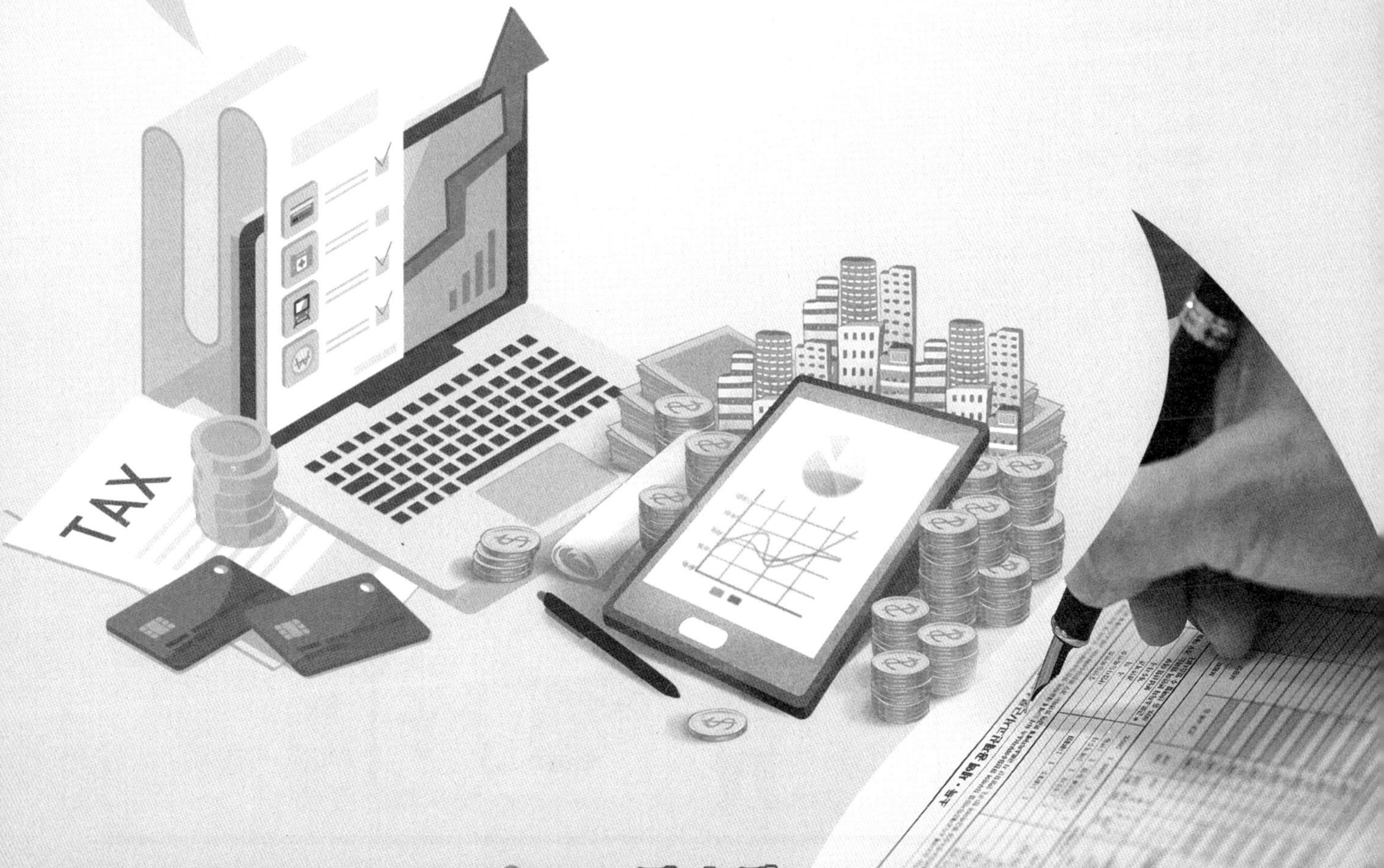

도서출판 파스칼
www.pascal25.com

【 저자 소개 】

정호주
- 단국대학교 경영대학원 회계학과 4학기 수료
- 성결대학교 주최 전국정보과학경시대회(전산회계부문) 출제위원 역임
- 대한상공회의소 하계직무연수 초빙강사 역임
- 전산회계운용사 대비 회계원리 입문편, 3급, 2급 필기 및 실기(sPLUS 및 CAMP sERP) 수험서
- 전산회계운용사 대비 원가회계 2급 필기 수험서
- 한국세무사회, 한국공인회계사회 공통 대비 회계원리 입문편
- 한국세무사회 대비 전산회계 1급, 2급 이론 및 실기 수험서
- 2015 개정 교육과정 인정교과서 '회계원리'
- 2015 개정 교육과정 인정교과서 '회계정보처리시스템' (sPLUS)
- 2022 개정 교육과정 인정교과서 '회계원리'

개정 최신판!
회계원리 필기이론

- **발행일** 2025년 1월 3일 26판 1쇄 발행
- **지은이** 정호주
- **펴낸이** 정호주
- **펴낸곳** 도서출판 파스칼
- **등록번호** 제2021-000324호
- **홈페이지** www.pascal25.com
- **편집·디자인** 전정희
- **주소** 서울특별시 마포구 월드컵로 23길 51
- **전화** 02-2266-0613
- **팩스** 02-332-8598
- **ISBN** 979-11-983505-7-2
- **내용문의** 010-3820-4237

"God bless you"

● 본 서에는 저자의 독창적인 아이디어가 많이 수록되어 있으므로, 저자의 동의 없이 본 서의 내용을 무단으로 전재(인터넷 강의 콘텐츠 및 교과서 포함)하면 과거와는 달리 관계당국에 의법조치합니다. / Copyright ⓒ 1997 by Jung Ho-ju · Chon Chong-hui / 파본 및 낙장은 구입하신 서점에서 교환하여 드립니다.

개정 최신판을 내면서 ...

회계원리 필기이론이 1997년 4월, 당시 '도서출판 파스칼'에서 스피드 회계원리 필기3급으로 첫 출간되었으나 IMF 구제금융과 세계적 금융위기 및 코로나-19 등 수차례의 변곡점으로 인해 회사명이 2번 변경되어 출간되었고 오늘에 이르러 제26판을 교사용 지도서와 학생용을 구분하여 출간하게 되었다. 회계원리 필기이론의 나이로 보면 26년을 맞이한다. 무엇보다 그동안 여러 교육기관의 선생님들과 독자 여러분의 성원에 깊은 감사를 드린다.

이번 최신 개정판에서는 다음과 같이 구성하였다.

1. 세법의 개정으로 '접대비' 계정을 '기업업무추진비' 계정으로 수정하였으며 최근까지 개정된 일반기업회계기준을 먼저 소개하고 한국채택국제회계기준(K-IFRS)을 보충 설명하는 식으로 구성하였고, 객관식 문제도 문제 지문에 주석을 수록하여 이 한 권의 책으로 대한상공회의소 전산회계운용사검정시험과 한국세무사회 전산회계자격 2급 및 1급시험 및 한국공인회계사회 FAT 2급 및 1급시험에 공통대비가 되도록 교사용 지도서를 출간하여 학습 지도에 도움이 되도록 하였다.

2. 전산회계운용사 국가기술자격 검정시험의 새로운 출제기준(2025. 1. 1. ~ 2027. 12. 31)을 더욱 면밀하게 분석하여 부족한 내용을 추가하였으며 한국세무사회 및 한국공인회계사회 전산회계 자격시험에도 변화되는 출제 흐름에 맞도록 정리하였다.

3. 2022 개정 교육과정의 인정 교과서의 핵심 개념을 전산회계 관련 시험의 출제 기준과 맞추어 빈틈없이 정리하여 본 '회계원리 필기이론' 수험서가 기본 교과서에 완벽한 보충이 될 수있도록 각 단원마다 꼭 다루어야 할 문제들로 구성하였다.

4. 전산회계 자격 검정시험은 필기와 실기시험을 통과하여야 합격하므로 대한상공회의소에서 시행하는 국가기술자격검정시험과 한국세무사회 시행 국가공인 민간자격시험에서의 계정과목 등이 서로 다른 점이 있으므로, 본서에서는 해당 계정과목에 보충설명을 하고, 단원 뒤에 기업회계기준의 비교표를 수록하였다.

끝으로 본 서를 통하여 독자 여러분의 각종 시험에 대한 합격의 확신과 자신감을 갖게 되기를바라며 앞으로도 언제나 항상 새롭고, 알찬 내용, 정성을 다하는 마음으로 독자 여러분과 함께 나아갈 것을 약속드린다.

양화진 언덕에서 한강을 바라보며
저자 정호주 씀

C·O·N·T·E·N·T·S ...... 차례

01 회계의 기초
1. 회계의 기본 개념 10
2. 기업의 재무상태 18
3. 기업의 손익계산 25
4. 거래 35
5. 계정 43
6. 분개와 전기 48
7. 시산표와 정산표 62
8. 결산 67
※ 일반기업회계기준과 한국채택국제회계기준(K-IFRS)의 비교 75

02 재무상태표 계정의 회계 처리
1. 현금및현금성자산(Ⅰ) 78
2. 현금및현금성자산(Ⅱ) 86
3. 단기예금(단기금융상품) 100
4. 금융자산(단기매매증권) 106
5. 재고자산(상품) 114
6. 상품 계정의 보조부 134
7. 외상매출금·외상매입금 148
8. 신용카드와 체크(직불)카드 155
9. 기타 채권·채무 158
10. 어음거래 171
11. 매출채권의 손상(대손) 181
12. 유형자산과 무형자산 189
13. 개인기업의 자본 204
14. 주식회사의 자본 213
15. 거래와 사용 장부 218
※ 일반기업회계기준과 한국채택국제회계기준(K-IFRS)의 비교 223

03 | 손익계산서 계정의 회계 처리

1. 수익·비용의 개념과 회계 처리 ·· 226
2. (종업원)급여 ·· 230
※ 일반기업회계기준과 한국채택국제회계기준(K-IFRS)의 비교 ········· 237

04 | 결산 및 전표회계

1. 시산표 ·· 240
2. 손익의 정리 ·· 246
3. 결산 정리 사항의 수정(정산표) ··· 257
4. 원장의 마감 ·· 266
5. 재무제표 ·· 270
6. 전표회계 ·· 284

▶ 해 답 편

※ 정답 및 해설 ·· 292

Ⅰ 회계의 기초

1. 회계의 기본 개념
2. 기업의 재무상태
3. 기업의 손익계산
4. 거래
5. 계정
6. 분개와 전기
7. 시산표와 정산표
8. 결산
※ 일반기업회계기준과 한국채택국제회계기준의 비교

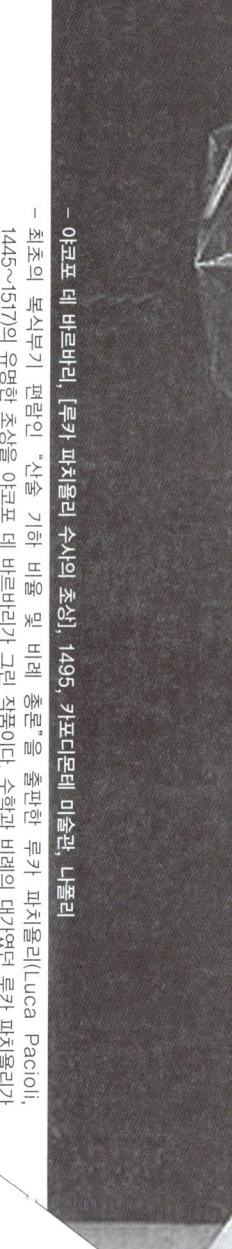

- 야코포 데 바르바리, (루카 파치올리 수사의 초상), 1495, 카포디몬테 미술관, 나폴리
- 최초의 복식부기 책들인 "산술 기하 비율 및 비례 총론"을 출판한 루카 파치올리(Luca Pacioli, 1445~1517)의 유명한 초상을 야코포 데 바르바리가 그린 작품이다. 수학과 비례의 대가였던 루카 파치올리가 대수학 문제를 풀고 있고 오른쪽에는 회계 장부가 보인다. 회계 전문가가 가족과의 관계에서 우월한 조재로 묘사되는 그림 중에 가장 유명한 작품이다.

대단원 미리보기

회계를 의미하는 영어는 'accounting'이다. 이 용어는 이 단원에서 곧 배우게 될 계정(計定, account)에서 유래된 것이고 회계(會計)라는 한자어는 여러 사람이 모여(會, 모일 회) 함께 헤아린다는(計, 헤아릴 계) 두 음절로 구성되어 있다.

제1장에서는 회계에 대한 '감(感)'을 터득할 수 있도록 회계의 개념과 종류, 회계의 구성 요소 및 회계의 순환 과정에 대하여 학습하기로 한다.

이 단원의 주요 용어

◆ 알고 있는 용어에 체크해 보고, 주요 용어를 중심으로 이 단원을 학습해 보자.

- ☐ 회계 정보 이용자
- ☐ 회계 단위
- ☐ 회계 연도
- ☐ 재무제표
- ☐ 재무 상태표
- ☐ 손익 계산서
- ☐ 자산
- ☐ 부채
- ☐ 자본
- ☐ 거래의 8요소
- ☐ 계정
- ☐ 분개
- ☐ 결산 절차
- ☐ 원장 마감
- ☐ 회계의 순환 과정

01 회계의 기본 개념

1 회계(accounting)의 뜻과 목적

(1) 회계의 뜻

회계는 기업의 경영 활동으로 인하여 발생하는 현금·상품·채권·채무 등의 증감 변화를 일정한 원리에 의하여 기록·계산·정리하여 얻어진 유용한 정보 (useful information)를 기업의 회계 정보 이용자들에게 전달하는 과정이다.

(2) 회계의 목적

① 투자 및 신용 의사 결정에 유용한 정보를 제공해야 한다.
② 미래 현금 흐름 예측에 유용한 정보를 제공해야 한다.
③ 재무 상태, 경영 성과, 현금 흐름 및 자본 변동에 관한 정보를 제공해야 한다.
④ 경영자의 수탁 책임 평가에 유용한 정보를 제공해야 한다.

Note
- 회계의 주체 : 기업
- 회계의 대상 : 재산 및 자본
- 의사 결정 : 장차 일어나리라고 생각되는 상황에서 목표나 특정 수단을 선택하는 것(경영진은 장차 경영 방침의 수립, 투자자는 투자 계획의 수립 등)
- 회계 정보 이용자의 의사 결정에 유용한 정보란? 기업의 미래현금흐름의 크기, 시기 및 불확실성을 예측하는데 도움을 주는 정보를 말한다.

【 NCS 연결고리 】

능력 단위	이해관계자 관리 (0201010109_22v2)	능력 단위 요소 (수준)	투자자 관리하기(0201010109_22v2.1) (5수준)
			협력사 관리하기(0201010109_22v2.2) (5수준)
영역과의 관계	기업의 이해관계자인 회계 정보 이용자를 파악하고 관리하는데 도움이 될 것이다.		

기업의 다양한 회계 정보 이용자에는 투자자(주주), 채권자, 경영자, 정부기관, 종업원 및 일반대중 등이 있으며, 이들은 기업과 재무적으로 이해 관계에 있으므로 기업으로부터 얻으려고 하는 회계 정보는 정보 이용자마다 서로 다르다. 회계 정보 이용자는 내부 정보 이용자(경영자, 종업원)와 외부 정보 이용자(투자자, 채권자 등)로 나눌 수 있다.

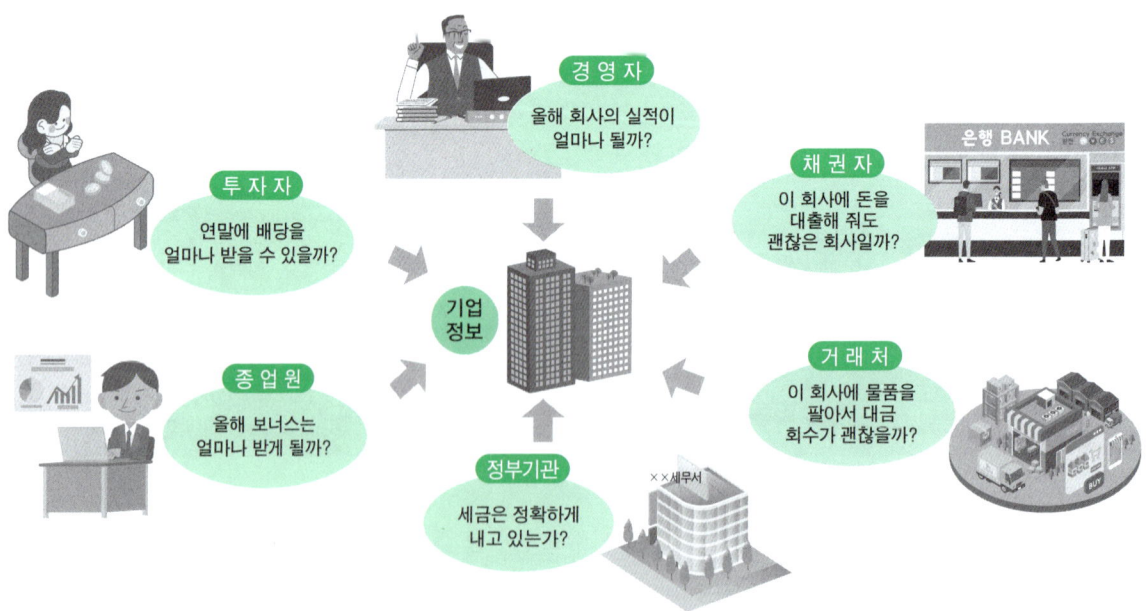

Chapter One

2 회계 정보 이용자의 이용 목적에 따른 회계의 분류

회계 정보 이용자는 기업 내부의 경영진 등과 같은 내부 정보 이용자와 투자자, 채권자 등의 외부 정보 이용자로 구분되는데, 이러한 회계 정보 이용자들을 기준으로 재무회계와 관리회계 및 세무회계로 분류한다.

(1) 재무회계 (financial accounting)

기업의 외부 정보 이용자인 투자자나 채권자 등에게 경제적 의사 결정에 유용한 정보를 제공하는 것을 목적으로 하는 회계이다.

(2) 관리회계 (managerial accounting)

기업의 내부 정보 이용자인 경영진에게 관리적 의사 결정에 유용한 정보를 제공할 것을 목적으로 하는 회계이다.

(3) 세무회계 (tax accounting)

기업의 외부 정보 이용자인 세무관서에 일정기간 기업의 과세소득을 기준으로 납부할 세금을 산출하는데 필요한 정보를 제공하는 것을 목적으로 하는 회계이다.

> **Note**
> - 재무회계는 과거 기업의 경영 활동 결과로 나타나는 기업의 재무상태와 경영성과 및 재무상태의 변동내용을 재무보고서(재무제표)등의 형태로 정보를 제공하는 분야이다.
>
> - 관리회계는 기업의 경영진이 기업을 합리적으로 경영할 수 있도록 과거나 현재의 정보보다는 미래 지향적인 정보를 제공하는 분야이다.
>
> - 관리회계의 특수 목적 보고서는 장차 회사의 사업 계획에 관한 보고서라든가 제조업에서의 제품 생산에 대한 원가명세서 또는 마케팅전략에 대한 내부 보고서 등을 말한다.

【 회계의 분류 】

구 분	재무회계	관리회계	세무회계
목 적	외부 보고 목적	내부 보고 목적	세무 보고 목적
정보 이용자	투자자 등 외부 정보 이용자	경영자 등 내부 정보 이용자	과세관청
보고 형태	일반 목적의 재무제표	특수 목적의 재무보고서	세무조정계산서
보고 기준	회계기준을 따라야 한다.	일반적인 기준이 없다.	법인세법 등 세법규정
시간적 관점	과거지향적(객관적)	미래지향적(주관적)	과거지향적(객관적)

3 회계의 역할

(1) 회계는 기업의 정보 이용자인 투자자와 채권자들이 보유하고 있는 한정된 경제적 자원(economic resources)의 배분과 관련된 의사결정을 하는데 공헌한다.

(2) 주식회사는 소유자인 주주와 전문경영진이 분리되어 있다. 이에 경영진은 주주나 채권자로부터 받은 재산을 효율적으로 관리·운용하고 보고하는 책임을 수탁 책임(stewardship)이라 하고, 이를 회계의 수탁 책임 보고의 기능이라고 한다.

(3) 회계 정보는 그 밖에 세무당국의 과세 결정을 위하거나, 노사간의 임금협약 및 국가 정책 수립 등 사회적 통제의 합리화에 많이 활용되고 있다.

4 부기와 회계

(1) 부기(book-keeping)의 뜻

부기란 '장부에 기입한다'를 줄인 말로서 기업이 소유하는 재산 및 자본의 증감변화를 일정한 원리원칙에 따라 체계적으로 장부에 기록·계산·정리하여 그 원인과 결과를 명백히 밝히는 것을 말한다.

(2) 부기와 회계의 차이점

부기는 기업의 경영활동으로 발생하는 경제적사건을 단순히 기록·계산·정리하는 과정을 중요시하는 반면에, 회계는 부기의 기술적인 측면을 바탕으로 산출된 회계정보를 기업의 이해관계자들이 합리적인 판단이나 의사결정을 할 수 있도록 유용한 경제적정보를 식별·측정·전달하는 과정이라고 정의된다. 즉, 부기란 회계정보를 산출하는 기법으로서 회계의 일부분에 속한다.

> **Note**
> ▶ 식별이란 삼성전자의 전자제품 판매와 같은 경제적 사건을 특정한 조직(삼성전자)과 관련된 경제적 활동(전자제품 판매)으로 구별하는 것이다.
>
> ▶ 인식이란 경제적 사건의 경제적 효과(현금의 유입)를 재무제표에 표시하는 것이다.
>
> ▶ 측정이란 식별되고 인식된 경제적 사건 및 거래에 대해서 합리적인 추정이나 판단을 통해서 화폐가치로 표시하는 것, 즉 재무제표의 기본요소의 금액을 결정하는 것이다.

5 복식부기의 발달 과정

(1) 13세기경 이탈리아 상업도시 베니스, 피렌체, 제노아 등에서 금전대차 및 물자 공급 관리 수단으로 사용하던 장부 기록 방법이 그 기원이다.

(2) 복식부기의 최초 소개

1494년 이탈리아의 상업도시 베니스에서 승려이자 수학자인 루카 파치올리(Lucas pacioli)가 저술한 '산술·기하·비 및 비율총람(summa)' 중의 제2부 '기록·계산에 대하여'라는 부분에서 최초로 소개되었다.

> ▶ 우리나라는 이보다 앞서 12세기경 고려시대 말엽부터 조선시대까지 개성상인들이 창안한 '사개송도 치부법'이라는 송도부기가 있었으나, 계승 발전이 되지 못하였다.
>
> ▶ 루카 파치올리는 기업인이 성공하는 3가지 조건을 제시하였는데 충분한 현금과 신용, 우수한 경리인 그리고, 기업의 모든 거래를 단번에 파악할 수 있는 회계제도를 들었으며, 그가 저술한 책의 첫머리에 "신의 이름으로"라고 표시하여 진실한 장부기록의 중요성을 강조하였다.

6 부기의 종류

【 NCS 연결고리 】

능력 단위	비영리회계 (0203020109_20v4)	능력 단위 요소 (수준)	비영리 대상 판단하기(0203020109_20v4.1)(4수준)
영역과의 관계	비영리조직의 회계 보고를 위하여 비영리 대상을 파악하는데 도움이 될 것이다.		

(1) 기록·계산하는 방법에 따른 분류

① 단식부기

일정한 원리가 없이 상식적으로 단순한 수준에서 현금이나 재화의 증감 변화만을 기록·계산하는 것으로 소규모 상점에서 적용하는 방법이다.

> ▶ 손익의 발생을 알 수 없으므로 불완전 부기 방법이다.

② 복식부기

일정한 원리·원칙에 따라 재화의 증감은 물론 손익의 발생을 조직적으로 기록·계산하는 완전한 장부기입 방법으로 대규모 기업에서 적용한다.

▶ 정규의 부기 방법이다.

(2) 이용자의 영리성 유·무에 따른 분류

① 영리부기

영리를 목적으로 하는 기업에서 사용하는 부기로서 상업부기, 공업부기, 은행부기, 건설업부기 등이 있다.

② 비영리부기

영리를 목적으로 하지 않는 가계나 학교, 관공서 등에서 사용하는 부기로서 가계부, 학교부기, 정부관청부기, 재단부기 등이 있다.

7 회계 단위 (accounting unit)

기업이 소유하고 있는 현금, 물품, 채권, 채무 등의 증감 변화를 기록·계산하기 위한 장소적 범위를 회계 단위라 한다. 예 본점과 지점, 본사와 공장

▶ 하나의 기업은 하나의 회계 단위가 되는 것이 원칙이지만 필요에 따라 몇 개의 회계 단위로 나눌 수 있다. (= 회계 범위)

8 회계 연도 (fiscal year, F/Y)

기업은 영업을 시작한 날로 부터 폐업하는 날까지 경영활동이 무한히 계속되므로 그 기간 전체에 대한 경영성과를 파악하기는 어렵다. 따라서 인위적으로 6개월 또는 1년으로 기간적 범위를 정하여 명확한 재무상태와 경영성과를 파악하여야 하는데 이러한 회계 기간을 회계 연도라 한다.

▶ 현행 상법 규정에서 회계 연도는 1년을 초과하지 못하도록 규정하고 있으며, 회계 기간의 설정은 반드시 1월 1일부터 12월 31일로 할 필요는 없다.

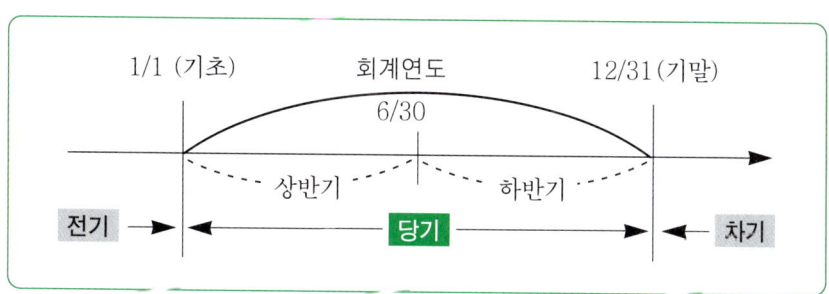

- **기초**: 회계 연도가 처음 시작하는 날
- **기말**: 회계 연도가 끝나는 날
- **전기**: 앞 회계 연도
- **당기**: 현재 회계 연도
- **차기**: 다음 회계 연도
- **이월**: 다음으로 넘기는 것

기본연습문제

1. 다음 (   )안에 알맞은 용어를 써 넣으시오.

(1) 과거의 회계는 경영자가 자신의 수탁 책임을 기업의 소유주에게 보고하는 것으로 인식되어 왔으나, 오늘날에는 기업의 이해관계자들이 합리적인 의사 결정을 할 수 있도록 유용한 (   )를 제공하는 것을 목적으로 하고 있다.

(2) 회계는 회계 정보 이용자들을 기준으로 외부 보고 목적인 (   )와 세무회계 및 내부 보고 목적인 (   )로 분류한다.

(3) 부기는 기록·계산하는 방법에 따라 (   )와 (   )로 나누어지며, 이용자의 영리성 유무에 따라 (   )와 (   )로 나누어진다.

(4) 기업이 소유하고 있는 재산 및 자본의 증감 변화를 기록·계산하는 장소적 범위를 (   )라 하고, 인위적으로 설정한 기간을 (   ) 또는 (   )(이)라 한다.

(5) 복식부기를 최초로 소개한 책은 (   )년 이탈리아의 승려이자 수학자인 (   )가 저술한 '산술·기하·비 및 비례총람' 이다.

(6) 회계의 역할은 희소한 경제적 자원의 효율적 (   ) 및 (   )책임에 관한 보고와 그 밖의 사회적 통제의 합리화에 공헌한다.

2. 다음은 회계의 기본 개념에 대한 설명이다. 옳은 것은 ○표, 틀린 것은 ×표를 (   )안에 표기하시오.

(1) 회계의 목적은 회계 정보 이용자가 합리적인 판단이나 의사 결정을 할 수 있도록 기업 실체에 관한 유용한 경제적 정보를 제공하는 것이다. (   )

(2) 회계 기간은 일반적으로 6개월 또는 1년으로 구분되며, 모든 기업은 1월 1일부터 12월 31일까지를 반드시 회계 기간으로 정해야 한다. (   )

(3) 회계의 역할은 경제적 자원의 효율적 배분 및 수탁 책임에 관한 보고와 그 밖의 사회적 통제의 합리화에 공헌하는 것이다. (   )

(4) 회계와 유사한 것을 부기라고 하지만, 실질적으로는 같은 개념이다. (   )

(5) 복식부기는 일정한 원리·원칙에 의하여 기록, 계산하는 장부 기입 방법으로 주로 대규모 기업 경제 단위에서 적용한다. (   )

(6) 기업이 소유하는 재화 및 채권, 채무 등의 증감 변화를 기록하는 장소적 범위를 회계 연도 또는 회계 기간이라고 한다. (   )

(7) 기업의 투자자, 채권자 등 외부 정보 이용자를 위한 회계 영역을 재무회계라 한다. (   )

(8) 회계에서 결산보고서(재무제표)상의 모든 항목(재산 및 자본)의 측정 단위는 화폐액이다. (   )

(9) 전산 회계 프로그램을 이용하여 재무보고서를 작성하는 경우 입력자료가 정확하지 않아도 제대로 된 회계 정보를 얻을 수 있다. (   )

(10) 측정이란 재무제표의 기본요소의 금액을 결정하는 것이고, 인식이란 기업의 경제적 사건을 재무제표에 공식적으로 기록하거나 포함시키는 과정을 말한다. (   )

3. 다음 중 영리부기에 '영', 비영리부기에는 '비'를 (   ) 안에 써 넣으시오.

(1) 상 업 부 기 (   ) (2) 공 업 부 기 (   ) (3) 학 교 부 기 (   )
(4) 은 행 부 기 (   ) (5) 재 단 부 기 (   ) (6) 가 계 부 기 (   )
(7) 건 설 업 부 기 (   ) (8) 관 청 부 기 (   ) (9) 수 산 업 부 기 (   )

4. 다음 보기에서 아래의 설명에 해당하는 용어의 기호를 (   ) 안에 써 넣으시오.

> 보기
> ⓐ 루카파치올리   ⓑ 당기   ⓒ 기초   ⓓ 차기
> ⓔ 회계 연도   ⓕ 회계 단위   ⓖ 기말   ⓗ 전기
> ⓘ 복식부기   ⓙ 차기이월   ⓚ 영리부기   ⓛ 전기이월
> ⓜ 재무회계   ⓝ 관리회계

(1) 회계 연도가 시작하는 날 ……………………………………………… (   )
(2) 회계 연도가 끝나는 날 ………………………………………………… (   )
(3) 앞의 회계 연도 …………………………………………………………… (   )
(4) 정규의 부기방법으로 대부분의 기업에서 사용 ………………………… (   )
(5) 다음 회계 연도 …………………………………………………………… (   )
(6) 장부에 기록하는 장소적 범위(본점과 지점) …………………………… (   )
(7) 장부에 기록하는 시간적 범위 …………………………………………… (   )
(8) 앞의 회계 연도에서 넘어오다. ………………………………………… (   )
(9) 다음 회계 연도로 넘어가다. …………………………………………… (   )
(10) 내부 보고를 목적으로 하는 회계 ……………………………………… (   )
(11) 외부 보고를 목적으로 하는 회계 ……………………………………… (   )
(12) 세계 최초로 복식부기를 소개한 사람 ………………………………… (   )
(13) 현재 회계 연도 ………………………………………………………… (   )
(14) 영리를 목적으로 하는 상업부기, 은행부기 등 ……………………… (   )

적중예상문제

1. 합리적 의사결정을 하는 기업의 회계 정보 이용자 중 내부 정보 이용자로 옳지 않은 것은?

   ① 대표이사　　　　　　　② 종업원
   ③ 채권자　　　　　　　　④ 그룹 회장

2. 회계의 궁극적인 목적으로 가장 적절한 것은? ★★★

   ① 채권자들에게 과세 결정의 기초 자료를 제공한다.
   ② 투자자들에게 경영 방침 및 경영 계획 수립을 위한 자료를 제공한다.
   ③ 경영자에게 기업의 수익성과 지급 능력을 측정하는 데 필요한 기준 정보를 제공한다.
   ④ 기업의 모든 이해관계자들이 합리적인 의사결정을 할 수 있도록 유용한 회계정보를 제공한다.

3. 회계의 목적은 기업의 이해관계자에게 유용한 정보를 제공하는 것인데, 이해관계자가 필요로 하는 정보로 적절하지 않은 것은? ★

   ① 세무서 : 세금을 얼마나 내는지에 대한 정보
   ② 경영자 : 영업이익이 얼마인지에 대한 정보
   ③ 종업원 : 성과급을 얼마나 받을지에 대한 정보
   ④ 채권자 : 배당금이 얼마인지에 대한 정보

4. 다음은 회계의 기본 개념에 대한 토론 내용이다. 잘못 설명하고 있는 학생을 있는 대로 고른 것은? ★

   - 영철 : 일정한 원리·원칙으로 기록하는 방법이 단식부기다.
   - 창용 : 회계 기간은 1년을 초과할 수 없다.
   - 정식 : 외부 관계자를 위한 영역을 재무회계라 한다.
   - 경훈 : 기록·계산하는 장소적 범위를 회계 기간이라 한다.

   ① 영철, 경훈　　　　　　② 경훈, 창용
   ③ 영철, 정식　　　　　　④ 창용, 정식

5. 회계 정보와 그 역할에 대한 설명으로 옳지 않은 것은?

① 경영자는 회계 정보를 생산하여 외부 이해관계자들에게 공급하는 주체로서 회계정보의 공급자이므로 수요자는 아니다.
② 경제의 주요 관심사는 유한한 자원을 효율적으로 사용하는 것인데, 회계 정보는 우량기업과 비우량기업을 구별하는 데 이용되어 의사결정에 도움을 준다.
③ 회계 정보는 기업의 사회적 책임 수행 정도를 평가하는 기능이 있다.
④ 회계 정보를 이해관계자의 이용 목적에 따라 효과적으로 제공한다.

6. 관리회계와 비교할 때, 재무회계의 특징이 아닌 것은? ★

① 재무회계는 재무제표 작성을 위해 일반적으로 인정된 회계 원칙을 준수한다.
② 재무제표는 정보의 비교가능성을 위해 통일된 형식에 따라 작성 보고된다.
③ 재무회계는 수시로 정보를 제공하기 보다는 정기적으로 재무제표를 보고한다.
④ 재무회계에서는 경영자의 경영의사결정만을 중요시 한다.

7. 다음에서 설명하는 회계용어로 옳은 것은? ★

> 기업의 재무상태와 경영성과를 파악하기 위하여 인위적으로 구분한 시간적 범위를 말한다.

① 회계단위　　　　　② 계정계좌
③ 계정과목　　　　　④ 회계기간

8. 다음 내용에서 회계 단위의 개수로 옳은 것은? ★★

> (주)광희문은 서울특별시에 본점을 두고 있으며, 물류 비용의 절감과 회사 브랜드 이미지 향상을 위하여 부산, 인천, 대전광역시에 각각 1개씩의 지점을 개설하고 있다.

① 1개　　　　　② 2개
③ 3개　　　　　④ 4개

02 기업의 재무 상태

1 자산(assets) : A

기업이 경영 활동을 위하여 소유하고 있는 재화와 채권을 자산이라 한다.

내 용	과 목
한국은행에서 발행한 지폐와 주화, 통화대용증권(자기앞수표 등)	현 금
당좌수표를 발행할 목적으로 은행에 돈을 예입한 것	당 좌 예 금
현금과 당좌예금·보통예금을 합한 것	현금및현금성자산
만기가 1년 이내의 정기예금·정기적금을 가입한 것	단 기 예 금
증권회사에서 단기시세차익을 목적으로 유가증권 등을 구입한 경우	단기매매증권
현금을 타인에게 빌려주고, 차용증서를 받은 경우(1년이내 회수하는 조건)	단 기 대 여 금
단기금예금과 단기매매증권, 단기대여금을 통합한 것	단기투자자산
상품을 매출하고, 대금은 외상으로 한 경우	외 상 매 출 금
상품을 매출하고, 대금을 약속어음으로 받은 경우	받 을 어 음
외상매출금과 받을어음을 합한 것	매 출 채 권
상품이 아닌 물건(토지, 건물 등)을 매각처분하고, 대금을 나중에 받기로 한 경우	미 수 금
상품을 주문하고, 계약금조로 미리 지급한 금액	선 급 금
판매를 목적으로 외부로부터 매입한 물품(백화점의 물품)	상 품
영업용으로 사용하는 땅을 구입한 것(운동장, 주차장 등)	토 지
영업용으로 사용하는 사무실, 창고, 기숙사, 점포 등을 구입한 것	건 물
영업용으로 사용하는 트럭, 승용차, 오토바이 등을 구입한 것	차 량 운 반 구
영업용으로 사용하는 책상, 의자, 컴퓨터 등을 구입한 것	비 품

2 부채(liabilities) : L

기업이 장래에 일정한 금액을 갚아야 할 의무가 있는 채무를 부채라 한다.

내 용	과 목
상품을 매입하고, 대금은 외상으로 한 경우	외 상 매 입 금
상품을 매입하고, 대금은 약속어음을 발행한 경우	지 급 어 음
외상매입금과 지급어음을 합한 것	매 입 채 무
상품이 아닌 물건(토지, 건물 등)을 구입하고, 대금은 나중에 주기로 한 경우	미 지 급 금
타인으로부터 현금을 빌리고, 차용증서를 써 준 경우	단 기 차 입 금
상품을 주문받고, 계약금조로 미리 받은 금액	선 수 금

3 자본(capital) : C

기업의 자산총액에서 부채총액을 차감한 잔액을 자본(순자산, 순재산)이라 한다. 이 관계를 등식으로 표시하면 자본등식이 된다.

자 본 등 식 ………… 자 산(A) - 부 채(L) = 자 본(C)

① **재화** : 기업이 소유하는 돈이나 물건으로서 현금, 상품, 토지, 건물 등이다.
② **채권** : 기업이 받아야 할 권리로서 외상매출금, 단기대여금 등이다.
③ 자산은 1년 기준(현금화 할 수 있는 기간) 및 정상적 영업주기에 의하여 유동자산과 비유동자산으로 나누어진다.
④ 영업주기란 상품을 매입한 시점부터 상품을 판매하여 현금을 회수완료하기까지의 기간을 말하며, 그 기간이 1년 6개월이라면 1년 6개월을 기준으로 유동과 비유동으로 구분할 수 있다.(해당자산은 매출채권, 재고자산 등)
⑤ 자산은 기업이 소유 또는 지배하고 있는 경제적 자원으로 적극적 재산 또는 지분이라고도 한다.

▶ 한국채택국제회계기준에서는 '단기매매증권'을 '당기손익-공정가치측정 금융자산'으로 분류한다.

▶ 한국채택국제회계기준(K-IFRS)에서는 단기예금을 단기금융상품이라 하고, 단기매매증권을 당기손익-공정가치측정금융자산이라 하며, 단기투자자산을 단기금융자산이라 한다.

① 부채는 1년 기준 및 정상적 영업주기(갚아야 할 기간)에 따라 유동부채와 비유동부채로 나누어진다.
② 부채는 채권자 청구권으로 소극적재산 또는 채권자지분이라고도 한다.

① 자본은 추상적인 존재가치이다.
② 자본은 기업의 자산에 대한 출자자의 청구권이다.
③ 자본 = 소유주지분
 = 잔여지분
 = 주주지분

4 재무상태표 (statement of financial position)

일정 시점에 있어서 기업의 재무상태를 나타내는 재무제표이다.

재무상태표

대한상사　　　　　　　　20×1년 1월 1일　　　　　　　　단위: 원

자　산	금　액	부채·자본	금　액
현금및현금성자산	1,200,000	매 입 채 무	1,500,000
매 출 채 권	800,000	자 본 금	3,500,000
건　　　　물	3,000,000		
	5,000,000		5,000,000

재무상태표 등식 ············　　자산(A) = 부채(L) + 자본(C)

Note

① 회계에서 왼쪽을 차변(debtor : Dr)이라 하고, 오른쪽은 대변(creditor : Cr)이라 한다.
② 현금, 당좌예금, 보통예금 등을 통합하여 '현금및현금성자산'으로 표시한다.
③ 외상매출금, 받을어음을 통합하여 매출채권으로, 외상매입금, 지급어음을 통합하여 매입채무로 표시한다.

▶ 한국채택국제회계기준에서는 자본금을 납입자본이라고 한다.

5 자본 유지 접근법(재산법)에 의한 당기순손익의 측정

회계 기간 초의 기초 자본과 회계 기간 말의 기말 자본을 비교하여 순이익 또는 순손실을 측정할 수 있는데 재산법이라고도 한다.

　　　기말자본 − 기초자본 = 순이익
　　　기초자본 − 기말자본 = 순손실

① 기초·기말의 순재산을 비교하여 순손익을 계산하므로 순자산접근법이라고도 한다.
② 재무상태표에 의하여 자본 유지 접근법(재산법)등식이 유도된다.

(1) 당기순이익이 발생한 경우

기초 재무상태표

기초자산 5,000,000	기초부채 2,000,000
	기초자본금 3,000,000

→ **기말 재무상태표**

기말자산 7,000,000	기말부채 2,500,000
	기초자본금 3,000,000
기말자본	당기순이익 1,500,000

(2) 당기순손실이 발생한 경우

기초 재무상태표

기초자산 5,000,000	기초부채 2,000,000
	기초자본금 3,000,000

→ **기말 재무상태표**

기말자산 6,000,000	기말부채 3,500,000
	기초자본금 3,000,000
기말자본	당기순손실 −500,000

▶ 우리 몸의 건강상태를 체크하는 것이 건강진단서이듯이 기업의 건강상태를 나타내는 것이 재무제표(재무상태표)라 할 수 있고, 학교에서 학생들이 학업 성취도 파악을 위하여 수행평가와 중간고사 혹은 기말고사를 보듯이 기업도 일정 기간마다 기업의 영업성적을 알기 위하여 새부제표(손익계산서)를 작성하는 것으로 재무제표는 기업의 재무상태와 경영성과를 파악하기 위하여 보고 기간 종료일에 결산 절차를 통하여 작성하는 여러 가지 표이다. 이외 재무제표 종류로는 자본변동표와 현금흐름표, 주석이 있다.

기본연습문제

1. 다음 ( )안에 알맞은 용어를 써 넣으시오.

(1) 기업이 소유하고 있는 현금및현금성자산, 상품, 매출채권 등과 같은 재화와 채권을 (　　)이라 하고, 매입채무, 단기차입금 등과 같이 장래에 타인에게 갚아야 할 채무를 (　　)라 한다.

(2) 장부에 기록하는 장소 중 왼쪽을 (　　), 오른쪽을 (　　)이라 한다.

(3) 자본이란 기업의 (　　)에서 (　　)을 차감한 잔액을 말하며, 순자산이라고도 한다.

(4) 기업의 일정 시점에 있어서 재무상태를 나타내는 재무제표를 (　　)라 한다.

(5) 재무상태표의 차변에는 (　　)과목을 표시하여 재무자원의 (　　)상태를 나타내며, 대변에는 (　　)와 (　　)과목을 표시하여 재무자원의 (　　)을 나타낸다.

(6) 자본 등식 : (　　) - (　　) = (　　)

(7) 재무상태표 등식 : (　　) = (　　) + (　　)

(8) 자본 유지 접근법(재산법)에 의한 순손익 측정 방법은 다음과 같다.
① 순이익 = (　　) - (　　)　　② 순손실 = (　　) - (　　)

2. 다음 과목 중 자산은 A, 부채는 L, 자본은 C로 표시하시오.

(1) 단 기 예 금 (　　)　　(2) 단 기 차 입 금 (　　)　　(3) 현금및현금성자산 (　　)
(4) 상　　　품 (　　)　　(5) 외 상 매 입 금 (　　)　　(6) 매 출 채 권 (　　)
(7) 자　본　금 (　　)　　(8) 토　　　지 (　　)　　(9) 받 을 어 음 (　　)
(10) 단 기 대 여 금 (　　)　　(11) 매 입 채 무 (　　)　　(12) 미 지 급 금 (　　)
(13) 비　　　품 (　　)　　(14) 미 수 금 (　　)　　(15) 지 급 어 음 (　　)
(16) 장 기 대 여 금 (　　)　　(17) 선 수 금 (　　)　　(18) 장 기 차 입 금 (　　)
(19) 선 급 금 (　　)　　(20) 차 량 운 반 구 (　　)　　(21) 건　　　물 (　　)

3. 다음 ( ) 속에 알맞은 금액을 써 넣으시오.(단, 순손실은 '△' 표시한다.)

No	기초자산	기초부채	기초자본	기말자산	기말부채	기말자본	당기순손익
(1)	700,000	300,000	(①　　)	900,000	400,000	(②　　)	(③　　)
(2)	(④　　)	200,000	450,000	700,000	300,000	(⑤　　)	(⑥　　)

4. 제주상사의 20×1년 1월 1일의 재무상태는 다음과 같다. 재무상태표를 작성하시오.

현　　　　금	₩ 250,000	당　좌　예　금	₩ 150,000	단 기 대 여 금	₩ 100,000
단기매매증권	300,000	외 상 매 출 금	200,000	받 을 어 음	100,000
상　　　　품	200,000	건　　　　물	700,000	외 상 매 입 금	400,000
지 급 어 음	250,000	단 기 차 입 금	350,000	자　본　금	1,000,000

재 무 상 태 표
제주상사　　　　　　　　　　20×1년 1월 1일 현재　　　　　　　　　　단위 : 원

자　　　　산	금　　액	부 채 · 자 본	금　　액

5. 20×1년 1월 1일 서울상사의 자산·부채에 관한 자료에 의하여 재무상태표를 작성하시오.

현　　　　금	₩ 300,000	당　좌　예　금	₩ 200,000	단 기 대 여 금	₩ 150,000
단기매매증권	200,000	외 상 매 출 금	250,000	받 을 어 음	200,000
상　　　　품	300,000	건　　　　물	800,000	외 상 매 입 금	350,000
지 급 어 음	150,000	단 기 차 입 금	400,000		

재 무 상 태 표
서울상사　　　　　　　　　　20×1년 1월 1일 현재　　　　　　　　　　단위 : 원

자　　　　산	금　　액	부 채 · 자 본	금　　액

6. 한국상사의 다음 자료에 의하여 기초 재무상태표와 기말 재무상태표를 작성하시오.

【자료Ⅰ】 20×1년 1월 1일의 재무상태

| 현 금 ₩500,000 | 당 좌 예 금 ₩200,000 | 외 상 매 출 금 ₩300,000 |
| 상 품 200,000 | 외 상 매 입 금 250,000 | 단 기 차 입 금 150,000 |

【자료Ⅱ】 20×1년 12월 31일의 재무상태

현 금 ₩450,000	당 좌 예 금 ₩350,000	단 기 대 여 금 ₩200,000
외 상 매 출 금 400,000	상 품 300,000	건 물 500,000
외 상 매 입 금 350,000	지 급 어 음 300,000	단 기 차 입 금 350,000

재 무 상 태 표

한국상사 20×1년 1월 1일 단위 : 원

자 산	금 액	부 채 · 자 본	금 액

재 무 상 태 표

한국상사 20×1년 12월 31일 단위 : 원

자 산	금 액	부 채 · 자 본	금 액

적중예상문제

1. 다음 중 재무상태표와 관련있는 것을 모두 고른 것은? ★

ㄱ. 일정시점   ㄴ. 경영성과   ㄷ. 재무상태   ㄹ. 재무제표

① ㄱ, ㄴ, ㄷ
② ㄱ, ㄷ
③ ㄴ, ㄷ, ㄹ
④ ㄱ, ㄷ, ㄹ

2. 회계상의 자산·부채·자본에 관한 설명 중 틀린 것은? ★★★
① 기업이 소유하고 있는 각종 재화나 채권 등의 경제적 자원을 자산이라 한다.
② 자산·부채·자본은 재무상태표 구성요소이다.
③ 자산 총액과 부채 총액을 합한 금액이 자본이다.
④ 부채는 장래 일정한 금액을 타인에게 지급하여야 할 의무이다.

3. 다음에서 설명하는 재무제표의 종류로 옳은 것은? ★

일정시점 현재 기업이 보유하고 있는 경제적 자원인 자산과 경제적 의무인 부채, 그리고 자본에 대한 정보를 제공하는 보고서이다.

① 재무상태표
② 손익계산서
③ 현금흐름표
④ 자본변동표

4. 재무상태표 등식으로 맞는 것은? ★★
① 자산 + 부채 = 자본
② 자산 − 부채 = 자본
③ 부채 = 자산 + 자본
④ 자산 = 부채 + 자본

5. 다음 중 재무상태표 (가)에 기입되는 계정과목으로 옳은 것은? ★

① 보험료
② 이자수익
③ 지급어음
④ 매출채권

6. 자산과 자본이 다음과 같을 때 부채총액은 얼마인가? ★

| 상　　　품 | ₩400,000 | 건　　　물 | ₩500,000 |
| 차량운반구 | 150,000 | 자　본　금 | 500,000 |

① ₩400,000　　　　　　② ₩650,000
③ ₩550,000　　　　　　④ ₩900,000

7. 기업의 재무상태 파악과 직접적인 관계가 없는 항목은 어느 것인가?

① 매출채권　　　　　　② 자본금
③ 이자비용　　　　　　④ 매입채무

8. 다음 대화에 나타난 내용에 알맞은 재무제표는?

- 사장 : 부장님 이번 사업자금 대출건은 어떻게 되었나요?
- 부장 : 예, 지금 ○○은행에 대출신청을 하여 현금, 건물 등 재무상태를 나타내는 보고서만 제출하면 됩니다.

① 손익계산서　　　　　② 시산표
③ 재무상태표　　　　　④ 자본변동표

9. 다음 자료에 의하여 기초부채를 계산하면 얼마인가? ★★★

| 기 초 자 산 | ₩600,000 | 기 말 자 산 | ₩700,000 |
| 기 말 부 채 | 300,000 | 당기순이익 | 60,000 |

① ₩400,000　　　　　　② ₩340,000
③ ₩100,000　　　　　　④ ₩260,000

10. 현금 ₩500,000을 출자하여 영업을 개시한 대한상사의 1년 후 자산총액은 ₩1,800,000이고, 부채총액은 ₩1,200,000이다. 당기순손익을 계산한 금액으로 옳은 것은? 단, 출자 후 당기순손익 외의 자본의 변동은 없다. ★★

① 당기순이익 ₩100,000　　② 당기순이익 ₩600,000
③ 당기순손실 ₩100,000　　④ 당기순손실 ₩600,000

03 기업의 손익계산

1 수익(revenue)

기업의 일정 기간 동안 경영 활동의 결과로 자본의 증가를 가져오는 원인을 수익이라 한다.

내 용	과 목
상품을 원가 이상으로 매출하였을 때 생기는 이익	상품매출이익
단기대여금 또는 은행예금에서 생기는 이자를 받으면	이 자 수 익
건물, 토지 등을 빌려주고, 월세 및 사용료를 받으면	임 대 료
용역 등을 제공하거나 상품판매 중개역할을 하고, 수수료를 받으면	수 수 료 수 익
주식 등의 유가증권을 원가 이상으로 처분하였을 때 생기는 이익	단기투자자산처분이익
건물, 비품, 토지 등의 유형자산을 원가 이상으로 처분하였을 때 생기는 이익	유형자산처분이익
영업 활동 이외에서 생기는 금액이 적은 이익(폐품 처분 시 생긴 이익)	잡 이 익

2 비용(expense)

기업의 일정 기간 동안 경영 활동의 결과로 자본의 감소를 가져오는 원인을 비용이라 한다.

내 용	과 목
상품을 원가 이하로 매출하였을 때 생기는 손실	상품매출손실
단기차입금에 대한 이자를 지급하면	이 자 비 용
건물, 토지 등을 빌리고, 월세 및 사용료를 지급하면	임 차 료
용역을 제공받고, 수수료를 지급한 경우	수 수 료 비 용
종업원에게 월급을 지급하면	급 여
택시요금, 교통카드 충전요금, 시내출장비를 지급하면	여 비 교 통 비
전화, 인터넷, 우편 등을 이용한 비용	통 신 비
거래처와 관련된 접대비(식대), 선물, 경조사비(축하화환·조화) 등을 지급하면	기업업무추진비
영업용 차량의 유류대금(주유비), 주차요금, 엔진오일교체대금 등을 지급하면	차 량 유 지 비
수도, 전기, 가스 등에 사용되는 비용	수 도 광 열 비
사무용 장부, 볼펜 등을 사용하면	소 모 품 비
재산세, 자동차세, 상공회의소회비, 주차위반과태료 등을 지급하면	세 금 과 공 과
화재보험료 및 자동차보험료를 지급하면	보 험 료
상품 판매를 위하여 지급되는 TV, 신문의 광고선전비용을 지급하면	광 고 선 전 비
상품 매출시 발송비, 짐꾸리기 비용을 지급하면	운 반 비
건물, 차량운반구, 기계장치 등의 수리비를 지급하면	수 선 비
신문구독료, 도서구입대금, 명함인쇄비 등을 지급하면	도 서 인 쇄 비
주식 등의 유가증권을 원가 이하로 처분하였을 때 생기는 손실	단기투자자산처분손실
건물, 비품, 토지 등의 유형자산을 원가 이하로 처분하였을 때 생기는 손실	유형자산처분손실
영업 활동과 관계없이 생기는 적은 손실(도난손실 등)	잡 손 실

▶ 현재 기초 회계원리 학습 때의 상품매출이익과 상품매출손실은 기초과정에서 잠시 나타날 수 있는 강학상(학문적인)의 개념일 뿐이며, 한국채택국제회계기준(K-IFRS)이나 일반기업회계기준 시스템상 계정으로 나타날 수 없는 개념이다. 즉, 수익과 비용은 총액으로 공시되어야 하는 상품매출액과 매출원가를 상계한 개념인 상품매출손실은 3급 이상 자격에서 계정과목으로는 사용할 수 없음을 알고 있어야 한다.

▶ 한국채택국제회계기준(K-IFRS)에서는 단기투자자산처분이익을 당기손익-공정가치측정금융자산처분이익이라 한다.

• 비용은 주요 경영활동(상품의 판매)을 위하여 소비된 경제적가치이고(예 광고선전비 등), 손실(차손)은 주요 경영활동이 아닌 거래에서 발생하는 경제적가치의 소비액이다.(예 화재나 자연재해 또는 비유동자산의 처분손실 등)

▶ 한국채택국제회계기준(K-IFRS)에서는 급여를 종업원급여라 한다.

▶ 2022년 세법의 개정으로 접대비를 기업업무추진비로 변경되었다.

▶ 한국채택국제회계기준(K-IFRS)에서는 단기투자자산처분손실을 당기손익-공정가치측정금융자산처분손실이라 한다.

③ 손익계산서 (statement of income)

일정 기간 동안 기업의 재무(경영)성과를 나타내는 재무제표이다.

손 익 계 산 서

서울상사   20×1년 1월 1일부터 12월 31일까지   (단위:원)

비 용	금 액	수 익	금 액
급 여	250,000	상품매출이익	300,000
이 자 비 용	150,000	임 대 료	200,000
당기순이익	100,000		
	500,000		500,000

손 익 계 산 서

서울상사   20×1년 1월 1일부터 12월 31일까지   (단위:원)

비 용	금 액	수 익	금 액
급 여	500,000	상품매출이익	400,000
이 자 비 용	100,000	임 대 료	50,000
		당기순손실	150,000
	600,000		600,000

총비용+당기순이익=총수익 ⇐ 손익계산서 등식 ⇒ 총비용=총수익+당기순손실

④ 재무상태표와 손익계산서의 상호 관계

(1) 당기순이익의 발생

재무상태표(기말)

기말자산 700	기말 부채 250
	기초자본금 400
	당기순이익 50

손 익 계 산 서

| 총 비 용 100 | 총 수 익 150 |
| 당기순이익 50 | |

(2) 당기순손실의 발생

재무상태표(기말)

기말자산 680	기말 부채 300
	기초자본금 400
	당기순손실 △20

손 익 계 산 서

| 총 비 용 120 | 총 수 익 100 |
| | 당기순손실 20 |

▶ 한국채택국제회계기준(K-IFRS)에서는 손익계산서를 포괄손익계산서라 한다.

- 손익계산서에는 기업의 명칭과 회계기간(보고 기간)을 표시하여야 한다.
- 거래 접근법(손익법)에 의한 순손익 계산
  ① 총수익 − 총비용 = 순이익
  ② 총비용 − 총수익 = 순손실

- 재무상태표와 손익계산서의 당기순이익과 당기순손실의 금액은 반드시 일치하여야 한다.

기본연습문제

1. 다음 ( )안에 알맞은 말을 써 넣으시오.

(1) 영업 활동의 결과로 자본의 증가 원인이 되는 것을 (　　)이라 하고, 자본의 감소 원인이 되는 것을 (　　)이라 한다.

(2) 총수익과 총비용을 비교하여 총수익이 많으면 (　　)이 생기고, 자본금을 (　　)시킨다.

(3) 총수익과 총비용을 비교하여 총비용이 많으면 (　　)이 생기고, 자본금을 (　　)시킨다.

(4) 일정 기간 동안 기업의 재무(경영)성과를 나타내는 보고서를 (　　)라 한다.

(5) 손익계산서 등식은
　　총비용 + (　　) = (　　)이고, 총비용 = (　　) + (　　)이 된다.

2. 다음 과목 중 수익과목은 R, 비용과목은 E를 (　)안에 표시하시오.

(1) 상 품 매 출 이 익 (　)　　(2) 이 자 비 용 (　)　　(3) 이 자 수 익 (　)
(4) 잡　　　　　비 (　)　　(5) 임 대 료 (　)　　(6) 임 차 료 (　)
(7) 상 품 매 출 손 실 (　)　　(8) 잡 이 익 (　)　　(9) 잡 손 실 (　)
(10) 수 수 료 수 익 (　)　　(11) 수 수 료 비 용 (　)　　(12) 소 모 품 비 (　)
(13) 보 험 료 (　)　　(14) 세 금 과 공 과 (　)　　(15) 급　　　　여 (　)
(16) 유형자산처분이익 (　)　　(17) 광 고 선 전 비 (　)　　(18) 수 도 광 열 비 (　)
(19) 여 비 교 통 비 (　)　　(20) 기업업무추진비 (　)　　(21) 통 신 비 (　)

3. 다음 (　) 안을 완성하시오.

구 분	(1) 자본 유지 접근법(재산법)에 의한 순손익 측정	(2) 거래 접근법(손익법)에 의한 순손익 측정
표 시	(　　)에서 나타난다.	(　　)에서 나타난다.
등 식	기말자본 − (　　) = 순이익	총수익 − (　　) = 순이익
	기초자본 − (　　) = 순손실	총비용 − (　　) = 순손실

3. 기업의 손익계산　**27**

4. 한강상사의 20×1년 1월 1일부터 12월 31일까지의 수익과 비용에 의하여 손익계산서를 작성하시오.

상품매출이익	₩ 350,000	이 자 수 익	₩ 30,000	임 대 료	₩ 50,000
수 수 료 수 익	70,000	급 여	240,000	통 신 비	20,000
보 험 료	30,000	여 비 교 통 비	40,000	광 고 선 전 비	50,000

손 익 계 산 서

한강상사　　20×1년 1월 1일부터 12월 31일까지　　단위 : 원

비　용	금　액	수　익	금　액

5. 마포상사의 20×1년 수익과 비용에 관한 다음 자료에 의하여 손익계산서를 작성하시오.

상품매출이익	₩ 250,000	이 자 수 익	₩ 30,000	임 대 료	₩ 20,000
급 여	185,000	보 험 료	25,000	수 도 광 열 비	35,000
임 차 료	40,000	소 모 품 비	20,000	잡 손 실	15,000

손 익 계 산 서

마포상사　　20×1년 1월 1일부터 12월 31일까지　　단위 : 원

비　용	금　액	수　익	금　액

6. 대한상사의 다음 자료들을 보고, 기초 재무상태표와 기말 재무상태표 및 손익계산서를 작성하고, 물음에 알맞은 답을 기입하시오.

(1) 20×1년 1월 1일 (기초)의 재무상태

현금및현금성자산	₩400,000	단 기 예 금	₩300,000	매 출 채 권	₩300,000
단 기 대 여 금	500,000	상 품	900,000	토 지	400,000
매 입 채 무	500,000	단 기 차 입 금	300,000		

(2) 20×1년 12월 31일 (기말)의 재무상태

현금및현금성자산	₩560,000	단 기 예 금	₩300,000	매 출 채 권	₩640,000
단 기 대 여 금	500,000	상 품	600,000	토 지	400,000
매 입 채 무	400,000	단 기 차 입 금	200,000		

(3) 20×1년 1월 1일부터 20×1년 12월 31일 까지 발생한 수익과 비용

상품매출이익	₩900,000	이 자 수 익	₩100,000	급 여	₩240,000
보 험 료	60,000	광 고 선 전 비	30,000	통 신 비	80,000
임 차 료	150,000	이 자 비 용	40,000		

재 무 상 태 표 (기초)

대한상사   20×1년 1월 1일   단위 : 원

자 산	금 액	부채·자본	금 액

재 무 상 태 표 (기말)

대한상사   20×1년 12월 31일   단위 : 원

자 산	금 액	부채·자본	금 액

손 익 계 산 서

대한상사 20×1년 1월 1일부터 12월 31일 단위 : 원

비 용	금 액	수 익	금 액

【물음】

(1) 기초자본금은 얼마인가?········ (₩   )

(2) 기말자산총액은 얼마인가?······ (₩   )

(3) 기말자본금은 얼마인가?········ (₩   )

(4) 총비용은 얼마인가?   ·········· (₩   )

(5) 당기순이익은 얼마인가? ······ (₩   )

7. 종로상사의 다음 자료에 의하여 재무상태표와 손익계산서를 작성하시오.

1월 1일 재무상태

현금및현금성자산	₩118,000	외상매출금	₩520,000	상품	₩184,000
건물	72,000	외상매입금	200,000	지급어음	162,000

12월 31일 재무상태

현금	₩20,000	당좌예금	₩40,000	단기대여금	₩118,000
외상매출금	470,000	상품	168,000	건물	90,000
단기차입금	140,000	외상매입금	186,000		

기간 중의 수익과 비용

상품매출이익	₩282,000	이자수익	₩38,000	급여	₩120,000
광고선전비	70,000	보험료	8,000	여비교통비	20,000
임차료	50,000	잡비	4,000		

재 무 상 태 표

종로상사   20×1년 12월 31일   단위:원

자 산	금 액	부채·자본	금 액

손 익 계 산 서

종로상사   20×1년 1월 1일부터 12월 31일까지   단위:원

비 용	금 액	수 익	금 액

8. 다음 ( ) 속에 알맞은 금액을 써 넣으시오.(단, '—' 표시는 당기순손실이다.)

기 초			기 말			총수익	총비용	당기순손익
자산	부채	자본	자산	부채	자본			
120,000	100,000	(①)	180,000	150,000	(②)	35,000	25,000	(③)
300,000	200,000	(④)	520,000	380,000	(⑤)	90,000	(⑥)	(⑦)
(⑧)	150,000	200,000	(⑨)	115,000	(⑩)	50,000	65,000	(⑪)
(⑫)	50,000	(⑬)	170,000	70,000	(⑭)	100,000	80,000	(⑮)
230,000	(⑯)	(⑰)	(⑱)	50,000	160,000	(⑲)	150,000	−40,000

적중예상문제

1. 다음 중 손익계산서에 대한 설명으로 잘못된 것은?

> ㄱ. 기업의 일정 기간의 재무(경영)성과를 알려주는 보고서이다.
> ㄴ. 총비용 + 당기순이익 = 총수익은 손익계산서 등식이 될 수 있다.
> ㄷ. 기업의 일정 시점의 재무상태를 알려주는 보고서이다.
> ㄹ. 총비용 = 총수익 + 당기순손실은 손익계산서 등식이 될 수 있다.

① ㄱ　　　② ㄴ　　　③ ㄷ　　　④ ㄹ

2. 다음 중 손익계산서와 관련있는 것을 모두 고른 것은? ★

> ㄱ. 일정기간　ㄴ. 경영성과　ㄷ. 재무제표　ㄹ. 재무상태

① ㄱ, ㄴ　　② ㄱ, ㄷ　　③ ㄱ, ㄴ, ㄷ　　④ ㄴ, ㄷ, ㄹ

3. 재무상태와 경영성과 관련 등식 중 틀린 것은? ★★★

① 총수익 - 총비용 = 당기순이익
② 자산 = 부채 + 자본
③ 총비용 + 당기순손실 = 총수익
④ 기말자본 = 기초자본 - 당기순손실

4. 다음은 FIFA 북중미 월드컵 축구예선경기 시청률과 광고 효과에 대한 신문기사이다. 밑줄 친 내용에 알맞은 계정과목은?

> **FIFA 북중미 월드컵 ○○은행 광고 효과 대박**
>
> 북중미 월드컵 남자축구 지역예선 경기에서 우리나라 선수가 골을 넣은 장면은 시청률 상승을 가져왔다. 이로 인해 경기장에 광고물을 설치한 ○○은행은 <u>홍보물에 지출한 비용</u>에 대비하여 매우 큰 효과를 얻었다.

① 세금과공과　　　　② 광고선전비
③ 기부금　　　　　　④ 기업업무추진비

5. 재무상태표와 손익계산서를 비교하여 잘못을 알 수 있는 공통적인 것은?

① 당기순손익　　　　　② 자산의 합계금액
③ 자본금　　　　　　　④ 총수익의 금액

6. 다음 중 거래 접근법(손익법)에 의하여 당기순이익을 계산할 경우의 등식 중 옳은 것은? ★

① 당기순이익 = 총수익 − 총비용
② 당기순이익 = 총비용 − 총수익
③ 당기순이익 = 기말자본 − 기초자본
④ 당기순이익 = 기초자본 − 기말자본

7. 다음 중 수익에 속하는 과목을 모두 고른 것은? ★

㉠ 임대료　㉡ 이자수익　㉢ 수수료수익　㉣ 임차료

① ㉠, ㉡, ㉢　　　　　② ㉠, ㉢, ㉣
③ ㉠, ㉡, ㉣　　　　　④ ㉡, ㉢, ㉣

8. 용어의 연결이 바르지 않은 것은? ★

① 단기차입금에 대한 이자 지급 − 이자비용
② 거래처 직원과의 식사비용 − 기업업무추진비
③ 직원들에 대한 컴퓨터 교육에 대한 강사비 지출 − 교육훈련비
④ 신입사원 명함인쇄비용 − 복리후생비

9. 기업의 경영성과 측정과 직접적인 관계가 없는 항목은 어느 것인가? ★

① 매출총이익　　　　　② 매출채권
③ 광고선전비　　　　　④ 기부금

10. 다음 자료에 의하여 당기순이익을 계산하면? ★★★

급　　　여	₩25,000	매출총이익	₩68,000
이 자 비 용	7,500	보 험 료	3,000
수수료비용	2,800	세금과공과	3,300
잡　　　비	12,500	광고선전비	5,700
통 신 비	2,500	유형자산처분손실	4,000

① ₩1,000　　　　　　② ₩2,000
③ ₩1,700　　　　　　④ ₩1,200

11. 다음 자료로 갑기업의 기초자본은? ★★

기 말 자 산	₩3,000,000	수 익 총 액	₩2,800,000
기 말 부 채	500,000	비 용 총 액	2,300,000

① ₩2,500,000　　　　② ₩2,000,000
③ ₩3,000,000　　　　④ ₩2,200,000

12. 기말의 재무상태와 기간 중 영업성적이 자료와 같을 때 기초부채를 구하면? (단, 기초자산은 ₩2,150,000임) ★★

자 산 총 액	₩2,350,000	부 채 총 액	₩810,000
비 용 총 액	310,000	수 익 총 액	380,000

① ₩　680,000　　　　② ₩　710,000
③ ₩1,470,000　　　　④ ₩1,540,000

13. 다음 자료는 당기의 자산과 부채의 변동액이다. 기말 자본은 얼마인가? ★

기 초 자 산	₩200,000	당기자산증가분	₩120,000
기 초 부 채	100,000	당기부채감소분	40,000

① ₩140,000　　　　　② ₩180,000
③ ₩200,000　　　　　④ ₩260,000

14. 다음의 자료에서 기말자본액은 얼마인가? ★★

| 기 초 자 본 | ₩4,000,000 | 당기총수익 | ₩9,000,000 |
| 기 말 자 본 | ( ) | 당기총비용 | 7,000,000 |

① ₩6,000,000　　② ₩5,000,000
③ ₩3,000,000　　④ ₩2,000,000

15. 당기순이익 ₩102,000이 생긴 서울상사의 다음 자료에 의한 ㉠, ㉡, ㉢의 합계액은?

기말자산	기말부채	기말자본	기초자본	총수익	총비용
₩725,000	₩298,000	㉠	㉡	₩580,000	㉢

① ₩753,000　　② ₩1,230,000
③ ₩803,000　　④ ₩1,434,000

16. 다음 자료에 의하여 개인기업인 상공마트의 기말부채를 계산한 금액으로 옳은 것은?(단, 추가 출자 및 인출액은 없다.) ★

```
○ 20×1 회계연도 경영성과
  - 총 수 익   ₩800,000   - 총 비 용   ₩600,000
○ 20×1 회계연도 재무상태
  - 기초자산   ₩500,000   - 기초부채   ₩200,000
  - 기말자산   ₩700,000
```

① ₩200,000　　② ₩300,000
③ ₩500,000　　④ ₩700,000

17. 다음 중 괄호 안의 금액이 잘못 기입된 것은?

	회사명	기초자본	기말자본	총수익	총비용
①	동도상사	200,000	(340,000)	190,000	50,000
②	서도상사	(70,000)	180,000	150,000	40,000
③	남도상사	420,000	650,000	(330,000)	120,000
④	북도상사	210,000	400,000	220,000	(30,000)

04 거래

[NCS 연결고리]

능력 단위	전표 관리 (0203020101_20v4)	능력 단위 요소 (수준)	회계상 거래 인식하기(0203020101_20v4.1)(2수준)
영역과의 관계	회계상의 거래를 인식하여, 거래의 결합 관계를 통해 거래의 종류를 파악하고 거래의 이중성에 따라서 기입된 내용의 분석을 통해 대차 평균의 원리를 이해하는데 도움이 될 것이다.			

1 거래(transaction)의 뜻

회계상의 거래란 상품의 매입과 매출, 채권·채무의 발생과 소멸, 급여의 지급 및 이자의 수입 등 기업이 소유하는 재산 및 자본의 증감변화를 일으키는 일체의 모든 현상을 말한다.

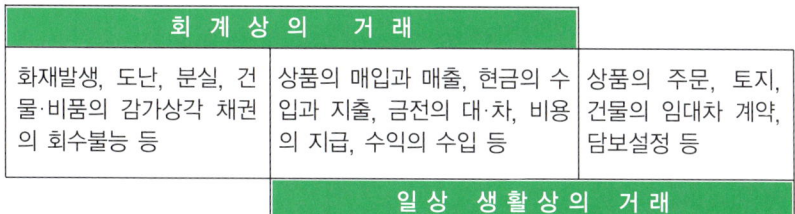

> **Note**
>
> • 거래 : 돈과 물건을 주고 받는것으로서 상인과 상인, 상인과 고객 사이에서 이루어지는 행위.

2 거래의 8요소와 결합 관계

기업에서 일어나는 모든 거래는 자산의 증가와 감소, 부채의 증가와 감소, 자본의 증가와 감소, 수익과 비용의 발생이라는 8가지 요소로 분류할 수 있는데, 이들을 거래의 8요소라고 한다.

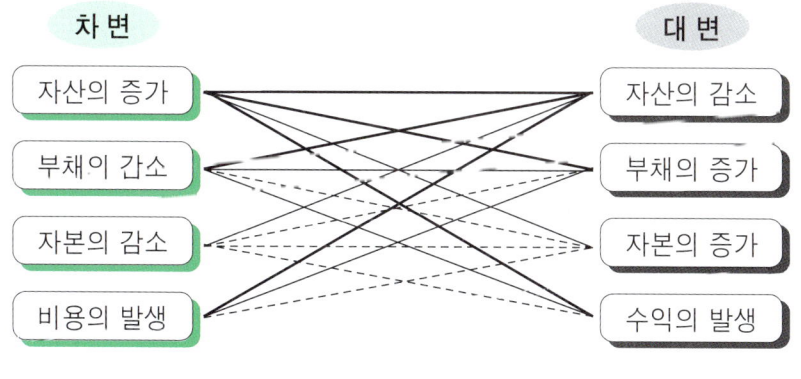

'━' 선은 많이 발생하는 거래   '━' 선은 비교적 적은 거래
'--' 선은 자주 발생하지 않는 거래

> • 왼쪽을 차변(debtor:Dr)이라 하고, 오른쪽을 대변(creditor:Cr) 이라 한다.
>
> • 거래가 발생하면 여러가지 형태로 결합된다. 그러나 같은 변의 요소끼리는 결합할 수 없다.

3 거래의 이중성

거래의 이중성이란 회계상의 거래가 발생하였을 때 차변에 발생한 요소는 반드시 대변에 대립관계로 나타나고, 또한 차변의 금액과 대변에 같은 금액으로 이루어지는 것을 말한다.

- 복식부기의 근본 원리
  = 거래의 이중성

4 거래의 종류

(1) **교환거래** : 자산, 부채, 자본은 증감하지만 수익과 비용이 발생하지 않는 거래

① 비품 ₩100,000을 구입하고, 대금은 현금으로 지급하다.
　　(차) 자산의 증가　　　　(대) 자산의 감소

② 현금 ₩200,000을 6개월 후 상환하는 조건으로 차용하다.
　　(차) 자산의 증가　　　　(대) 부채의 증가

(1) 교환거래의 예
　① 상품을 외상으로 매입하다.
　② 현금을 출자하여 영업 개시
　③ 외상매출금을 현금으로 회수
　④ 건물을 현금으로 구입하다.

(2) **손익거래** : 거래의 총액이 수익 또는 비용에 의해서 발생하는 거래

① 종업원급여 ₩50,000을 현금으로 지급하다.
　　(차) 비용의 발생　　　　(대) 자산의 감소

② 임대료 ₩100,000을 현금으로 받다.
　　(차) 자산의 증가　　　　(대) 수익의 발생

(2) 손익거래의 예
　① 보험료를 현금으로 지급하다.
　② 광고료를 현금으로 지급하다.
　③ 수수료를 현금으로 받다.
　④ 이자를 현금으로 받다.

(3) **혼합거래** : 하나의 거래에서 교환거래와 손익거래가 혼합되어 동시에 발생하는 거래

① 상품 원가 ₩50,000을 ₩56,000에 매출하고, 대금은 현금으로 받다.
　　(차) 자산의 증가　　　　(대) { 자산의 감소
　　　　　　　　　　　　　　　　　 수익의 발생

(3) 혼합거래의 추가 예
　① 대여금과 이자를 현금으로 회수하다.
　② 상품을 원가 이하로 매출하다.
　③ 단기차입금과 이자를 현금으로 지급하다.

기본연습문제

1. 다음 ( )안에 거래 8요소의 결합 관계에 대한 알맞은 거래를 추정하시오.

8요소의 결합 관계		거래의 내용
자산의 증가	─ 자산의 감소	(㉠)
	─ 부채의 증가	(㉡)
	─ 자본의 증가	(㉢)
	─ 수익의 발생	(㉣)
부채의 감소	─ 자산의 감소	(㉤)
	─ 부채의 증가	외상매입금을 약속어음 발행하여 지급하다.
	─ 자본의 증가	회사의 차입금을 기업주가 대신 갚아주다.
	─ 수익의 발생	(㉥)
자본의 감소	─ 자산의 감소	(㉦)
	─ 부채의 증가	기업주 개인의 부채를 회사의 부채로 하다.
	─ 자본의 증가	갑의 출자금을 을의 출자금으로 변경하다.
	─ 수익의 발생	점포의 임대료를 받아 기업주가 개인적으로 사용하다.
비용의 발생	─ 자산의 감소	(㉧)
	─ 부채의 증가	차입금의 이자를 원금에 가산하다.
	─ 자본의 증가	종업원의 급여를 기업주가 회사 대신 지급하다.
	─ 수익의 발생	점포의 임대료를 받아 광고료를 지급하다.

2. 다음 중 회계상의 거래인 것에는 ○표, 아닌 것은 ×표를 하시오.

(1) 현금 ₩800,000을 출자하여 영업을 개시하다. (   )

(2) 상품 ₩50,000을 주문하다. (   )

(3) 희망나눔 이웃돕기 성금 ₩200,000을 MBC방송국에 현금으로 기탁하다. (   )

(4) 화재로 인하여 창고건물 ₩800,000이 소실되다. (   )

(5) 상품 ₩300,000을 매출하고, 대금은 외상으로 하다. (   )

(6) 매월 급여 ₩650,000을 지급하기로 하고, 종업원 1명을 채용하다. (   )

(7) 건물을 사용함으로 인하여 가치가 감소하다. (   )

(8) 거래처가 파산하여 외상매출금 ₩100,000이 회수불능되다. (   )

(9) 상품 ₩500,000을 외상으로 매입하다. (   )

(10) 영업용 컴퓨터 1대 ₩1,200,000을 구입하고, 대금은 월말에 지급하기로 하다. (   )

3. 다음 거래의 결합 관계와 거래의 종류를 표기하시오.

(1) 상품 ₩150,000을 매입하고, 대금은 외상으로 하다.
(2) 현금 ₩2,000,000을 출자하여 영업을 개시하다.
(3) 영업용 컴퓨터 1대 ₩2,500,000을 구입하고, 대금은 현금으로 지급하다.
(4) 영업용 책상, 의자 및 응접세트 ₩500,000을 구입하고, 대금은 월말에 지급하기로 하다.
(5) 상품 ₩250,000을 원가로 매출하고, 대금은 현금으로 받다.
(6) 상품 ₩400,000을 매입하고, 대금 중 ₩300,000은 현금으로 지급하고, 잔액은 외상으로 하다.
(7) 외상매입금 ₩200,000을 현금으로 지급하다.
(8) 기업주가 개인사용으로 현금 ₩50,000을 가져가다.
(9) 상품 ₩100,000을 원가로 매출하고, 대금은 외상으로 하다.
(10) 거래은행으로부터 현금 ₩800,000을 6개월간 차입하다.
(11) 현금 ₩300,000과 건물 ₩500,000을 출자하여 영업을 개시하다.
(12) 거래처에 현금 ₩1,000,000을 3개월간 대여하다.
(13) 거래은행에서 차용한 원금 ₩800,000을 현금으로 갚다.
(14) 단기대여금 ₩1,000,000을 현금으로 회수하다.
(15) 외상매출금 ₩300,000을 현금으로 회수하다.

No.	차 변 요 소	대 변 요 소	거 래 의 종 류
(1)			
(2)			
(3)			
(4)			
(5)			
(6)			
(7)			
(8)			
(9)			
(10)			
(11)			
(12)			
(13)			
(14)			
(15)			

4. 다음 거래의 결합 관계와 거래의 종류를 표기하시오.

(1) 사무실 임대료 ₩80,000을 현금으로 받다.

(2) 이달분 종업원급여 ₩300,000을 현금으로 지급하다.

(3) 상품매매 중개를 하고, 수수료 ₩20,000을 현금으로 받다.

(4) 단기차입금에 대한 이자 ₩4,000을 현금으로 지급하다.

(5) 화재 보험료 ₩35,000을 현금으로 지급하다.

(6) 단기대여금에 대한 이자 ₩5,000 현금으로 받다.

(7) 전화요금 및 인터넷사용료 ₩80,000을 현금으로 지급하다.

(8) 상품 원가 ₩200,000을 ₩250,000에 매출하고, 대금은 현금으로 받다.

(9) 한강상사에 상품 ₩400,000(원가 ₩380,000)을 외상으로 매출하다.

(10) 단기차입금 ₩400,000과 그 이자 ₩3,000을 현금으로 지급하다.

No.	차 변 요 소	대 변 요 소	거 래 의 종 류
(1)			
(2)			
(3)			
(4)			
(5)			
(6)			
(7)			
(8)			
(9)			
(10)			

적중예상문제

1. 다음은 회계상의 거래에 대한 대화내용이다. 대화내용이 잘못된 학생은?

   - 철수 : 영업용 책상을 구입한 경우가 회계상의 거래라고 생각해
   - 영희 : 거래은행에서 현금을 차입한 경우도 해당되지
   - 은주 : 거래처에 상품을 주문한 경우도 해당하네
   - 길동 : 보관 중인 상품이 파손된 경우도 해당된다고 생각해

   ① 철수   ② 영희   ③ 은주   ④ 길동

2. 다음은 기업에서 발생한 사건들을 나열한 것이다. 이 중 회계상의 거래에 해당하는 것을 모두 고른 것은?

   가. 현금 ₩6,000,000을 출자하여 회사를 설립하였다.
   나. 원재료 ₩5,000,000을 구입하기로 계약서에 날인하였다.
   다. 종업원 5명을 고용하기로 하고 근로계약서를 작성하였다. 계약서에는 월 급여액과 상여금을 합하여 1인당 ₩2,500,000으로 책정하였다.
   라. 회사 사무실 임대 계약을 맺고 보증금 ₩10,000,000을 송금하였다.

   ① 가, 라   ② 가, 나, 라   ③ 가, 나, 다, 라   ④ 나, 다

3. 다음 내용을 적절하게 설명한 것은? ★

   상품의 도난, 자산의 감가 현상, 화재 손실

   ① 회계상의 거래가 아니면서 일반적인 거래에 해당되는 것
   ② 회계상의 거래이면서 일반적인 거래에 해당하는 것
   ③ 일반적인 거래가 아니면서 회계상의 거래에 해당되는 것
   ④ 일반적인 거래도 아니고 회계상의 거래도 아닌 것

4. 거래에 대한 결합관계로서 잘못된 것은? ★★★

   ① (차) 자산의 증가   (대) 수익의 발생
   ② (차) 자산의 증가   (대) 부채의 감소
   ③ (차) 부채의 감소   (대) 자산의 감소
   ④ (차) 자산의 증가   (대) 자본의 증가

5. 차변요소로 기록하는 거래가 아닌 것은?

① 비품의 증가 ② 단기차입금의 감소
③ 임대료의 발생 ④ 보험료의 발생

6. 대변요소로 기록하는 거래가 아닌 것은?

① 현금의 감소 ② 매입채무의 감소
③ 자본금의 증가 ④ 이자수익의 발생

7. 다음 거래에 대한 거래요소의 결합관계를 바르게 나타낸 것은? ★

> ㄱ. 대여금에 대한 이자 ₩50,000을 현금으로 받다.
> ㄴ. 건물에 대한 임대료 ₩30,000을 현금으로 받다.

① (자산의 증가) - (수익의 발생)
② (자산의 증가) - (부채의 증가)
③ (자산의 증가) - (비용의 발생)
④ (부채의 증가) - (수익의 발생)

8. 다음 중 회계상의 거래를 모두 고르면?

> 가. 현금의 분실   나. 부동산 투자계약   다. 비품의 외상 구입

① 가, 나 ② 가, 다
③ 나, 다 ④ 가, 나, 다

9. 다음 거래에 대한 거래의 결합관계가 바르게 표시된 것은? ★

> 하나의 거래에 반드시 원인과 결과라는 두개의 요소가 서로 관련되어 나타난다.

① 거래의 이중성 ② 대차평균의 원리
③ 분개의 법칙 ④ 거래의 8요소

10. 다음 거래의 종류와 거래 예시의 연결이 틀린 것은? ★

① 교환거래 – 거래은행에서 현금 ₩50,000을 차입하다.
② 혼합거래 – 종업원급여 ₩100,000과 전화요금 ₩50,000을 현금으로 지급하다.
③ 손익거래 – 단기대여금에 대한 이자 ₩5,000을 현금으로 받다.
④ 교환거래 – 외상매입금 ₩50,000을 현금으로 지급하다.

11. 다음 중 거래요소의 결합 관계가 잘못 설명된 것은? ★

① 현금 ₩200,000을 출자하다 : [자산증가 – 자본증가]
② 비품 ₩100,000을 현금으로 구입하다 : [자산증가 – 자산감소]
③ 급여 ₩300,000을 미지급하다 : [비용발생 – 자산감소]
④ 차량유지비 ₩50,000을 미지급하다 : [비용발생 – 부채증가]

12. 다음과 같은 결합 관계를 갖는 거래는? ★

> (차변) 자산의 증가 – (대변) 수익의 발생

① 현금을 은행에 예금하다.
② 빌려준 대금을 현금으로 받다.
③ 상품을 외상으로 매입하다.
④ 은행 예금에 대한 이자를 받다.

13. 다음의 거래에서 수익의 발생으로 인식될 수 있는 거래를 모두 고른 것은? ★

> ㄱ. 외상매출금을 현금으로 받다.
> ㄴ. 건물에 대한 임대료를 현금으로 받다.
> ㄷ. 대여금에 대한 이자를 현금으로 받아 즉시 보통예금하다.

① ㄱ, ㄴ   ② ㄱ, ㄷ
③ ㄴ, ㄷ   ④ ㄱ, ㄴ, ㄷ

05 계정

1 계정(account, a/c)의 뜻

거래가 발생하면 기업의 자산·부채·자본의 증감 변화와 수익·비용이 발생하는데, 이러한 증감 변화를 구체적인 항목을 세워 기록·계산하는 단위를 계정(a/c)이라 한다. 현금 계정, 상품 계정 등과 같이 계정에 붙이는 이름을 계정과목이라 하고, 계정에 기입하는 장소를 계정계좌라 한다.

2 계정의 분류

계정은 재무상태표 계정과 손익계산서 계정으로 분류한다.

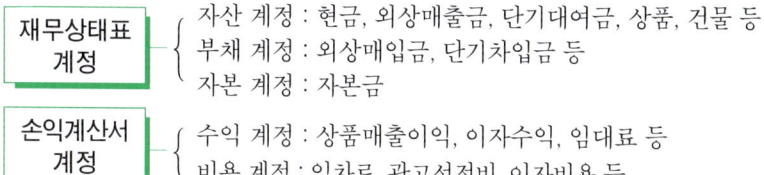

3 계정의 형식

계정의 형식에는 표준식과 잔액식이 있다. 단, 학습상 T자형을 많이 사용한다.

(표준식 계정)　　　　현　　　　금　　　　　　(1)

날짜	적요	분면	금액	날짜	적요	분면	금액

(잔액식 계정)　　　　현　　　　금　　　　　　(1)

날짜	적요	분면	차변	대변	차·대	잔액

Note

- 계정의 왼쪽을 차변(debtor : Dr), 오른쪽을 대변(creditor : Cr)이라 한다.

- 회계의 학습상 'T' 자형을 사용하기로 한다.

　　　현　　금
　　───────

4 계정의 기입 방법

(1) 자산 계정은 증가를 차변에, 감소를 대변에 기입하며, 잔액은 차변에 남는다.
(2) 부채 계정은 증가를 대변에, 감소를 차변에 기입하며, 잔액은 대변에 남는다.
(3) 자본 계정은 증가를 대변에, 감소를 차변에 기입하며, 잔액은 대변에 남는다.
(4) 수익 계정은 발생을 대변에, 소멸을 차변에 기입하며, 잔액은 대변에 남는다.
(5) 비용 계정은 발생을 차변에, 소멸을 대변에 기입하며, 잔액은 차변에 남는다.

> **Note**
> ▶ 계정의 잔액은 증가와 발생 쪽에 생긴다. 즉, 자산의 증가는 차변이므로 자산 계정은 차변잔액이다.
> ▶ 자산, 비용 계정은 차변잔액이고, 부채, 자본, 수익 계정은 대변잔액이다.

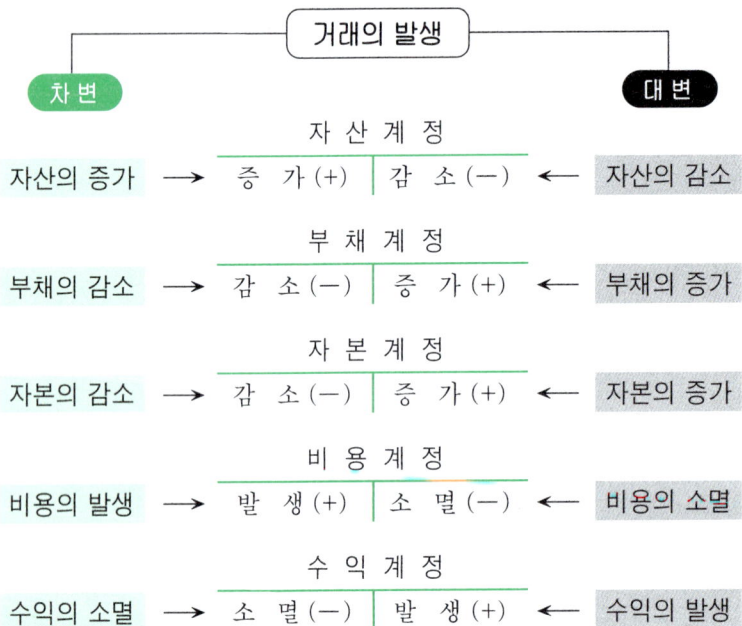

5 대차 평균의 원리 (principle of equilibrium)

모든 거래는 반드시 거래의 이중성에 의하여 차변의 금액과 같은 금액이 대변에 대응되는 계정으로 기입하게 된다. 즉, 차변 합계 금액과 대변합계 금액은 반드시 일치하게 되는데 이것을 대차 평균의 원리라 하며, 이 원리를 이용하여 기록·계산의 정확 여부를 검증할 수 있다.

• 대차 평균의 원리
= 자기검증기능, 자기통제기능

기본연습문제

1. 다음 ( )안에 알맞은 용어를 써 넣으시오.

(1) 거래를 기록·계산하기 위하여 설정된 계산 단위를 (   )이라 하며, 계정에 붙이는 이름을 (   )이라 하고, 계정의 기입장소를 (   )라 한다.

(2) 모든 거래는 반드시 거래의 (   )에 의하여 차변의 금액과 같은 금액이 대변에 대응되는 계정으로 기입하게 되며, 이는 반드시 일치하게 되는데, 이것을 (   )의 원리라 한다.

(3) 재무상태표 계정에는 (   )계정, (   )계정, (   )계정이 있으며, 손익계산서계정에는 (   )계정, (   )계정이 있다.

(4) 자산 계정과 비용 계정은 잔액이 항상 (   )에 남고, 부채 계정 및 자본, 수익 계정은 잔액이 항상 (   )에 남는다.

2. 다음 계정과목 중 잔액이 차변에 남으면 '차', 잔액이 대변에 남으면 '대'를 ( )안에 써 넣으시오.

(1) 현금및현금성자산 (   )　(2) 외 상 매 출 금 (   )　(3) 외 상 매 입 금 (   )
(4) 상   품 (   )　(5) 단 기 차 입 금 (   )　(6) 상 품 매 출 이 익 (   )
(7) 자   본 금 (   )　(8) 급   여 (   )　(9) 임   차   료 (   )
(10) 단 기 예 금 (   )　(11) 단 기 대 여 금 (   )　(12) 미 지 급 금 (   )
(13) 건   물 (   )　(14) 임   대   료 (   )　(15) 이 자 비 용 (   )
(16) 매 출 채 권 (   )　(17) 장 기 대 여 금 (   )　(18) 이 자 수 익 (   )
(19) 장 기 차 입 금 (   )　(20) 미   수   금 (   )　(21) 비   품 (   )

적중예상문제

1. 다음 중 계정잔액의 표시가 옳지 않은 것은? ★★

2. 다음 거래에서 계정의 증감 내용이 기입될 계좌로 바른 것을 모두 고른 것은?

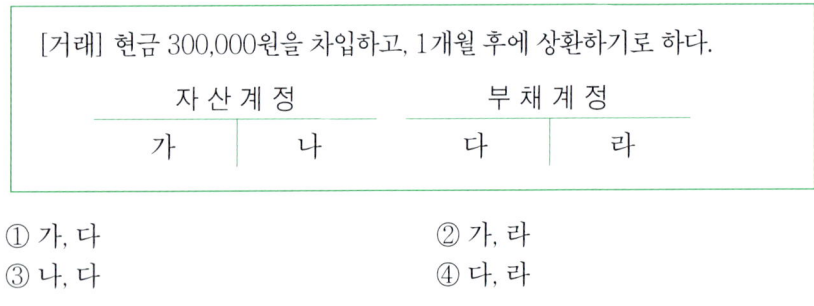

① 가, 다 ② 가, 라
③ 나, 다 ④ 다, 라

3. 다음은 계정의 기입 방법에 대한 학습 내용이다. 선생님의 질문에 바르게 대답한 학생을 고른 것은?

- 선생님 : 계정의 예를 들어 원장 기입 방법을 말해 볼까요?
- 미 란 : 당좌예금은 차변에 증가를 기입합니다.
- 바 다 : 급여는 차변에 소멸액을 기입합니다.
- 영 희 : 이자수익은 대변에 발생액을 기입합니다.
- 하 늘 : 단기차입금은 대변에 감소를 기입합니다.

① 미란, 바다 ② 미란, 영희
③ 바다, 하늘 ④ 영희, 하늘

4. 다음 계정 잔액의 기입으로 보아 (   )안에 들어갈 적합한 계정과목은 어느 것인가?

```
         [              ]
10/5    250,000   10/20   100,000
```

① 단기차입금　　② 이자수익
③ 외상매입금　　④ 현금

5. 거래를 기록하기 위하여 설정된 계산 단위를 무엇이라 하는가? ★

① 전기　　　　② 총계정원장
③ 계정　　　　④ 계정과목

6. 대차 평균의 원리에 대한 설명 중 틀린 것은?

① 대차 평균의 원리는 거래의 이중성과는 관계가 없다.
② 계정 전체를 통해서보면 차변 합계 금액과 대변 합계 금액이 일치한다는 원리이다.
③ 기록 계산의 정확 여부를 자동적으로 검사할 수 있다.
④ 복식부기의 뛰어난 장점 중의 하나이다.

7. 잔액이 대변에 발생되지 않는 것은?

① 자본금　　　② 매입채무
③ 매출채권　　④ 장기차입금

8. 다음 (   )안에 들어갈 적절한 말을 순서대로 적은 것은? ★

> 복식부기에서는 한 거래가 발생하면 반드시 차변과 대변에 같은 금액을 기입하는데, 이를 (　　　)(이)라 하고, 그 결과 계정 전체적으로 보면 차변금액의 합계와 대변금액의 합계가 반드시 일치하는데, 이를 (　　　)(이)라 한다.

① 수익과 비용의 대응, 대차 평균의 원리
② 거래의 이중성, 수익과 비용의 대응
③ 대차 평균의 원리, 거래의 이중성
④ 거래의 이중성, 대차 평균의 원리

06 분개와 전기

1 분개(journalizing)의 뜻

분개란 회계상의 거래를 차변 요소와 대변 요소로 분류하고, 그 과목과 금액을 결정하는 절차로써 어느 계정에 기입할 것인지 계정과목을 정하고, 그 계정의 차변 또는 대변에 기입할 것인가, 얼마의 금액을 기입할 것인가를 결정하는 것을 말한다.

- 분개는 계정 기입의 준비 단계
- 분개의 법칙
  = 계정 기입의 법칙과 동일하다.

2 전기(posting)

거래가 발생하면 분개를 하고, 분개의 내용이 총계정원장의 계정계좌에 옮겨지는 것을 말한다.

- 상대과목이 2개 이상인 경우는 '제계정계좌'를 줄여서 '제좌'라 한다.

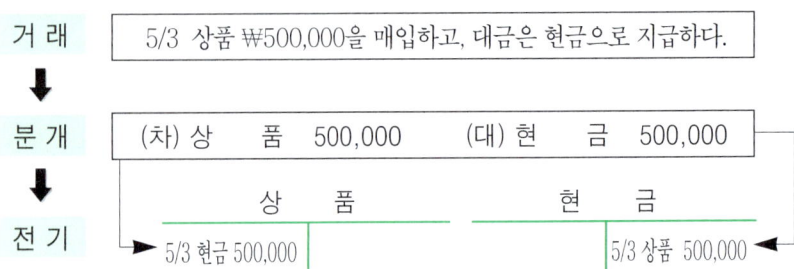

3 장부(accounting book)
회계상의 거래를 조직적·계속적으로 기록·계산하기 위한 지편(紙片)을 합철한 것을 말하며, 크게 주요부와 보조부로 나눈다.

【 NCS 연결고리 】

능력 단위	결산 관리 (0203020104_20v4)	능력 단위 요소 (수준)	장부 마감하기(0203020104_20v4.3)(2수준)
영역과의 관계	기업의 일정 기간 경영 활동을 통하여 발생한 자산·부채·자본 및 수익·비용의 각 계정을 정리하여 장부를 마감하는데 도움이 될 것이다.		

4 장부의 분류

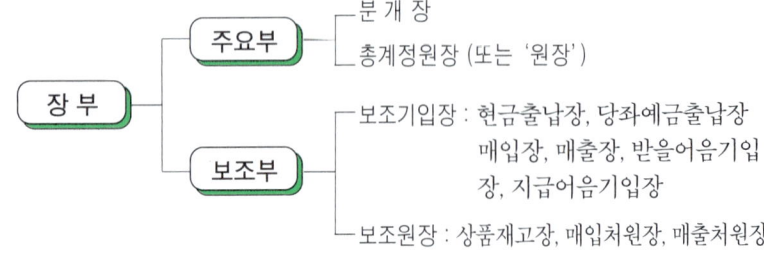

- **주요부** : 경영활동에서 발생하는 모든 거래를 총괄하여 기록, 계산하는 중요한 장부이다.
- **보조부** : 현금의 수입과 지출, 상품의 매입과 매출 등과 같이 어떤 특수한 계정에 대한 내용을 보충 기록하는 것
- **보조 기입장** : 특수한 계정과목에 대한 거래를 발생순서대로 보충기입하는 장부
- **보조 원장** : 특수한 계정과목에 대한 거래를 성질별로 상세히 기입하는 장부

5 장부 조직 및 회계의 순환 과정

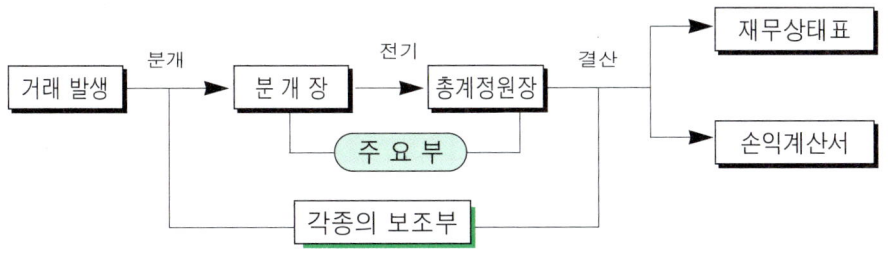

6 분개장(journal book)

모든 거래의 발생 순서대로 분개를 기입하는 장부를 분개장이라 하며, 이에는 병립식과 분할식이 있다.

(1) 병립식 분개장

분 개 장

월 일	적 요	원면	차 변	대 변
1 1	(현 금)	1	1,000	
	(자 본 금)	12		1,000
	현금 출자하여 개업하다.			

(2) 분할식 분개장

분 개 장

차 변	원면	적 요	원면	대 변
		1 / 1		
1,000	1	(현 금) (자 본 금)	12	1,000
		현금 출자하여 개업하다.		
		1 / 2		

7 총계정원장(general ledger)

자산·부채 및 자본의 상태는 물론 수익과 비용에 관한 모든 계정계좌가 설정되어 있는 장부를 총계정원장이라 하며, 원장이라고도 한다. 그 양식으로는 표준식과 잔액식이 있다.

Note

- 분개장에는 기업의 영업 활동에 관한 모든 자료가 발생한 순서대로 기록된다.
- 특정 거래에 대한 정보가 한곳에 나타나며 거래에 대한 설명도 추가된다.
- 분개장을 전산처리하면 계산의 속도와 정확성이 빨라진다.

- 장부 기입을 간단히 하기 위하여 다음과 같은 기호를 사용한다.

  ₩(won) ············· 원
  @₩ ················ 단가
  #(number) ··········· 번호
  Dr(debtor) ·········· 차변
  Cr(creditor)·········· 대변
  a/c(account) ········ 계정
  〃 ············ 위와 같음
  원면············ 원장의 면수
  분면·········· 분개장의 면수

- 계정의 형식은 앞서 5. 계정(p.43)에서 다루었다.

기본연습문제

1. 다음 ( )안에 알맞은 용어를 써 넣으시오.

(1) 장부의 종류에는 주요부와 ( )로 나누고, 주요부에는 ( )과 ( )이 있으며, 보조부에는 ( )과 ( )이 있다.

(2) 거래가 발생하면 그 과목과 금액을 결정하는 절차를 ( )라 하고, 분개가 기입되는 장부를 ( )이라 하며, 그 형식으로는 분할식과 ( )이 있다.

(3) 분개 기입된 거래 내용을 계정과목 별로 기록할 수 있도록 모든 계정계좌가 설정되어 있는 장부를 ( )이라 하고, 그 형식에는 ( )과 ( )이 있다.

(4) 분개장에 기록된 거래내용이 총계정원장에 옮겨지는 절차를 ( )라 한다.

2. 다음 거래를 분개하시오.

(1) 현금 ₩1,000,000을 출자하여 영업을 개시하다.
(2) 서울상사에서 현금 ₩500,000을 6개월 후 상환조건으로 차입하다.
(3) 상품 ₩300,000을 원가 그대로 매출하고, 대금은 현금으로 받다.
(4) 상품매매 중개역할을 하고, 중개수수료 ₩60,000을 현금으로 받다.
(5) 경기상사의 외상매출금 ₩150,000을 현금으로 회수하다.
(6) 상품 ₩500,000(원가 ₩470,000)을 매출하고, 대금은 현금으로 받다.
(7) 단기대여금 ₩200,000과 그 이자 ₩6,000을 현금으로 회수하다.
(8) 단기대여금 ₩300,000에 대한 이자 ₩8,000을 현금으로 받다.

No.	차 변 과 목	금 액	대 변 과 목	금 액
(1)				
(2)				
(3)				
(4)				
(5)				
(6)				
(7)				
(8)				

3. 다음 거래를 분개하시오.

(1) 상품 ₩500,000을 매입하고, 대금은 현금으로 지급하다.
(2) 영업용 컴퓨터 1대 ₩1,000,000을 구입하고, 대금은 현금으로 지급하다.
(3) 사무실 이달분 임차료 ₩300,000을 현금으로 지급하다.
(4) 인천상사의 외상매입금 ₩120,000을 현금으로 지급하다.
(5) 단기차입금 ₩500,000과 그 이자 ₩20,000을 현금으로 지급하다.
(6) 단기차입금 ₩300,000에 대한 이자 ₩6,000을 현금으로 지급하다.
(7) 현금 ₩450,000을 은행에 당좌예입하다.

No.	차 변 과 목	금 액	대 변 과 목	금 액
(1)				
(2)				
(3)				
(4)				
(5)				
(6)				
(7)				

4. 다음 거래를 분개하시오.

(1) 상품 ₩200,000을 매입하고, 대금 중 ₩150,000은 현금으로 지급하고, 잔액은 외상으로 하다.
(2) 상품 ₩350,000을 매입하고, 대금은 수표를 발행하여 지급하다.
(3) 상품 ₩500,000을 매입하고, 대금은 약속어음을 발행하여 지급하다.
(4) 영업용 책상, 의자 ₩800,000을 구입하고, 대금 중 ₩500,000은 현금으로 지급하고, 잔액은 월말에 지급하기로 하다.
(5) 상품 ₩250,000을 매출하고, 대금 중 ₩150,000은 현금으로 받고, 잔액은 외상으로 하다.
(6) 상품 ₩300,000을 매출하고, 대금은 현금으로 받은 즉시 당좌예입하다.
(7) 상품 ₩500,000(원가 ₩470,000)을 매출하고, 대금 중 반액은 현금으로 받고, 잔액은 외상으로 하다.

No.	차 변 과 목	금 액	대 변 과 목	금 액
(1)				
(2)				
(3)				
(4)				
(5)				
(6)				
(7)				

5. 다음 서울상사의 거래를 분개장에 기입 마감하고, 총계정원장에 전기하시오. 단, 6월 20일 거래부터는 분개장 2면을 사용할 것.

6월 1일 현금 ₩1,000,000을 출자하여 영업을 개시하다.

3일 영업용 책상, 의자 ₩150,000을 구입하고, 대금은 현금으로 지급하다.

8일 남영상사에서 상품 ₩500,000을 매입하고, 대금 중 ₩300,000은 현금으로 지급하고, 잔액은 외상으로 하다.

10일 종로상사로부터 현금 ₩800,000을 차입하다.

15일 희망상사에서 상품 ₩380,000(원가 ₩300,000)을 매출하고, 대금 중 ₩200,000은 현금으로 받고, 잔액은 외상으로 하다.

18일 남영상사에 대한 외상매입금 ₩100,000을 현금으로 지급하다.

20일 희망상사의 외상매출금 ₩150,000을 현금으로 회수하다.

23일 종로상사에 대한 단기차입금 중 ₩500,000과 이자 ₩10,000을 현금으로 지급하다.

25일 종업원 월급 ₩80,000을 현금으로 지급하다.

분 개 장 (1)

날 짜	적 요	원면	차 변	대 변
	다 음 면 에			

분　개　장　(2)

날짜		적　　요	원면	차　변	대　변
		앞면에서			
6	20				

총 계 정 원 장

현　　　금　(1)

외　상　매　출　금　(2)

상　　　품　(3)

외　상　매　입　금　(5)

비　　　품　(4)

자　본　금　(7)

단　기　차　입　금　(6)

상　품　매　출　이　익　(8)

급　　　여　(9)

이　자　비　용　(10)

6. 다음 거래를 분개하시오.

(1) 거래은행에 보통예금 계좌를 개설하고, 현금 ₩50,000을 예입하다.

(2) 한강상사에서 상품 ₩300,000을 매입하고, 인수운임 ₩5,000과 함께 현금으로 지급하다.

(3) 문방구용품을 아래와 같이 구입하고, 대금은 현금으로 지급하다. (비용처리)

(4) 영업용 트럭 1대를 ₩1,000,000에 구입하고, 대금은 수표를 발행하여 지급하다.

(5) 영업용 차량의 주차요금을 현금으로 지급하고 영수증을 받다.

(6) 제주상사에 밀감 100상자 @₩3,000을 주문하다.

No.	차 변 과 목	금 액	대 변 과 목	금 액
(1)				
(2)				
(3)				
(4)				
(5)				
(6)				

(7) 외상매출금 ₩200,000을 현금으로 회수하여 즉시 당좌예입하다.

(8) 직원 회식대를 현금으로 지급하고 현금영수증을 받다.

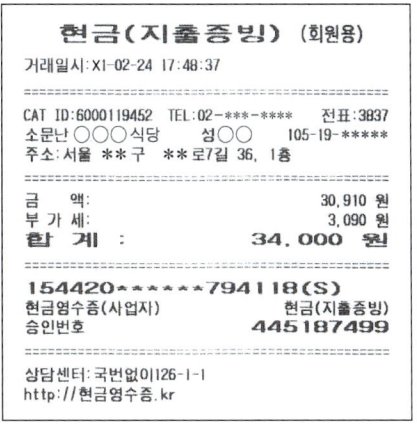

(9) 창고에 보관중이던 폐품 및 신문용지를 ₩20,000에 처분하고, 대금은 현금으로 받다.

(10) 전기요금 ₩20,000과 수도요금 ₩40,000을 현금으로 지급하다.

(11) 조선일보 신문구독료를 국민은행 공과금 자동납부기기(보통예금)를 통하여 납부하다.

No.	차변과목	금액	대변과목	금액
(7)				
(8)				
(9)				
(10)				
(11)				

(12) 상품 ₩500,000(원가 ₩380,000)을 외상으로 매출하고, 발송운임 ₩15,000은 현금으로 지급하다.

(13) 은행예금에 대한 이자 ₩20,000을 현금으로 받다.

(14) 거래처에 현금 ₩500,000을 6개월 상환조건으로 대여하다.

(15) 창고회사에 갑상품 500개 @₩1,000을 보관하고, 보관료 ₩8,000을 현금으로 지급하다.

No.	차 변 과 목	금 액	대 변 과 목	금 액
(12)				
(13)				
(14)				
(15)				

7. 다음 연속 거래를 분개하여 아래의 계정에 전기하시오.

4월 1일 현금 ₩2,000,000을 출자하여 영업을 개시하다.

3일 영업용 비품 ₩300,000을 구입하고, 대금은 현금으로 지급하다.

6일 상품 ₩450,000을 매입하고, 대금 중 ₩250,000은 현금으로 지급하고, 잔액은 외상으로 하다.

10일 거래처에서 현금 ₩800,000을 차입하다.

12일 외상매입금 ₩100,000을 현금으로 지급하다.

15일 상품 ₩380,000(원가 ₩300,000)을 외상으로 매출하다.

23일 외상매출금 ₩200,000을 현금으로 회수하다.

25일 종업원 월급 ₩350,000을 현금으로 지급하다.

월일	차 변 과 목	금 액	대 변 과 목	금 액
4/1				
3				
6				
10				
12				
15				
23				
25				

현	금		외 상 매 출 금	

비	품		외 상 매 입 금	

상	품			

단 기 차 입 금			자 본 금	

상 품 매 출 이 익			급 여	

8. 다음의 계정계좌의 기입면을 보고 날짜순으로 분개를 추정하시오.

현	금		외 상 매 출 금	
4/1 자 본 금 800,000	4/6 상 품 200,000		4/10 제 좌 350,000	4/20 현 금 300,000
20 외상매출금 300,000	15 외상매입금 50,000			

상	품		자 본 금	
4/6 제 좌 300,000	4/10 외상매출금 300,000			4/1 현 금 800,000

외 상 매 입 금			상 품 매 출 이 익	
4/15 현 금 50,000	4/6 상 품 100,000			4/10 외상매출금 50,000

월일	차변과목	금 액	대변과목	금 액
4/1				
6				
10				
15				
20				

9. 다음 분개에 의하여 거래를 추정하시오.

NO.	차변과목	금 액	대변과목	금 액
(1)	현 금	700,000	자 본 금	700,000
거래				
(2)	비 품	50,000	현 금	50,000
거래				
(3)	상 품	200,000	외 상 매 입 금	200,000
거래				
(4)	상 품	500,000	현 금	300,000
			외 상 매 입 금	200,000
거래				
(5)	현 금	200,000	단 기 차 입 금	200,000
거래				
(6)	외 상 매 입 금	150,000	현 금	150,000
거래				
(7)	외 상 매 출 금	420,000	상 품	300,000
			상 품 매 출 이 익	120,000
거래				
(8)	현 금	80,000	외 상 매 출 금	80,000
거래				

적중예상문제

1. 다음 ( )안에 들어갈 적절한 용어가 순서대로 정렬되어 있는 것은?

> 기업에서 발생하는 거래를 발생 순서에 따라 분개하여 기입하는 장부를 (　　　)(이)라 하고, 이를 해당 계정에 옮겨적는 것을 (　　　)(이)라 하는데, 이 때 이들 각 계정이 설정되어 있는 장부를 (　　　)(이)라고 한다.

① 총계정원장-전기-분개장
② 총계정원장-대체-분개장
③ 분개장-전기-총계정원장
④ 분개장-분개-총계정원장

2. 다음 계정기입에 대한 설명으로 옳은 것은? ★★★

```
       현     금              외상매입금
              400,000    400,000
```

① 외상매입금 ₩400,000을 현금으로 지급하다.
② 외상매출금 ₩400,000을 현금으로 받다.
③ 상품 ₩400,000을 외상으로 매입하다.
④ 상품 ₩400,000을 매출하고, 대금은 현금으로 받다.

3. 기업의 장부조직은 어떻게 구성되는가?

① 분개장과 총계정원장
② 전표와 주요부
③ 주요부와 보조부
④ 현금출납장과 분개장

4. 전산시스템상 분개장에 거래를 입력할 때, 다음 중 회계담당자가 판단해야 할 사항으로 볼수 없는 것은?

① 차변 혹은 대변 어느 쪽에 기입할 것인가
② 계정과목별로 금액은 얼마로 할 것인가
③ 언제 원장에 전기를 할 것인가
④ 어느 계정에 기입할 것인가

5. 분개장에 수익을 인식하기 위한 분개를 할 때 나타날 수 있는 계정과목과 그 영향은?

① 자산 계정의 증가　　② 부채 계정의 증가
③ 자산 계정의 감소　　④ 자본 계정의 감소

6. 분개장에 관한 설명 중 옳지 않은 것은?

① 분개장은 원장의 각 계정기입을 위한 준비역할을 한다.
② 분개장은 거래를 발생 순서대로 기록하므로 영업 일지의 역할을 한다.
③ 분개장의 대·차 합계액은 기업의 경영 활동 전반적인 내용을 나타낼 수 있다.
④ 분개장은 장부 조직상 보조부에 속한다.

7. 다음 거래를 총계정원장의 해당 계정에 옳게 전기한 것은?

(차) { 건　물　2,000　　(대) 자 본 금　3,000
　　　현　금　1,000 }

① 　　　건　물　　　　　② 　　　자 본 금
　자본금 3,000　　　　　　　　　　　건 물 2,000

③ 　　　현　금　　　　　④ 　　　건　물
　현　금 1,000　　　　　　　　　　　자본금 2,000

8. 다음 계정 기입면을 보고 ㉠의 거래를 추정하면?

　　　　현　금　　　　　　　　　　차 입 금
㉠차입금 560,000 | ㉡이자비용 30,000　　　　㉠현금 560,000

① 현금 ₩560,000을 차입하다.
② 차입금 ₩560,000을 현금으로 상환하다.
③ 차입금 ₩560,000과 그 이자 ₩30,000을 지급하다.
④ 현금 ₩560,000과 그 이자 ₩70,000을 현금으로 받다.

9. 다음 [거래]에 대한 설명으로 옳은 것을 [보기]에서 모두 고른 것은? ★

[거래] 은행으로부터 3년 후 상환하기로 하고 현금 5,000,000원을 차입하다. 단 이자율은 연 5%이다.

[보기] ㄱ. 손익거래
ㄴ. 분개시 차변계정은 이자비용
ㄷ. 자산의 증가와 부채의 증가
ㄹ. 분개시 대변계정은 장기차입금

① ㄱ, ㄴ　　② ㄱ, ㄷ　　③ ㄷ, ㄹ　　④ ㄴ, ㄷ

10. 외상매출금 ₩80,000을 현금으로 회수하여 즉시 당좌예입한 경우의 올바른 분개는?

① (차) 현　　　금　80,000　(대) 외 상 매 출 금　80,000
② (차) 당 좌 예 금　80,000　(대) 현　　　金　80,000
③ (차) 당 좌 예 금　80,000　(대) 외 상 매 출 금　80,000
④ (차) 외 상 매 출 금　80,000　(대) 현　　　金　80,000

11. 거래처 서울상사에 현금 ₩80,000을 10개월 간 빌려주고 차용증서를 받았다. 옳은 분개는? ★★★

① (차) 단 기 대 여 금　80,000　(대) 현　　　金　80,000
② (차) 외상매출금　80,000　(대) 현　　　金　80,000
③ (차) 선　급　금　80,000　(대) 현　　　金　80,000
④ (차) 단 기 차 입 금　80,000　(대) 현　　　金　80,000

12. 다음 분개를 통해 거래 내용을 추정한 것으로 옳은 것은? ★

(차) 상　품 ₩100,000　(대) 당좌예금 ₩100,000

① 상품 ₩100,000을 매입하고, 대금은 현금으로 지급하다.
② 상품 ₩100,000을 매입하고, 대금은 당좌수표를 발행하여 지급하다.
③ 상품 ₩100,000을 매입하고, 대금은 1개월 후에 지급하기로 하다.
④ 상품 ₩100,000을 매입하고, 국민은행 발행의 자기앞수표로 지급하다.

07 시산표와 정산표

1 시산표(trial balance, T/B)의 뜻

기업의 경영 활동에서 발생한 거래가 분개장에서 분개되어 총계정원장의 각 계정계좌에 전기가 바르게 행하여졌는가를 조사하기 위하여 조회하는 계정집계표를 시산표라 한다.

2 시산표의 종류

(1) 합계시산표

원장 각 계정의 차변 합계액과 대변 합계액을 모아서 작성되는 것으로 합계시산표의 대·차 합계액은 거래총액을 나타내며, 분개장의 대·차 합계액과도 일치한다.

(2) 잔액시산표

원장 각 계정의 대·차 차액인 잔액을 모아서 작성한 것.

시산표등식

$$기말자산 + 총비용 = 기말부채 + 기초자본 + 총수익$$

(3) 합계잔액시산표

합계시산표와 잔액시산표를 동시에 나타낸 표이다.

3 정산표(working sheet, W/S)

결산의 본 절차에 들어가기에 앞서 잔액시산표를 기초로 하여 손익계산서와 재무상태표를 작성하는 과정을 하나의 일람표로 나타내는 것을 정산표라 한다.(가결산 보고서)

▶ **정산표의 종류** : 정산표의 종류는 금액을 기입하는 난의 수에 따라 6위식, 8위식, 10위식 정산표가 있다.

Note

- 시산표는 반드시 회계연도 말에만 작성하는 것은 아니다.
  · 일계표 : 매일 작성
  · 주계표 : 매주 작성
  · 월계표 : 매월 작성
- 실무에서는 합계잔액시산표를 많이 사용한다.

- 실무에서 정산표는 사용하지 않지만, 이론적인 문제는 출제가능하다.

기본연습문제

1. 다음 총계정원장에 의하여 합계시산표, 잔액시산표, 합계잔액시산표를 작성하시오.

현 금 (1)		외상매출금 (2)		상 품 (3)	
670,000	370,000	380,000	130,000	350,000	250,000

외상매입금 (4)		단기차입금 (5)		자 본 금 (6)	
130,000	250,000		100,000		400,000

상품매출이익 (7)		급 여 (8)		이자비용 (9)	
	100,000	60,000		10,000	

합 계 시 산 표

차 변	원면	계정과목	대 변
	1	현 금	
	2	외상매출금	
	3	상 품	
	4	외상매입금	
	5	단기차입금	
	6	자 본 금	
	7	상품매출이익	
	8	급 여	
	9	이자비용	

잔 액 시 산 표

차 변	원면	계정과목	대 변
	1	현 금	
	2	외상매출금	
	3	상 품	
	4	외상매입금	
	5	단기차입금	
	6	자 본 금	
	7	상품매출이익	
	8	급 여	
	9	이자비용	

합 계 잔 액 시 산 표

차 변		원면	계정과목	대 변	
잔 액	합 계			합 계	잔 액
		1	현 금		
		2	외상매출금		
		3	상 품		
		4	외상매입금		
		5	단기차입금		
		6	자 본 금		
		7	상품매출이익		
		8	급 여		
		9	이자비용		

2. 다음 한국상사는 회계기간 말에 잔액시산표를 작성하였으나 그 대·차의 합계금액이 일치하지 않았다. 틀린 곳을 찾아 정확한 잔액시산표를 작성하시오.

잔 액 시 산 표

차 변	원면	계정과목	대 변
150,000	1	현금및현금성자산	
	2	단 기 대 여 금	80,000
170,000	3	외 상 매 출 금	
	4	상 품	200,000
100,000	5	비 품	
	6	외 상 매 입 금	130,000
50,000	7	단 기 차 입 금	
	8	자 본 금	500,000
80,000	9	상 품 매 출 이 익	
	10	이 자 수 익	20,000
68,000	11	급 여	
	12	보 험 료	12,000
618,000			942,000

잔 액 시 산 표

차 변	원면	계정과목	대 변
	1	현금및현금성자산	
	2	단 기 대 여 금	
	3	외 상 매 출 금	
	4	상 품	
	5	비 품	
	6	외 상 매 입 금	
	7	단 기 차 입 금	
	8	자 본 금	
	9	상 품 매 출 이 익	
	10	이 자 수 익	
	11	급 여	
	12	보 험 료	

3. 다음 합계잔액시산표의 (   )안에 알맞은 금액을 기입하시오.

합 계 잔 액 시 산 표

차 변		원면	계정과목	대 변	
잔 액	합 계			합 계	잔 액
( )	200,000	1	현금및현금성자산	50,000	
200,000	( )	2	매 출 채 권	100,000	
120,000	250,000	3	상 품	( )	
80,000	( )	4	비 품		
	80,000	5	매 입 채 무	230,000	( )
		6	단 기 차 입 금	( )	70,000
		7	자 본 금	( )	( )
		8	상 품 매 출 이 익	150,000	
		9	수 수 료 수 익	( )	10,000
90,000	( )	10	급 여		
( )	30,000	11	임 차 료		
( )	10,000	12	이 자 비 용		
( )	1,040,000			( )	( )

4. 다음 정산표를 완성하시오.

정 산 표

계정과목	잔액시산표 차변	잔액시산표 대변	손익계산서 차변	손익계산서 대변	재무상태표 차변	재무상태표 대변
현　　　금	250,000				(　　)	
단 기 대 여 금	150,000				(　　)	
외 상 매 출 금	200,000				(　　)	
단 기 대 여 금	100,000				(　　)	
상　　　품	400,000				(　　)	
비　　　품	50,000				(　　)	
외 상 매 입 금		250,000				(　　)
단 기 차 입 금		400,000				(　　)
자　본　금		450,000				(　　)
상품매출이익		75,000		(　　)		
급　　　여	20,000		(　　)			
이 자 비 용	5,000		(　　)			
당기순이익			(　　)			(　　)
	1,175,000	1,175,000	(　　)	(　　)	(　　)	(　　)

5. 다음 정산표를 완성하시오. 단, 자본금은 각자 계산할 것.

정 산 표

계정과목	잔액시산표 차변	잔액시산표 대변	손익계산서 차변	손익계산서 대변	재무상태표 차변	재무상태표 대변
현금및현금성자산	300,000				(　　)	
단 기 대 여 금	120,000				(　　)	
매 출 채 권	200,000				(　　)	
상　　　품	130,000				(　　)	
매 입 채 무		230,000				(　　)
단 기 차 입 금		120,000				(　　)
미 지 급 금		80,000				(　　)
자　본　금		(　　)				(　　)
상품매출이익		150,000		(　　)		
이 자 수 익		70,000		(　　)		
급　　　여	255,000		(　　)			
이 자 비 용	45,000		(　　)			
당기순손실				(　　)	(　　)	
	(　　)	(　　)	(　　)	(　　)	(　　)	(　　)

적중예상문제

1. 시산표의 작성 목적으로 가장 적합한 것은?

   ① 일정기간의 경영성과를 파악한다.
   ② 일정시점의 재무상태를 파악한다.
   ③ 총계정원장의 각 계정계좌의 오류를 검증한다.
   ④ 일정기간 중 거래의 전체적인 내용을 알 수 있다.

2. 시산표에 대한 설명으로 옳지 않은 것은? ★

   ① 시산표의 종류에는 합계시산표, 잔액시산표, 합계잔액시산표가 있다.
   ② 시산표 등식으로는 기말자산 + 총비용 = 기말부채 + 기초자본 + 총수익
   ③ 대차평균의 원리에 의해 오류를 찾아내는 자기검증의 기능을 가지고 있다.
   ④ 시산표 계정과목은 자산→부채→자본→비용→수익계정의 순으로 배열한다.

3. 회계 순환 과정에서 '전기' 다음으로 행하는 절차는?

   ① 분개
   ② 재무상태표의 작성
   ③ 시산표의 작성
   ④ 당기순손익의 대체

4. 정산표를 이용할 때의 장점으로 보기 어려운 것은?

   ① 기업의 대표적인 결산보고서이다.
   ② 결산의 흐름을 파악할 수 있다.
   ③ 재무상태표와 손익계산서의 작성을 용이하게 한다.
   ④ 잔액시산표를 토대로 총계정원장의 대·차 합계가 일치하는지를 검증할 수 있다.

5. 설악상사의 결산 정리 후 수익 총액과 비용 총액이 각각 ₩110,000과 ₩100,000이라고 가정하자. 정산표가 완성되었을 때에 차액 ₩10,000은 정산표의 어느 난에 기입하는가? ★

   ① 손익계산서란의 대변, 재무상태표란의 차변
   ② 손익계산서란의 차변, 재무상태표란의 차변
   ③ 손익계산서란의 대변, 재무상태표란의 대변
   ④ 손익계산서란의 차변, 재무상태표란의 대변

08 결산

1 결산(closing) 뜻

기업의 경영 활동에 의하여 발생한 거래는 분개를 통하여 분개장과 원장에 기록된다. 이러한 기록은 회계 연도 말에 계산·정리·마감하여 회계기간 말 현재의 재무(경영)성과와 재무상태를 파악하는 절차를 결산이라 한다.

- 결산을 행하는 날
 = 결산일, 재무상태표 작성일, 회계기간 말, 보고기간 종료일

2 결산의 절차

결산 절차는 (1) 결산의 예비절차, (2) 결산의 본절차, (3) 결산보고서 작성절차의 순서대로 행하여진다.

(1) 결산의 예비 절차	① 시산표의 작성 ② 결산 수정 분개 ③ 정산표의 작성

↓

(2) 결산의 본 절차	① 총계정원장의 마감 ② 분개장과 기타 보조장부의 마감

↓

(3) 결산보고서 작성 절차	① 재무상태표 작성 ② 손익계산서 작성

3 총계정원장의 마감

[NCS 연결고리]

능력 단위	결산 관리 (0203020104_20v4)	능력 단위 요소 (수준)	결산 분개하기(0203020104_20v4.2)(2수준)
			장부 마감하기(0203020104_20v4.3)(2수준)
영역과의 관계	재무상태를 파악하기 위하여 기말 결산일 현재의 자산·부채·자본을 측정 평가하고 일정 기간의 수익·비용을 확정하여 재무성과를 파악함과 동시에 각 계정을 정리하여 장부를 마감하고 재무제표를 작성하는데 도움이 될 것이다.		

(1) 수익·비용 계정의 마감

① 집합 계정인 손익 계정을 설정한다.
② 수익 계정이 손익 계정 대변에 옮겨지는 대체 분개를 한다.

- 대체 : 어떤 계정에서 다른 계정으로 옮기는 것을 말하며, 그 분개를 대체 분개라 한다.

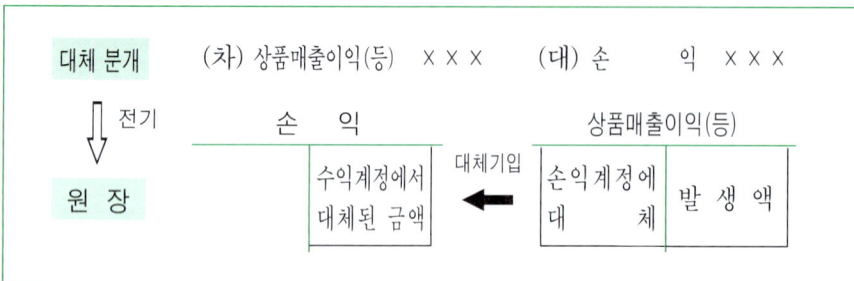

③ 비용 계정이 손익 계정 차변에 옮겨지는 대체 분개를 한다.

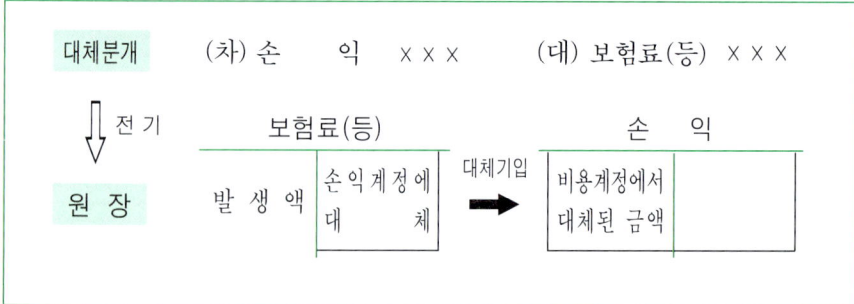

④ 손익 계정에서 대변(총수익)과 차변(총비용)의 차액인 당기순손익을 자본금 계정에 옮겨지는 대체 분개를 한다.

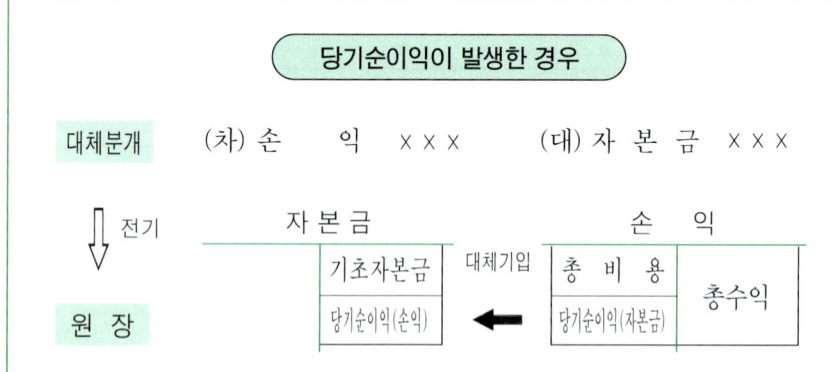

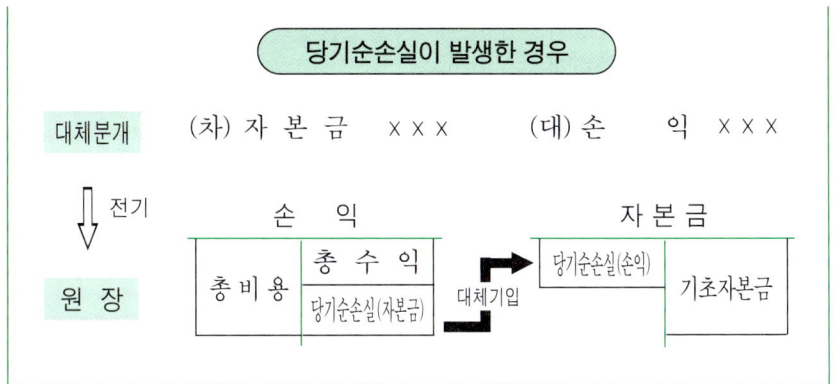

(2) 자산·부채·자본 계정의 마감

자산·부채·자본 계정의 마감방법에는 영미식과 대륙식이 있다. 단, 실무에서는 영미식을 주로 사용하고 있으므로 영미식 결산법에 대하여 학습하기로 한다.

영미식 결산법

① **자산·부채·자본 계정의 마감**

자산·부채·자본 각 계정의 잔액을 구하여 차변, 대변 중 적은 편에 '차기이월'이라 기입하여 마감하고, 다음 회계 기간 초에 차기이월을 기입한 반대쪽에 '전기이월'이라 개시 기입한다.

② **이월시산표의 작성**

자산·부채·자본 계정을 마감한 후 차기로 이월한 금액의 정확성 여부를 확인하기 위하여 이월시산표를 작성한다. 이 때 대체분개 없이 자산은 이월시산표 차변에, 부채·자본은 이월시산표 대변에 각각 기입한다.

• 수익·비용 계정의 마감방법은 영미식과 대륙식 구별이 없다.

• 이월시산표에는 자산·부채·자본계정만을 기입한다.

• 이월시산표상의 자본금은 기말자본금을 뜻한다.

기본연습문제

1. 다음은 결산 절차를 나열한 것이다. 그 순서를 (   )안에 표시하시오.

    (1) 수익·비용 계정의 마감 (   )   (2) 결산 정리 사항의 수정 (   )
    (3) 시산표 작성 (   )   (4) 자산·부채·자본 계정의 마감 (   )
    (5) 이월시산표 작성 (   )   (6) 손익 계정의 설정 (   )
    (7) 재무상태표와 (포괄)손익계산서 작성 (   )   (8) 순손익의 자본금 계정에 대체 (   )

2. 다음은 총계정원장의 일부이다. 수익·비용 계정을 마감하고, 마감에 필요한 분개 및 당기순이익을 자본금 계정에 대체하는 분개를 표시하시오.

자 본 금 (8)
	750,000

상 품 매 출 이 익 (9)
	40,000
	50,000
	40,000

수 수 료 수 익 (10)
	5,000

급   여 (11)
50,000	

손   익 (14)

임   차   료 (12)
35,000	

이 자 비 용 (13)
4,000	

No.	구 분	차변과목	금 액	대변과목	금 액
(1)	수익 계정 대체 분개				
(2)	비용 계정 대체 분개				
(3)	당기순이익 대체 분개				

3. 다음의 자산·부채·자본 계정을 영미식으로 마감하고, 이월시산표를 작성하시오.

```
         현        금        (1)              상        품        (2)
         700,000  |  300,000                 960,000  |  200,000
```

```
         외 상 매 입 금      (3)
         80,000   |  240,000
```

이 월 시 산 표
20×1년 12월 31일

차 변	원면	계 정 과 목	대 변

```
         자        본        금        (4)
                      |  900,000
                      |  손   익   100,000
```

4. 다음은 총계정원장의 일부이다. 영미식 마감법에 의하여 각 계정을 마감하고, 이월시산표를 작성하시오.

```
         현        금        (1)              상        품        (2)
         460,000  |  250,000                 375,000  |  185,000
```

```
         외 상 매 입 금      (3)
                  |  130,000
```

이 월 시 산 표
20×1년 12월 31일

차 변	원면	계 정 과 목	대 변

```
         자        본        금        (4)
                      |  250,000
                      |  손   익    20,000
```

5. 다음 총계정원장을 영미식 결산법에 의하여 마감하고, 손익 계정, 이월시산표 작성 및 대체 분개를 각각 표시하고 손익계산서와 재무상태표를 작성하시오.

총 계 정 원 장

현　　　　금　　(1)		당 좌 예 금　(2)	
290,000	210,000	140,000	100,000

단 기 대 여 금　(3)		외 상 매 출 금　(4)	
50,000		240,000	130,000

상　　　　품　　(5)		토　　　　지　　(6)	
225,000	165,000	40,000	

외 상 매 입 금　(7)		지 급 어 음　(8)	
125,000	175,000	35,000	50,000

자　본　금　(9)		상 품 매 출 이 익　(10)	
	300,000		35,000

수 수 료 수 익　(11)		이 자 수 익　(12)	
	1,000		4,000

급　　　　여　　(13)		임 차 료　(14)	
10,000		4,000	

보 험 료	(15)
5,000	

광 고 선 전 비	(16)
2,000	

세 금 과 공 과	(17)
4,000	

이 월 시 산 표
20×1년 12월 31일

차 변	원면	계 정 과 목	대 변

손	익	(18)

구 분	차 변 과 목	금 액	대 변 과 목	금 액
수익 계정 대체 분개				
비용 계정 대체 분개				
당기순손익 대체 분개				

재 무 상 태 표
한국상사　　20×1년 12월 31일　　단위:원

자 산	금 액	부채·자본	금 액

손 익 계 산 서
한국상사　20×1년 1월 1일부터 12월 31일까지　단위:원

비 용	금 액	수 익	금 액

적중예상문제

1. 다음은 결산 절차이다. 순서가 맞는 것은?

> ㉠ 시산표 작성 ㉡ 순손익의 자본금 계정 대체
> ㉢ 결산보고서 작성 ㉣ 재무상태표 계정 마감
> ㉤ 손익계산서 계정 마감

① ㉠ - ㉤ - ㉡ - ㉣ - ㉢
② ㉡ - ㉠ - ㉢ - ㉣ - ㉤
③ ㉠ - ㉡ - ㉣ - ㉤ - ㉢
④ ㉠ - ㉡ - ㉣ - ㉢ - ㉤

2. 다음 계정에서 마감이 옳게 된 것은?

① 매 출 채 권
제 좌 5,000 | 손 익 5,000

② 매 입 채 무
손 익 3,000 | 제 좌 3,000

③ 임 대 료
손 익 4,000 | 현 금 4,000

④ 급 여
현 금 3,500 | 차기이월 3,500

3. 결산의 본절차에 해당하는 것은? ★★

① 재고조사표의 작성 ② 총계정원장의 마감
③ 재무상태표의 작성 ④ 수정전시산표의 작성

4. 다음의 손익 계정이 의미하는 것을 가장 적절하게 설명한 것은? ★

손 익
자 본 금 100,000 |

① 당기순손실 ₩100,000을 자본금 계정에 대체하다.
② 자본금 ₩100,000을 손익 계정에 대체하다.
③ 당기순이익 ₩100,000을 자본금 계정에 대체하다.
④ 이익 ₩100,000에 의하여 자본금 ₩100,000이 증가하다.

Chapter One

일반 기업 회계 기준과 K-IFRS와의 비교

1. 재무 상태표 구성 요소

구분	일반 기업 회계 기준	K-IFRS(한국 채택 국제 회계 기준)
1	단기매매증권	당기손익-공정가치측정금융자산
2	단기예금, 단기매매증권, 단기대여금을 재무 상태표에 '단기투자자산'으로 통합 표시	단기금융상품, 당기손익-공정가치측정금융자산, 단기대여금을 재무 상태표에 '단기금융자산'으로 통합 표시

2. 손익 계산서 구성 요소

구분	일반 기업 회계 기준	K-IFRS(한국 채택 국제 회계 기준)
1	단기투자자산처분이익	당기손익-공정가치측정금융자산처분이익
2	단기투자자산처분손실	당기손익-공정가치측정금융자산처분손실
3	단기투자자산평가이익	당기손익-공정가치측정금융자산평가이익
4	단기투자자산평가손실	당기손익-공정가치측정금융자산평가손실

3. 재무제표

구분	일반 기업 회계 기준	K-IFRS(한국 채택 국제 회계 기준)
1	손익 계산서	포괄 손익 계산서

II 재무상태표 계정의 회계처리

1. 현금및현금성자산(I)
2. 현금및현금성자산(II)
3. 단기예금(단기금융상품)
4. 금융자산(단기매매증권)
5. 재고자산(상품)
6. 상품계정의 보조부
7. 외상매출금·외상매입금
8. 신용카드와 체크(직불)카드
9. 기타 채권·채무
10. 어음거래
11. 매출채권의 손상(대손)
12. 유형자산과 무형자산
13. 개인기업의 자본
14. 주식회사의 자본
15. 거래와 사용 장부
※ 일반기업회계기준과 한국채택국제회계기준의 비교

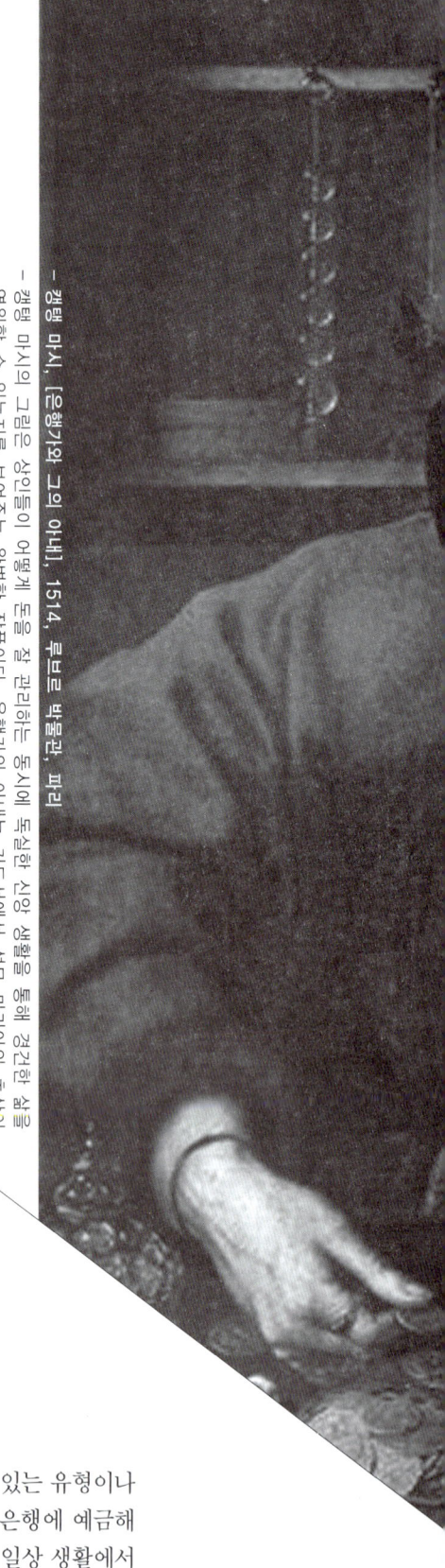

– 쿠엔텡 마시의 그림은 상인들의 이랗게 돈을 잘 관리하는 동시에 독실한 신앙 생활을 통해 경건한 삶을 영위할 수 있는지를 보여주는 완벽한 작품이다. 은행가의 아내는 기도서에서 성모 마리아의 초상이 그려진 페이지를 붙잡고 있으므로, 무릎의 선반 위에는 흥체 장부와 화어음이 놓여 있다.
– 쿠엔텡 마시, [은행가와 그의 아내], 1514, 루브르 박물관, 파리

대단원
미리보기

    재산의 사전적 의미는 '개인이나 가정, 단체가 소유하는 재물' 또는 '경제적 가치가 있는 유형이나 무형의 온갖 것'이다. 그러면 우리 집의 재산에는 어떤 것이 있을까? 장롱 속의 현금, 은행에 예금해 둔 은행예금, 냉장고, 자동차, 집 등일 것이다. 이들은 금전적 가치가 있을 뿐만 아니라 일상 생활에서 유용하게 사용하고 있는 재물이므로 소중하게 관리하는데 이와 같은 것들을 회계에서는 자산이라고 한다. 이러한 자산 중 집에 있는 냉장고처럼 오랜 기간 동안 소유하면서 사용하는 자산(비유동 자산)이 있는 반면에 현금 같은 것은 짧은 기간 사용하게 되는 자산(유동 자산)이 있다.

    제2장에서는 유동 자산과 비유동 자산의 뜻과 종류 및 그에 대한 회계 처리를 학습한다.

이 단원의 주요 용어	◆ 알고 있는 용어에 체크해 보고, 주요 용어를 중심으로 이 단원을 학습해 보자.

- ☐ 당좌 자산
- ☐ 재고 자산
- ☐ 현금및현금성자산
- ☐ 금융자산
- ☐ 매출채권
- ☐ 현금과부족
- ☐ 상품 재고장
- ☐ 산업재산권
- ☐ 당좌차월
- ☐ 건설중인자산
- ☐ 임차보증금
- ☐ 단기매매증권
- ☐ 양도성예금증서
- ☐ 통제계정
- ☐ 매도가능증권

01 현금및현금성자산(1)

[NCS 연결고리]

능력 단위	자금 관리 (0203020102_20v4)	능력 단위 요소 (수준)	현금시재 관리하기(0203020102_20v4.1)(2수준)
영역과의 관계	기업 및 조직의 자금을 관리하기 위하여 회계 관련 규정에 따라 자금인 현금의 수입과 지출 및 시재액을 관리하는데 도움이 될 것이다.			

1 현금및현금성자산 계정(cash and cash equivalents account)

현금및현금성자산 계정은 다음과 같이 분류한다.

(1) 보유현금

- 통화 : 주화, 지폐
- 통화대용증권 : 타인발행수표, 자기앞수표, 가계수표, 송금수표, 여행자수표 송금환, 우편환증서 등

(1) 명동상사로부터 외상매출금 ₩50,000을 동점 발행 수표로 받다.
(2) 종로상사에서 상품 ₩50,000을 매입하고, 대금은 명동상사에서 받았던 수표로 지급하다.

(1) (차) 현　　　금　50,000　　(대) 외상매출금　50,000
(2) (차) 상　　　품　50,000　　(대) 현　　　금　50,000

(2) 은행예금 중 요구불예금

당좌예금, 보통예금 등과 같이 만기가 정해져 있지 않고, 수시로 입·출금이 자유로운 예금을 말한다.

(3) 현금성자산(cash equivalents)

현금성자산이란 현금으로 전환이 용이하고 가치변동의 위험이 경미한 자산으로 취득 당시 만기가 3개월 이내에 도래하는 공·사채 또는 정기예금 등을 말한다.

대한은행에 만기 2개월의 정기예금 ₩300,000을 현금으로 예입하다.

(차) 현금성자산　300,000　　(대) 현　　　금　300,000

Note

- **타인발행수표** = 동점발행수표
- **송금수표**
  은행이 그 본·지점간 또는 그 거래은행을 상대로 발행하는 수표이다.
- **여행자수표**
  해외 여행 시 거액의 현금 대신 이용하는 수표로서 은행이 발행하는 일종의 자기앞수표이다.(T/C 라고도 함)
- **송금환**
  타지방 거래처에서 은행 또는 우체국을 통하여 송부되어 온 환증서
- **환(exchange)**
  멀리 떨어져 있는 상점 사이에 채권, 채무관계가 있을 때 현금을 직접 보내지 않고 은행이나 우체국을 통한 지급위탁의 방법에 의하여 결제하는 수단을 환이라 한다. 그러나 온라인제도의 확대로 환업무가 점점 감소되고 있다.
- **우편환증서**
  = 전신환, 통상환, 소액환
- 이외에도 2급에 속하는 일람출급어음 정부보조금송금통지서, 배당금지급통지표, 만기공사채이자표, 만기도래어음 등이 있다.

- 분개 시에는 현금·당좌예금·보통예금·현금성자산 등 개별 계정을 사용하고 결산 재무상태표 상에는 현금및현금성자산으로 통합되어 표시된다.
- 현금성자산에 속하는 금융상품은 취득 당시 만기가 3개월 이내인 단기투자자산을 말하며, 결산일로부터 만기가 3개월 이내가 아니라는 점을 주의해야 한다.

2 현금출납장 (cash receipts and disbursement book)

현금의 수입과 지출내용을 상세하게 기록하는 보조기입장이다.

현 금 출 납 장

날 짜	적 요	수 입	지 출	잔 액

> **Note**
> • 보조기입장 : 특정 계정과목에 대한 거래를 발생순서대로 보충기입하는 장부

3 현금과부족 계정 (cash over and short account)

(1) 현금 부족 시 처리 방법(장부잔액 > 실제잔액) : 현금과부족 계정 차변

① 현금 계정의 장부잔액은 ₩200,000이고, 실제 금고상의 잔액은 ₩170,000으로 밝혀지다.
② 상기 현금과부족의 원인 조사결과 ₩25,000은 전화요금 지급의 기장누락으로 판명되다.
③ 결산일까지 나머지 잔액 ₩5,000은 원인불명이다.

① (차) 현금과부족　30,000　　(대) 현　　　금　30,000
② (차) 통　신　비　25,000　　(대) 현금과부족　25,000
③ (차) 잡　손　실　 5,000　　(대) 현금과부족　 5,000

• 현금의 실제금고상의 잔액은 장부상의 현금 계정 잔액과 당연히 일치하여야 한다. 그러나 장부잔액과 실제잔액이 일치하지 않는 경우 그 차액을 처리하는 일시적인 가계정을 현금과부족 계정이라 한다.

• 현금의 장부잔액을 실제잔액에 일치시켜야 한다.
• 현금과부족 계정은 잔액이 대차양쪽에 생길 수 있다.

• 회계기간 말인 결산 당일날 현금 실제액이 부족한 경우에는 현금과부족 계정을 설정하지 않는다.
(차) 잡손실 (대) 현금

(2) 현금 초과 시 처리 방법(장부잔액 < 실제잔액) : 현금과부족 계정 대변

① 현금 계정의 장부액은 ₩100,000이고, 실제액은 ₩120,000으로 밝혀지다.
② 상기 현금 초과액의 원인 조사 결과 ₩16,000은 임대료 수입의 기장누락으로 판명되다.
③ 결산일까지 현금초과액 ₩4,000은 원인이 밝혀지지 못하다.

① (차) 현　　　금　20,000　　(대) 현금과부족　20,000
② (차) 현금과부족　16,000　　(대) 임　대　료　16,000
③ (차) 현금과부족　 4,000　　(대) 잡　이　익　 4,000

• 결산 당일날 현금 실제액이 초과액인 경우에는 현금과부족 계정을 설정하지 않는다.
(차) 현금 (대) 잡이익

기본연습문제

1. 다음 중 현금 계정으로 처리되는 것에 ○표 하시오.

(1) 타인발행수표 (   )   (2) 송 금 수 표 (   )   (3) 약 속 어 음 (   )
(4) 우 편 환 증 서 (   )   (5) 통   화 (   )   (6) 자 기 앞 수 표 (   )
(7) 당점발행수표 (   )   (8) 주   식 (   )   (9) 송 금 환 (   )
(10) 화 물 상 환 증 (   )   (11) 여 행 자 수 표 (   )   (12) 공 · 사 채 (   )

2. 다음 거래를 분개하시오.

(1) 한강상사에 상품 ₩450,000(원가 ₩400,000)을 매출하고, 대금은 동점발행수표로 받다.

(2) 을지상사에서 상품 ₩800,000을 매입하고, 대금 중 ₩450,000은 한강상사에서 받은 수표로 지급하고, 잔액은 외상으로 하다.

(3) 서울상사에 상품 ₩280,000(원가 ₩200,000)을 매출하고, 대금 중 ₩150,000은 동점발행수표로 받고, 잔액은 현금으로 받다.

(4) 상품 ₩300,000을 매입하고, 대금 중 ₩120,000은 보유중인 거래처발행 당좌수표로 지급하고, 잔액은 외상으로 하다.

(5) 거래처로부터 받은 자기앞수표 1매 ₩500,000을 발행은행에 제시하여 현금으로 교환해 오다.

(6) 국민은행에 2개월 만기의 정기예금 ₩800,000을 현금예입하다.

No.	차 변 과 목	금 액	대 변 과 목	금 액
(1)				
(2)				
(3)				
(4)				
(5)				
(6)				

3. 다음 거래를 분개하시오. 단, (1)~(3)은 연속거래이다.

(1) 현금 계정의 금일 잔액은 ₩361,250인데, 금고속의 시재액은 ₩351,250인 바 현재로서는 그 원인을 알 수 없다.

(2) 상기 현금부족의 원인을 조사한 결과 ₩8,000은 전기요금을 지급한 것이 기장누락되었음이 판명되다.

(3) 결산일까지 부족액의 잔액 ₩2,000은 원인이 판명되지 않았다.

(4) 결산 당일 12월 31일에 현금의 장부잔액이 ₩530,000, 실제금고상의 잔액이 ₩524,000으로 그 원인을 알수 없어 잡손실 계정으로 처리하다.

No.	차변과목	금액	대변과목	금액
(1)				
(2)				
(3)				
(4)				

4. 다음 거래를 분개하시오. 단, (1)~(3)은 연속거래이다.

(1) 현금의 실제잔액이 장부잔액보다 ₩8,000 초과한 것을 발견하고, 원인을 조사중이다.

(2) 상기 초과액의 원인 조사 중 ₩5,000은 단기대여금 이자의 수입을 기장누락했음이 판명되다.

(3) 결산일까지 초과액의 잔액 ₩3,000은 원인을 알 수 없어 잡이익으로 처리하다.

(4) 결산 당일 현금출납장의 잔액이 ₩250,000, 실제금고액이 ₩265,000이었다. 현재로서는 그 원인을 알 수 없다.

No.	차변과목	금액	대변과목	금액
(1)				
(2)				
(3)				
(4)				

5. 다음 거래를 분개하고, 현금출납장의 기입면을 완성하시오.

7월 2일 : KEB하나은행에서 현금 ₩400,000을 차용하다.
　　5일 : 영업용 책상, 의자 등 ₩200,000을 구입하고, 현금으로 지급하다.
　　12일 : 서울상사에서 상품 ₩500,000을 매입하고, 대금 중 ₩300,000은 현금으로 지급하고, 잔액은 외상으로 하다.
　　16일 : 부산상사에 상품 ₩700,000을 매출하고, 대금 중 ₩500,000은 자기앞수표로 받고, 잔액은 외상으로 하다.
　　19일 : 서울상사의 외상매입금 ₩150,000을 현금으로 지급하다.
　　23일 : 소유하고 있는 자기앞수표 ₩500,000을 발행은행에 제시하여 현금으로 교환하다.
　　25일 : 부산상사의 외상매출금 ₩200,000을 동점 발행의 수표로 받다.
　　27일 : 종업원 급여 ₩150,000을 현금으로 지급하다.

No.	차 변 과 목	금 액	대 변 과 목	금 액
7/2				
5				
12				
16				
19				
23				
25				
27				

현 금 출 납 장

날 짜		적 요	수 입	지 출	잔 액
7	1	전 월 이 월	1,000,000		1,000,000

적중예상문제

1. 현금 계정에 포함되지 않는 것은? ★★

   ① 자기앞수표 ② 타인발행당좌수표
   ③ 배당금수령통지표 ④ 수입인지

2. 다음 중 회계상 현금으로 처리할 수 있는 것으로 묶여진 것은? ★★★

   | 가) 타인발행의 당좌수표 | 나) 송금수표 | 다) 약속어음 |
   | 라) 우편환증서 | 마) 정기적금 | 바) 공채증서 |

   ① 가), 다), 바) ② 가), 나), 라)
   ③ 나), 라), 마) ④ 가), 나), 마)

3. 다음은 기말 현재 금고에 보관된 내용이다. 재무상태표상에 현금및현금성자산으로 계상 될 금액을 계산하면 얼마인가? ★★

• 동점발행당좌수표 ₩50,000	• 당 좌 예 금 ₩300,000
• 국고송금통지서 70,000	• 차 용 증 서 100,000
• 약 속 어 음 30,000	• 송 금 환 증 서 40,000
• 여 행 자 수 표 20,000	• 주 식 100,000

   ① ₩420,000 ② ₩480,000
   ③ ₩510,000 ④ ₩580,000

4. 현금과부족에 대한 설명으로 잘못된 것은? ★

   ① 기중에 실제잔액보다 장부잔액이 많음을 발견 시 [(차)현금 (대)현금과부족]으로 분개한다.
   ② 현금 실제액이 장부잔액과 일치하지 않을 때 사용하는 계정과목이다.
   ③ 기말 재무상태표상에는 표시되지 않는 임시 계정이다.
   ④ 결산 시에 현금부족액의 원인을 발견하지 못한 경우 잡손실로 처리한다.

5. 다음은 경기상사의 5월 중 현금에 관한 거래를 기록한 것이다. 5월 31일 현금출납장 마감 시 수입란 합계액은 얼마인가? ★★

5/ 1	전월이월액	₩ 10,000
8	상품매입액(현금 지급)	4,000
12	현금으로 소모품 구입	500
27	외상매출금 현금 회수	8,000

① ₩4,500　　　　　② ₩8,000
③ ₩18,000　　　　 ④ ₩22,500

6. 현금및현금성자산의 금액을 증가시키지 않는 거래는? ★★

① 은행으로부터 현금 ₩100,000을 차입하였다.
② 외상매출금 ₩500,000을 거래처 발행 수표로 받다.
③ 상품 ₩300,000을 매출하고 대금은 당좌예금에 입금되다.
④ 영업용 복사기 1대를 ₩500,000에 취득하고 대금은 수표를 발행하여 지급하다.

7. 현금 출납 계원이 거래처에서 수금한 현금을 횡령하여 도주한 경우와 같은 유형의 부정을 예방하기 위한 가장 적절한 내부 통제 요소는?

① 내부 감사 제도 실시　　　② 정기적인 인사 이동
③ 적절한 업무 분담　　　　 ④ 종업원의 파면 조치

8. 다음은 9월 중 현금 계정 내역이다. 잘못 설명한 것은? ★★

	현		금		
9/ 1 전월이월	1,000	9/22 상　　품	2,000
12 상　　품	3,000	24 당좌예금	1,200
15 단기대여금	2,200		

① 9월 12일 상품 ₩3,000을 현금매출하다.
② 9월 15일 현금 ₩2,200을 단기대여하다.
③ 9월 30일의 현금 잔액은 ₩3,000이다.
④ 9월 24일 현금 ₩1,200을 당좌예입하다.

9. 다음 거래에서 12월 31일 (결산일)에 할 분개로 맞는 것은? ★★

> 10월 31일   현금의 실제잔액은 ₩20,000이나, 총계정원장상 현금 계정 잔액은 ₩25,000이다.
> 11월 2일   9월 3일에 ₩2,000의 임차료 지급을 기장하지 않은 것으로 밝혀졌다.
> 12월 31일   현금 실제잔액과 장부상의 차이 중 원인이 밝혀진 것을 제외한 나머지에 대해서는 결산 때까지 원인이 밝혀지지 않았다.

① (차) 현 금 과 부 족 3,000   (대) 현   금 3,000
② (차) 현 금 과 부 족 2,000   (대) 현   금 2,000
③ (차) 잡손실(기타비용) 3,000   (대) 현 금 과 부 족 3,000
④ (차) 현 금 과 부 족 3,000   (대) 잡이익(기타수익) 3,000

10. 다음 거래의 분개로 옳은 것은? ★

> 결산 시 현금과부족 계정 대변 잔액 ₩20,000 중 ₩9,000은 임차료 ₩45,000을 지급한 것을 ₩54,000으로 오기하였음을 발견하고, 나머지는 원인이 밝혀지지 않았다.

① (차) 임 차 료   9,000   (대) 현금과부족   9,000
② (차) 현금과부족   9,000   (대) 임 차 료   9,000
③ (차) { 임 차 료   9,000   (대) 현금과부족   20,000
         잡 손 실   11,000
④ (차) 현금과부족   20,000   (대) { 임 차 료   9,000
                                     잡 이 익   11,000

11. "결산 당일 현금의 시재액이 현금출납장 잔액보다 ₩5,000 부족함을 발견하다"의 거래를 분개한 것으로 옳은 것은? ★★★

① (차) 현 금 과 부 족 5,000   (대) 현   금 5,000
② (차) 현   금 5,000   (대) 현 금 과 부 족 5,000
③ (차) 잡 손 실   5,000   (대) 현 금 과 부 족 5,000
④ (차) 잡 손 실   5,000   (대) 현   금 5,000

02 현금및현금성자산(2)

[NCS 연결고리]

능력 단위	자금 관리 (0203020102_20v4)	능력 단위 요소 (수준)	예금 관리하기(0203020102_20v4.2)(2수준)
영역과의 관계	기업 및 조직의 자금을 관리하기 위하여 회계 관련 규정에 따라 자금인 예금, 수표를 관리하는데 도움이 될 것이다.		

1 당좌예금 계정 (checking account)

은행과 당좌거래의 계약을 맺고, 현금 등을 미리 당좌예입하면 필요에 따라 수표를 발행하여 사용할 수 있는 자산 계정으로 예입액은 차변에, 수표발행에 의한 인출액은 대변에 기입한다.

Note
- 동점(타인) 발행수표 받으면
  : 현금 계정 차변
- 당점 발행수표 받으면
  : 당좌예금 계정 차변

(1) 신한은행과 당좌거래 계약을 맺고, 현금 ₩500,000을 예입하다.
(2) 서울상사에서 상품 ₩200,000을 매입하고, 대금은 수표(#25)를 발행하여 지급하다.

(1) (차) 당 좌 예 금 500,000   (대) 현   금 500,000
(2) (차) 상   품 200,000   (대) 당 좌 예 금 200,000

2 당좌차월 (bank overdraft)

은행과의 당좌거래를 함에 있어서 당좌예금잔액을 초과하여 수표를 발행하는 경우, 그 초과한 금액을 당좌차월이라 하며, 회계처리 방법은 1계정제와 2계정제가 있다.

- 단기차입금
  : 금융기관으로 부터의 당좌차월 금액과 결산일로부터 1년 이내에 상환될 차입금이 속하는 과목이다.

(1) 명동상사에서 상품 ₩400,000을 매입하고, 대금은 수표를 발행하여 지급하다. 단, 당좌예금 잔액은 ₩250,000이고, 거래은행과 당좌차월 계약을 맺고 있으며, 당좌차월 한도액은 ₩2,000,000이다.
(2) 부산상사에 상품 ₩350,000을 매출하고, 대금은 현금으로 받은 즉시 당좌예입하다. 단, 당좌차월 잔액 ₩150,000이 있다.

(가) 2계정제 처리법

(1) (차) 상   품 400,000   (대) ┌ 당 좌 예 금 250,000
                                      └ 당 좌 차 월 150,000
                                        (단기차입금)

(2) (차) ┌ 당 좌 차 월 150,000   (대) 상   품 350,000
         │ (단기차입금)
         └ 당 좌 예 금 200,000

- 분개 시 단기차입금과 당좌차월의 구별은 출제 문제의 보기에 주어지는 과목대로 처리하면 된다.
- 분개 시 원칙적으로는 당좌차월로 처리하고, 재무상태표상에는 단기차입금으로 표시한다.

(나) 1계정제 처리법

(1) (차) 상　　품　300,000　　(대) 당　　좌　300,000
(2) (차) 당　　좌　500,000　　(대) 상　　품　500,000

> • 1계정제 처리법은 혼합계정처리법이라고도 한다.
> • 당좌 계정
>   (ㄱ) 차변잔액 : 당좌예금(자산)
>   (ㄴ) 대변잔액 : 당좌차월(부채)

③ 당좌예금출납장

당좌예금의 예입과 인출(수표발행)을 상세히 기입하는 보조기입장이다.

당 좌 예 금 출 납 장

날짜	적요	예입	인출	차·대	잔액

④ 은행예금 중 요구불예금(보통예금 등)

No.	구 분	차 변		대 변	
(1)	현금을 보통예금하면	보통예금	×××	현　금	×××
(2)	보통예금통장에 이자계상	보통예금	×××	이자수익	×××
(3)	보통예금을 현금 인출하면	현　금	×××	보통예금	×××
(4)	보통예금인출하여 당좌예입	당좌예금	×××	보통예금	×××

> • 요구불예금
>   : 은행예금 중 만기가 정해져 있지 않고 수시로 입·출금이 자유로운 예금
> • 저축성예금
>   : 만기가 정해져 있고 일정한 절차를 거쳐야만 출금이 가능한 예금(정기예금, 정기적금 등)

⑤ 소액현금 계정 (petty cash account)

현금의 취급에 따른 도난과 분실 등의 위험을 방지하고, 출납사무를 간단하게 하려면 모든 현금을 거래은행에 당좌예금하고, 당좌수표를 사용하게 된다. 그러나 소액의 경비까지 수표를 발행하여 지급하게 되면 오히려 일이 번잡하고 복잡해지므로, 회계과는 용도계를 두고, 일정한 금액에 대하여 수표를 발행, 선급하여 용도계로 하여금 소액의 경비를 지급하게 할 수 있다. 이 때 선급하는 금액을 소액현금 계정으로 처리한다.

6 소액현금의 선급, 전도 방법

(1) 수시 자금 선급법(부정액 자금 선급법, 단순 자금 전도법)

소액자금의 일정 한도나 사용 시기의 제한이 없이 용도계의 요구에 따라 수시로 보급해 주는 방법이다.

(2) 정액 자금 선급법(Imprest system)

매월 또는 일정 기간에 필요한 금액을 미리 정하여 일정 금액을 선급해 주고, 그 이후에는 용도계에서 사용한 금액만을 보충해 주는 방법이다.

【 회계처리 방법 】

No.	구 분	차 변	대 변
①	월초에 소액자금을 수표발행하여 보급하면	소액현금 100,000	당좌예금 100,000
②	월말에 용도계로부터 지급액을 보고 받은 경우	여비교통비 30,000 통신비 20,000 소모품비 30,000 잡비 18,000	소액현금 98,000
③	다음달 초에 소액자금을 수표발행하여 보급하면	소액현금 98,000	당좌예금 98,000
④	월말에 보고와 동시에 소액자금을 보급해 준 경우 (②와 ③을 동시에 분개)	여비교통비 30,000 통신비 20,000 소모품비 30,000 잡비 18,000	당좌예금 98,000

• 소액현금 계정은 자산 계정으로, 차변에는 선급액과 보급액을, 대변에는 용도계에서 지출한 보고액을 기입한다.

7 소액현금출납장(petty cash book)

용도계에서 소액현금의 수입과 지출의 내용을 상세히 기록하기 위한 보조기입장이다.

소 액 현 금 출 납 장

수입액	날짜	적요	지급액	지급명세					잔액
				소모품비	여비교통비	통신비	잡비	

기본연습문제

1. 다음 ( ) 안에 알맞은 용어를 써 넣으시오.

(1) 상품을 매출하고, 대금으로 동점발행수표를 받으면 (   ) 계정 차변에 기입하고, 당점발행수표를 받으면 (   ) 계정 차변에 기입한다.

(2) 거래은행의 당좌예금 잔액을 초과하여 수표를 발행하는 경우, 그 초과된 금액을 (   ) 이라 한다.

(3) 분개 시에는 현금, 당좌예금, 보통예금, 소액현금 계정으로 개별처리하고, 결산 재무상태표에는 통합과목인 (   ) 계정으로 처리한다.

2. 다음 거래를 분개하시오.

(1) KEB하나은행과 당좌거래계약을 맺고, 현금 및 타점수표 ₩3,000,000을 당좌예입하다.

(2) 명동상사에서 상품 ₩2,000,000을 매입하고, 대금은 수표를 발행하여 지급하다.

(3) 강릉상사에서 상품 ₩900,000(원가 ₩750,000)을 매출하고, 대금은 동점발행 당좌수표로 받아 곧 당좌예입하다.

(4) 대한상사에 대한 외상매출금의 회수로서 다음과 같이 받다.

> 현금 ₩50,000   송금수표 ₩20,000   동점발행수표 ₩80,000
> 당점발행수표 ₩60,000   가계수표 ₩140,000

(5) 거래은행에서 당좌수표(#3) ₩500,000을 발행하여 현금을 인출하다.

(6) 서울상사에 대한 외상매입금 ₩80,000을 앞서 대한상사에서 받아두었던 당좌수표로 지급하다.

No.	차 변 과 목	금 액	대 변 과 목	금 액
(1)				
(2)				
(3)				
(4)				
(5)				
(6)				

3. 다음 연속된 거래를 분개하시오. (단, 2계정제로 처리할 것)

7월 1일 : 거래은행인 국민은행과 당좌거래 계약을 맺고, 현금 ₩1,000,000을 당좌예입하다. 그리고, 영업용 건물 ₩5,000,000을 담보물로 제공하다. 단, 당좌차월 한도액은 ₩4,000,000이다.
  3일 : 상품 ₩1,500,000을 매입하고, 대금은 수표를 발행하여 지급하다.
  4일 : 대구상사의 외상매출금 ₩350,000을 현금으로 받아 즉시 당좌예입하다.
  6일 : 외상매입금 ₩300,000을 수표를 발행하여 지급하다.
  8일 : 상품 ₩800,000(원가 ₩600,000)을 매출하고, 대금은 동점발행 수표로 받은 즉시 당좌예입하다.

No.	차 변 과 목	금 액	대 변 과 목	금 액
7/1				
3				
4				
6				
8				

4. 다음 거래를 분개하시오.

(1) 현금 ₩500,000을 신한은행에 보통예금으로 예입하다.
(2) 보통예금에 대한 이자 ₩3,000이 통장에 계상되어 있음을 발견하다.
(3) 보통예금 ₩250,000을 현금으로 인출하다.
(4) 당월분 종업원급여 ₩300,000이 보통예금계좌에서 자동이체되었음을 확인하다.

No.	차 변 과 목	금 액	대 변 과 목	금 액
(1)				
(2)				
(3)				
(4)				

Chapter **TWO**

5. 대한상사의 다음 거래를 자료로 당좌예금출납장의 기입면을 작성하시오.

6월 1일 : 거래은행인 신한은행에 당좌거래 계약을 맺고 현금 ₩500,000을 당좌예입하다.

　　7일 : 서울상사에서 상품 ₩300,000을 매입하고, 대금 중 ₩150,000은 당좌수표(#1012)를 발행하여 지급하고, 잔액은 외상으로 하다.

　　12일 : 명동상사에 상품 ₩500,000을 매출하고, 대금 중 ₩350,000은 현금으로 받은 즉시 당좌예입하고, 잔액은 외상으로 하다.

　　13일 : 당좌수표(#1013) ₩200,000을 발행하여 현금 인출하다.

　　18일 : 서울상사의 외상매입금 ₩150,000을 당좌수표(#1014)를 발행하여 지급하다.

　　23일 : 명동상사의 외상매출금 중 ₩120,000을 동점발행의 수표로 받은 즉시 거래은행에 당좌예입하다.

　　28일 : 이달분 사무실임차료 ₩300,000을 당좌수표(#1015)를 발행하여 지급하다.

No.	차 변 과 목	금　　액	대 변 과 목	금　　액
6/1				
7				
12				
13				
18				
23				
28				

당 좌 예 금 출 납 장

날짜	적　　요	예 입	인 출	잔 액

6. 다음 거래를 분개하시오.

(1) 8월 1일   회계과는 용도계에 소액경비 지급을 위하여 수표 ₩60,000을 발행하여 선급하다. 단, 당사는 정액 자금 선급법을 사용한다.

(2) 8월 31일   용도계로부터 소모품비 ₩20,000, 통신비 ₩12,000, 여비교통비 ₩24,000의 소액경비 지급명세를 보고 받다.

(3) 9월 1일   회계과는 용도계에 전월말 보고액과 동액의 수표를 발행하여 선급하다.

No.	차 변 과 목	금 액	대 변 과 목	금 액
(1)				
(2)				
(3)				

7. 다음 거래를 분개하시오.

(1) 6월 1일   정액 자금 선급법을 채용하고 있는 강원상사는 6월분 소액자금으로 당좌수표 액면 ₩100,000을 발행하여 용도계에 선급하다.

(2) 6월 30일   용도계로부터 다음과 같은 소액현금 지급명세서를 보고 받고, 즉시 동액의 수표를 발행하여 보급하다.

```
              소 액 현 금 지 급 명 세 서
                   20×1년 6월 30일
         수 입 액                          ₩ 100,000
         사 용 액    통 신 비   ₩ 30,000
                   소 모 품 비    40,000
                   잡     비    25,000   ₩  95,000
         잔     액                        ₩   5,000
```

No.	차 변 과 목	금 액	대 변 과 목	금 액
(1)				
(2)				

8. 다음 거래를 소액현금출납장에 기입하고, 마감하시오. 단, 정액 자금 선급법을 채택하고 있으며, 회계과에서 행할 분개도 표시하시오.

- 7월 1일 회계과로 부터 7월분 소액자금으로 수표 ₩150,000을 보급받다.
- 　　3일 볼펜 및 팩스용지 구입대금 ₩8,000을 지급하다.
- 　12일 택시요금 ₩30,000을 지급하다.
- 　13일 신문구독료 ₩15,000을 지급하다.
- 　16일 우표 및 엽서 구입대금 ₩20,000을 지급하다.
- 　25일 손님 접대 다과대 ₩32,000을 지급하다.
- 　31일 7월분 지급액을 보고하다.
- 8월 1일 이달분 소액자금을 수표로 보급 받다.

소 액 현 금 출 납 장

수입액	날짜	적 요	지급액	지급명세				잔액
				소모품비	여비교통비	통신비	잡 비	
150,000	7/1	수표보급						150,000
	7/3	볼펜 및 팩스용지	8,000	8,000				142,000
	7/12	택시요금	30,000		30,000			112,000
	7/13	신문구독료	15,000				15,000	97,000
	7/16	우표 및 엽서	20,000			20,000		77,000
	7/25	손님접대 다과대	32,000				32,000	45,000
	7/31	합 계	105,000	8,000	30,000	20,000	47,000	
105,000	8/1	수표보급						150,000

【 회계과에서 행할 분개 】

월일	차변과목	금 액	대변과목	금 액
7/1	소액현금	150,000	당좌예금	150,000
7/31	소모품비	8,000	소액현금	105,000
	여비교통비	30,000		
	통신비	20,000		
	잡비	47,000		
8/1	소액현금	105,000	당좌예금	105,000

9. 정액 자금 선급 제도를 채택하고 있는 (주)종로의 다음 8월 중 거래를 소액현금출납장에 기입 마감하고 회계과에서 행할 분개도 표시하시오.

8월   1일   회계과로 부터 8월분 소액자금으로 ₩300,000을 수표로 받다.
        3일   사무용품 구입대금 ₩45,000을 지급하다.
       12일   인터넷 사용료 ₩50,000을 지급하다.
       16일   신문구독료 ₩30,000을 지급하다.
       20일   교통카드 충전대금 ₩60,000을 지급하다.
       24일   전화요금 ₩75,000을 지급하다.
       31일   당월분 지급액을 보고하고, 동액의 자금을 수표로 보급받다.

소 액 현 금 출 납 장

| 수입액 | 날짜 | 적 요 | 지급액 | 지 급 명 세 |||| 잔액 |
				소모품비	여비교통비	통 신 비	잡 비	

【 회계과에서 행할 분개 】

월일	차 변 과 목	금 액	대 변 과 목	금 액
8/ 1				
8/31				

적중예상문제

1. 갑회사는 을회사에게 컴퓨터를 판매하고, 을회사 발행의 당좌수표를 받았다. 두회사의 분개에서 (가)와 (나)에 들어갈 계정과목을 바르게 짝지은 것은?

   - 갑회사 : (차변) (가) 500,000   (대변) 상품매출 500,000
   - 을회사 : (차변) 비 품 500,000   (대변) (나) 500,000

   ① (가) 현금 (나) 당좌예금
   ② (가) 당좌예금 (나) 현금
   ③ (가) 당좌예금 (나) 당좌예금
   ④ (가) 현금 (나) 현금

2. 당좌예금 계정에 대한 설명으로 틀린 것은?

   ① 현금및현금성자산으로 보고한다.
   ② 당좌수표를 발행하여 인출할 수 있다.
   ③ 당좌차월은 당좌예금에서 차감하는 형식으로 표시한다.
   ④ 회사잔액과 은행잔액이 일치하지 않을 수도 있다.

3. 당좌예금출납장에 대한 설명으로 옳지 않은 것은? ★

   ① 당좌예금의 예입과 인출을 상세히 기록하는 보조장부이다.
   ② 당좌예금 계정 차변합계와 당좌예금출납장의 예입(차변)란의 합계액은 일치한다.
   ③ 당좌예금출납장의 잔액과 당좌예금 계정의 잔액이 반드시 일치해야 하는 것은 아니다.
   ④ 월말 잔액은 차월이월로 인출란에 기록한 후 마감한다.

4. 다음 설명에 해당되는 계정과목은? ★

   예금 잔액의 범위를 초과하여 수표를 발행하여도 일정 한도까지는 은행이 부도 처리하지 않고 수표를 발행할 수 있도록 하는 것

   ① 당좌예금
   ② 당좌차월
   ③ 당좌이월
   ④ 이월당좌

5. 다음과 같은 경우에 적절한 분개는? ★

> 기계장치 ₩200,000을 취득하고 수표를 발행해 주었다. 이 때 당좌예금잔액은 ₩50,000이 있었으며, 거래은행과 ₩200,000 한도의 당좌차월계약이 있다.

① (차) 기 계 장 치　200,000　　(대) { 당 좌 예 금　50,000
　　　　　　　　　　　　　　　　　　 단기차입금　150,000
② (차) 기 계 장 치　200,000　　(대)　단기차입금　200,000
③ (차) 기 계 장 치　200,000　　(대)　당 좌 차 월　200,000
④ (차) 기 계 장 치　200,000　　(대) { 단기차입금　50,000
　　　　　　　　　　　　　　　　　　 당 좌 예 금　150,000

6. 다음은 (주)대한의 당좌거래와 관련된 거래이다. 결산 후 재무상태표에 표시될 단기차입금의 금액을 계산한 것으로 옳은 것은? 단, 당좌차월 한도액은 ₩2,000,000이다. ★

> - 9/ 1　당좌예금 잔액 ₩500,000
> - 9/15　비품 ₩1,000,000을 구입하고 대금은 당좌수표를 발행하여 지급하다.
> - 9/20　상품 ₩300,000을 매출하고 대금은 현금으로 받아 즉시 당좌예입하다.
> - 9/30　상품 ₩200,000을 매입하고 대금은 당좌수표를 발행하여 지급하다.

① ₩200,000　　　　　　　② ₩300,000
③ ₩400,000　　　　　　　④ ₩500,000

7. 다음은 당좌예금 계정에 대한 자료이다. 계정에 대한 거래의 추정으로 잘못된 것은? ★★★

<table>
<tr><td colspan="4" align="center">당 좌 예 금</td></tr>
<tr><td>9 / 1 전월이월</td><td>10,000</td><td>9 /15 외상매입금</td><td>4,000</td></tr>
<tr><td>3 현　　금</td><td>3,000</td><td>22 상　　품</td><td>6,000</td></tr>
<tr><td>9 외상매출금</td><td>2,000</td><td></td><td></td></tr>
</table>

① 9월 3일 수표를 발행하여 현금 ₩3,000을 인출하다.
② 9월 9일 외상매출금 ₩2,000을 회수하여 즉시 당좌예금하다.
③ 9월 15일 수표를 발행하여 외상매입금 ₩4,000을 지급하다.
④ 9월 22일 상품 ₩6,000을 매입하고 수표를 발행하다.

8. 은행과 사전계약을 체결하고 당좌예금 잔액을 초과하여 발행한 수표금액은 재무상태표에 어떤 계정과목으로 기입되는가? ★★★

   ① 현금및현금성자산   ② 단기대여금
   ③ 선수금   ④ 단기차입금

9. 다음 중 (주)부산의 거래에 대한 분개로 옳은 것은? ★★★

   > (주)평화로부터 외상매출대금 ₩30,000을 자기앞수표로 받아 즉시 당좌예입하다. 단, 당좌차월 잔액은 ₩10,000이다.

   ① (차) 당 좌 예 금   30,000   (대) 외 상 매 출 금   30,000
   ② (차) 당 좌 예 금   30,000   (대) 현   금   30,000
   ③ (차) { 당 좌 예 금   20,000
           단 기 차 입 금 10,000 } (대) 외 상 매 출 금   30,000
   ④ (차) { 당 좌 예 금   20,000
           단 기 차 입 금 10,000 } (대) 현   금   30,000

10. 소액현금제도에 대한 설명으로 잘못된 것은?

    ① 소액현금을 제반 경비 지출액만큼 보충하는 방법을 정액자금전도제라 한다.
    ② 소액의 경비 지출 업무를 효과적으로 관리할 수 있는 제도이다.
    ③ 소액현금 출납담당자는 경비의 지출 시 영수증을 받아 두어야 한다.
    ④ 소액경비가 지출되는 때마다 회계과는 분개를 하여야 한다.

11. 소액의 현금지출을 위해 일정액의 자금을 준비해 두고 회계처리 없이 소액의 현금지출을 하는 소액현금에 대한 설명이다. 다음 중 옳은 것은? ★★

    ① 소액현금의 차변에는 선급액과 지출액을 기입한다.
    ② 소액현금의 잔액은 항상 대변에 생긴다.
    ③ 소액현금을 선급해 주는 방법에는 정액자금전도법과 수시자금전도법(부정액자금전도법)이 있다.
    ④ 소액현금의 대변에는 용도계에서 보고하여 온 보급액을 기입한다.

12. 다음 거래의 분개로 옳은 것은?(단, 정액자금선급법을 사용한다.) ★★★

> 회계과는 용도계에 제 경비 지급을 위한 자금으로 당좌수표 ₩200,000을 발행하여 선급하다.

① (차) 선 급 금 200,000　　(대) 당 좌 예 금 200,000
② (차) 선 수 금 200,000　　(대) 소 액 현 금 200,000
③ (차) 가 지 급 금 200,000　　(대) 당 좌 수 표 200,000
④ (차) 소 액 현 금 200,000　　(대) 당 좌 예 금 200,000

13. 한국(주)는 소액현금제도의 정액자금선급법을 채택하고 있다. 다음 거래의 날짜별 분개로 옳은 것은? ★

> • 11월 1일　회계과는 용도계에 소액경비 지급을 위하여 ₩1,000,000의 당좌수표를 발행하여 선급하다.
> • 11월 30일　용도계로부터 다음의 경비가 지출되었음을 보고받다.
>   – 사무용품비 : ₩350,000
>   – 교 통 비 : ₩200,000
>   – 통 신 비 : ₩50,000
>   – 소액현금 실제 잔액 : ₩380,000
>   – 소액현금의 과부족액은 원인을 알 수 없음
> • 12월 1일　회계과는 용도계에 전월 말 보고액과 동액의 당좌수표를 발행하여 보급하다.

① 11월 1일 (차) 소 액 현 금 1,000,000　　(대) 현 금 1,000,000
② 11월 30일 (차) 소 모 품 비 350,000
　　　　　　　　여비교통비 200,000　　(대) 소 액 현 금 600,000
　　　　　　　　통 신 비 50,000
③ 11월 30일 (차) 소 모 품 비 350,000
　　　　　　　　여비교통비 200,000
　　　　　　　　통 신 비 50,000　　(대) 당 좌 예 금 620,000
　　　　　　　　현금과부족 20,000
④ 12월 1일 (차) 소 액 현 금 620,000　　(대) 당 좌 예 금 620,000

14. 다음은 서울상사의 용도계에서 작성한 10월 중 소액현금출납장이다. 이에 대한 설명으로 옳지 않은 것은? ★★★

소액현금출납장

수입액	날짜		적요	지급액	지급명세				잔액
					소모품비	통신비	수도광열비	잡비	
300,000	10	1	소액자금수표수입						300,000
	〃	31	지급합계	270,000	30,000	90,000	80,000	70,000	
	〃	31	차월이월액	30,000					
300,000	〃			300,000					
30,000	11	1	전월이월						30,000
270,000	〃	1	소액자금수표수입						300,000

① 서울상사의 소액현금 보급 방법은 정액 자금 선급법이다.
② 10월 중 소액현금 지출총액은 ₩270,000이다.
③ 매월 말일에 소액현금을 재보급한다.
④ 10월 중 지출한 소모품비는 ₩30,000이다.

15. 소액현금출납장의 여비교통비란에 기장될 항목으로 옳지 않은 것은?

① 시내 출장비   ② 교통카드 충전대금
③ 택시 요금   ④ 사원의 업무용 휴대폰요금

16. 소액현금출납장의 통신비란에 기장될 항목으로 옳지 않은 것은? ★★

① 사무실 인터넷사용료   ② 우표 및 엽서대금
③ 사원의 업무용 휴대폰요금 ④ 신문대금

03 단기예금(단기금융상품)

1 단기예금 계정 (Short-term deposit)

단기예금 ─ 은행예금 중 저축성예금(정기예금, 정기적금 등)
         ─ 사용이 제한되어 있는 예금(부채상환목적 예금 등)
         ─ 기타 정형화된 금융상품(양도성예금증서 등)

Note
- 단기예금은 보고기간 종료일로부터 만기가 1년 이내에 도래하는 것이어야 한다.
- 단기예금 중 취득 시 만기 또는 상환일이 3개월 이내인 것은 '현금성자산' 계정으로 분개하고, 즉, 만기가 2개월인 정기예금을 가입하면 '현금성자산' 으로 분개처리한다.

2 단기예금의 종류

(1) 정기예금, 정기적금 ~ 보고 기간 종료일로부터 만기가 1년 이내에 도래하는 것

① 대한은행에 6개월 만기의 정기예금에 가입하고, 현금 ₩5,000,000 을 예입하다.
② 대한은행에 정기예금(만기 6개월)한 원금 ₩5,000,000과 그 이자 ₩60,000을 만기가 되어 현금으로 찾아 동 은행에 당좌예입하다.

① (차) 정 기 예 금 5,000,000   (대) 현   금 5,000,000
② (차) 당 좌 예 금 5,060,000   (대) 정 기 예 금 5,000,000
                                   이 자 수 익   60,000

- 단기예금의 종류는 그 발생이 빈번하지 않은 경우에는 단기예금 계정으로 통괄처리할 수도 있지만, 단기예금 계정 대신 정기예금 계정을 분개시 처리하고, 재무상태표에는 단기투자자산으로 표시하면 된다.

▶ 한국채택국제회계기준(K-IFRS)에서는 단기예금을 단기금융상품이라 하고, 단기투자자산을 단기금융자산이라 한다.

(2) 사용이 제한되어 있는 예금

① 장기차입금 상환을 목적으로 거래은행에 1년 만기의 정기적금을 가입하고, 제1회분 납입금 ₩200,000을 현금으로 예입하다.
② 장기차입금 ₩2,500,000이 만기가 되어 정기적금을 찾아 현금으로 상환하다. 단, 지금까지 예입한 원금은 ₩2,400,000이고, 이자는 ₩100,000이다.

① (차) 감채용정기적금   200,000   (대) 현   금   200,000
② (차) 장 기 차 입 금 2,500,000   (대) 감채용정기적금 2,400,000
                                   이 자 수 익   100,000

- 사용이 제한된 예금 : 양건예금(대출 시 예·적금 예치), 차입금에 대한 담보제공예금, 당좌개설보증금 등이다.
- 사용이 제한된 예금 중 결산일로부터 만기가 1년 이상인 예금은 장기성예금으로 처리한다. (특히 당좌개설보증금은 당좌 거래를 해지할 때까지 계속 은행에 예치하므로 장기금융상품에 해당된다. 단, 회계실무 프로그램 실습 시에는 특정현금과예금으로 처리한다.)
- 감채용정기적금을 감채기금으로 처리할 수 있다.

(3) 기타 정형화된 금융상품

(가) 양도성예금증서(CD) : 시중 은행에서 발행 판매하는 단기간의 정기예금 증서로서 할인식 선이자 증서와 액면식 후이자 증서가 있으며 금융실명제 이전에는 무기명으로 거래가 가능했기 때문에 비자금을 만들거나 탈세, 상속, 뇌물 제공의 수단으로 뉴스에 단골 메뉴로 등장하곤 했었다. 요즘은 증서의 분실과 위조 방지를 위해 통장 발행도 하고 있다.

(나) 종합자산관리계좌(CMA) : 종합금융사 또는 증권회사는 고객의 예탁금으로 유동성 금융상품에 투자하여 발생한 수익을 고객에게 돌려주는 금융상품이다.

(다) MMF(money maket fund) : MMF는 별다른 명칭이 없으며, 증권사 또는 시중은행은 고객의 예탁금으로 채권 또는 유동성 단기금융상품에 투자하고 발생한 수익을 고객에게 돌려주는 금융상품이다.

(라) 환매채(RP) : 증권회사에서 취급하는 것으로 일정기간 후에 다시 일정한 이자를 가산한 가격으로 매수할 것을 조건으로 하여 고객에게 채권을 판매하는 형태의 금융상품이다.

(마) 발행어음 : 종합금융사가 자체자금을 조달하기 위하여 고객을 수취인으로 하고 종금사가 지급인으로 하여 발행교부되는 약속어음 형태의 금융상품이다.

(바) 기업어음(CP) : 기업어음은 신용등급이 높은 우량기업들이 자금조달을 위하여 발행하는 융통어음인데, 이를 종합금융사가 매입하여 다시 고객들에게 판매하는 금융상품으로 구매하는 측에서는 할인식 선이자 형태로 매입한다.

(사) 표지어음 : 종합금융사 또는 은행에서 취급하는 것으로 기업이 발행한 어음이나, 외상채권, 무역어음 등을 할인매입하여, 매입한 어음의 액면 및 기간 범위내에서 분할통합하여 발행하는 어음으로서 자체 발행어음의 일종이다.

(아) 금전신탁 : 은행이나 투자신탁회사가 고객으로부터 금전을 신탁재산으로 예탁받아 이를 대출이나 증권 등에 활용하여 일정기간 후에 원금과 수익을 고객에게 돌려주는 금융상품이다.

(자) MMT(money market trust) : MMT는 위탁자가 지정한 자산에 투자해 자금을 운용하는 단기 특정금전신탁상품으로 MMF의 단점을 보완하여 출시되어 수익률이 높고 일반 예금과 같이 입출금이 자유롭고 당일 환매가능 등 기존 MMF의 특성을 그대로 따른 금융상품이다.

(차) MMDA(money market deposit account) : 은행에서 일반적으로 MMDA통장이라고 부르는 이 상품의 정식 명칭은 '시장 금리부 수시 입출금식 예금'이다. 현재 우리나라의 시중 은행이나 농협, 수협이 취급하는 저축성예금을 의미한다. 입출금이 자유롭고 각종 이체와 결제도 할 수 있다.

- 기타 정형화된 금융상품의 거래기간은 금융기관 자체에서 일정기간마다 변경될 수 있으므로 생략한다.

- 취득 시 만기가 3개월 이내인 CD는 현금성자산 계정으로 처리한다.

- 기타정형화된 금융상품은 그 종류가 많아 거래가 빈번치 않으므로 단기예금 계정으로 통괄처리한다.

기본연습문제

1. 단기예금 계정은 다음과 같이 분류한다. 알맞은 말은?

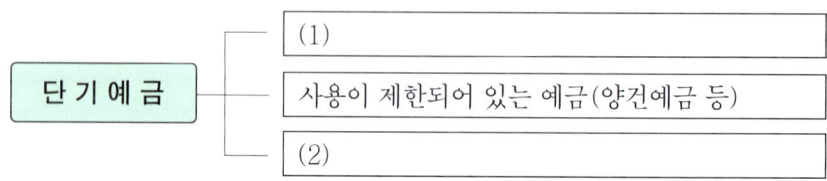

2. 다음 거래를 분개하시오.

(1) 현금 ₩4,000,000을 제일은행에 1년 만기의 정기예금으로 예입하다.

(2) 현금 ₩2,000,000을 하나은행에 2개월 만기의 정기예금으로 예입하다.

(3) 거래은행인 대한은행에 1년 만기의 정기적금(계약금액 ₩8,000,000)을 가입하고, 제1회 납입금 ₩600,000을 현금으로 예입하다.

(4) 정기예금 ₩2,000,000이 만기가 되어 이자 ₩80,000과 함께 찾아서 동 은행에 당좌예금으로 예입하다.

(5) 신한종합금융사에 종합자산관리계좌(CMA)를 개설하고 현금 ₩3,000,000을 예탁하다.

(6) 서울증권회사에 머니 마킷 펀드(MMF)를 개설하고, 현금 ₩4,000,000을 예탁하다.

(7) 위의 MMF에 대한 이자 ₩80,000이 통장에 계상되었음을 확인하다.

(8) 신한종합금융사에 개설한 종합자산관리계좌 ₩3,000,000이 만기가 되어 이자 ₩150,000과 함께 찾아서 거래은행에 보통예금하다.

No.	차변과목	금액	대변과목	금액
(1)				
(2)				
(3)				
(4)				
(5)				
(6)				
(7)				
(8)				

3. 아래 물음에 해당하는 기호를 보기에서 골라 ( )안에 표기하시오.

> 보기
> ㉠ 양도성예금증서 ㉡ 단기예금 ㉢ 환매채
> ㉣ 장기성예금 ㉤ 발행어음 ㉥ 현금성자산
> ㉦ 표지어음 ㉧ 기업어음 ㉨ CMA

(1) 증권회사에서 취급하는 것으로 일정기간 후에 다시 일정한 이자를 가산한 가격으로 매수할 것을 조건으로 하여 고객에게 채권을 판매하는 금융상품으로 RP라고도 한다. ……( )

(2) 보고기간 종료일로 부터 만기가 1년 이내의 금융상품 …………………………( )

(3) 우량 기업들이 자금 조달을 위하여 발행하는 융통어음 ……………………( )

(4) 결산일(회계 기간 말)로 부터 만기가 1년 이상되는 장기적인 금융상품 …………( )

(5) 시중은행에서 발행하여 판매하는 무기명 할인식 선이자 형태의 양도가 자유로운 증서로서 CD라고도 한다. ……………………………………………………………( )

(6) 만기 2개월의 정기예금을 가입한 경우 …………………………………………( )

(7) 기업이 발행한 어음이나, 외상채권, 무역어음 등을 할인 매입하여 매입한 어음의 액면 및 기간 범위 내에서 분할 통합하여 발행하는 어음 ……………………………( )

(8) 종합금융사가 자체 자금을 조달하기 위하여 고객을 수취인으로 하고, 종금사가 지급인으로 하여 발행 교부되는 약속어음 …………………………………………( )

(9) 종합금융사 또는 증권회사에 예금하는 것으로 수탁회사는 고객의 예탁금으로 유동성단기금융상품에 투자하여 발생한 수익을 고객에게 돌려주는 것 …………………( )

적중예상문제

1. 다음 중 단기예금 계정으로 처리하는 것이 올바른 배열은?

   ㉠ 당좌예금   ㉡ 정기예금·정기적금(만기 1년)
   ㉢ 양도성예금증서(만기 6개월)   ㉣ 타인발행수표
   ㉤ 보통예금·저축예금   ㉥ 종합자산관리계좌(만기 1년)

   ① ㉡ - ㉢ - ㉤   ② ㉡ - ㉢ - ㉥
   ③ ㉠ - ㉡ - ㉢   ④ ㉠ - ㉣ - ㉤

2. 시중은행에서 발행하는 무기명 할인식 선이자 형태의 양도가 자유로운 증서로서 증권회사와 종합금융사를 통하여 유통되는 금융상품은?

   ① 기업어음(CP)   ② 종합자산관리계좌(CMA)
   ③ 환매채(RP)   ④ 양도성예금증서(CD)

3. 금융기관이 취급하는 정형화된 상품 중에서 단기적 자금운용 목적으로 사용하거나 만기가 1년 이내에 도래하는 정기예금 등을 처리하는 계정과목은? ★★

   ① 현금성자산   ② 장기성예금
   ③ 당좌예금   ④ 단기예금

4. 여유 자금을 단기적 운용 목적으로 6개월 만기의 양도성예금증서(CD)를 매입한 경우를 분개할 때, 차변에 기입될 계정과목은? ★

   ① 당좌예금   ② 단기예금
   ③ 단기매매증권   ④ 현금성자산

5. 단기예금 계정에 속하지 않는 것은?

   ① 정기예금·정기적금(만기일 8개월 후)
   ② 머니마켓펀드(MMF : 만기 1년)
   ③ 당좌예금·보통예금·저축예금
   ④ 양도성예금증서(만기 6개월)

6. 단기예금으로 처리할 수 없는 거래는? ★

① 기한이 1년 이내인 정기예금, 정기적금
② 감채기금과 같이 사용이 제한되어 있는 예금(만기가 1년 이내임)
③ 양도성예금증서와 같이 정형화 된 금융상품(만기가 1년 이내임)
④ 단기자금 운용을 목적으로 취득한 주식

7. 단기예금 계정에 기입될 수 있는 거래는?

① 국민은행과 당좌거래를 맺고 현금을 예입하다.
② 전화요금과 인터넷 사용료가 보통예금 통장에서 자동이체되었음을 확인하다.
③ 거래은행에서 양도성예금증서(만기 6개월)를 현금으로 매입하다.
④ 외상매입금 지급을 위하여 수표를 발행하여 현금인출하다.

8. 다음 거래를 회계 처리한 결과에 대한 설명으로 옳은 것은? ★

> (주)대한상공은 3년 만기 정기예금 ₩1,000,000과 이자 ₩50,000을 현금 수령하여 그 중 ₩700,000은 보통예금에 입금하였다.

① 대변에 현금 계정 ₩350,000이 기입된다.
② 차변에 보통예금 계정 ₩700,000이 기입된다.
③ 차변에 정기예금 계정 ₩1,000,000이 기입된다.
④ 대변에 이자비용 계정 ₩50,000이 기입된다.

9. 다음 거래의 분개처리 시 공통적으로 차변에 기입할 계정과목으로 옳은 것은? ★★★

> a. 기업어음을 취득하기 위해 금융회사에 현금을 예탁하다.
> b. 은행에 1년 만기 정기적금에 가입하고, 1차분 현금을 불입하다.

① 현금　　　　　　　　② 현금성자산
③ 단기예금　　　　　　④ 정기적금

04 금융자산(단기매매증권)

1 금융자산(financial assets)의 의의

금융자산이란 보유하고 있는 현금과 소유 지분에 대한 증서 및 현금을 수취하거나 유리한 조건으로 금융자산을 교환할 수 있는 계약상의 권리를 말하며, 일반기업회계기준에서는 금융자산은 아래의 자산으로 분류한다. 금융자산 중 현금및현금성자산과 단기예금에 대하여는 앞에서 다루었으므로 여기서는 다른 기업의 지분상품, 즉 유가증권에 대한 회계 처리를 학습하기로 한다.

(1) 현금및현금성자산
(2) 소유 지분에 대한 증서(유가증권)
(3) 거래 상대방에게서 현금 등 금융자산을 유리한 조건으로 교환할 수 있는 계약상의 권리(수취채권 등)

2 유가증권의 분류

유가증권은 재산권을 나타내는 증권을 말하며, 실물이 발행된 경우도 있고, 명부에 등록만 되어 있을 수도 있다. 유가증권은 적절한 액면 금액 단위로 분할되고 시장에서 거래되거나 투자의 대상이 된다. 유가증권에는 지분 증권과 채무 증권이 포함된다.

- 금전 증권 — 수표, 약속어음
- 상품 증권 — 창고 증권, 화물 상환증, 선하 증권
- 자본 증권 — 지분 증권 : 주식(보통주, 우선주)
  — 채무 증권 : 회사채, 국·공채

3 보유 목적에 따른 분류

유가증권은 취득한 후에 단기매매증권, 만기보유증권, 매도가능증권 중의 하나로 분류한다.

① **단기매매증권** 단기간 내의 시세 차익의 목적으로 보유하는 지분 증권과 채무 증권
② **만기보유증권** 만기까지 보유할 목적으로 취득하는 채무 증권
③ **매도가능증권** 단기매매증권이나 만기보유증권으로 분류되지 아니하면서 장기적으로 보유하기 위해 취득하는 지분 증권과 채무 증권

Note

▶ 본 단원에서 다루는 금융상품은 시중 금융기관이 취급하는 금융상품이 아니다. 일반기업회계기준에서는 금융상품을 "거래 당사자 일방에게 금융자산을 발생시키고 동시에 다른 거래 상대방에게 금융부채를 발생시키는 계약"이라고 광범위하게 정의하고 있다.

▶ 여기서 계약(contracts)의 의미는 금융업의 발전으로 새로운 금융 기법들이 생겨나고, IT기술의 발전으로 인터넷Bank(카카오Bank) 등 금융 혁명 시대가 도래하면서 전통적인 주식, 채권과 같은 유가증권 위주의 개념으로는 한계가 있어 이를 '계약'이라는 관점에서 접근하게 된 것이다. 계약을 구체적으로 표현하면, 금융자산(지분상품 포함), 금융부채를 발생시키는 모든 계약을 말한다.

▶ **비금융자산과 비금융부채**
① 실물자산(재고자산, 유형자산)과 무형자산(특허권 등)은 금융자산이 아니다.
② 재화나 용역을 수취할 자산(선급금, 선급비용)은 금융자산이 아니다. 마찬가지로 선수금과 선수수익은 재화나 용역을 인도할 것이므로 금융부채가 아니다.

④ 단기매매증권 계정 (trading scurities account)

단기매매증권이란 기업의 여유 자금으로 시장성 있는 주식, 사채, 공채증서 등을 주로 단기간 내의 매매차익을 목적으로 취득한 유가증권으로서 매수와 매도가 적극적이고 빈번하게 이루어지는 것을 말한다.

▶ 한국채택국제회계기준(K-IFRS)에서는 단기매매증권을 당기손익-공정가치측정금융자산이라 한다.

⑤ 단기매매증권의 매매와 그 처리

(1) 회계상 유가증권을 매입하면 매입금액을 취득원가로 단기매매증권 계정 차변에 기입한다.

(2) 단기매매증권 처분 시에는 장부금액(취득원가)으로 단기매매증권 계정 대변에 기입하고, 처분금액과 장부금액과의 차액은 단기투자자산처분손익 계정으로 처리한다.

No.	구 분	차 변		대 변	
①	매입시 (제비용 별도)	단기매매증권 수수료비용	9,000 300	현 금	9,300
②	처 분 시 (장부금액 < 처분금액)	현 금	9,500	단기매매증권 단기투자자산처분이익	9,000 500
③	처 분 시 (장부금액 > 처분금액)	현 금 단기투자자산처분손실	8,000 1,000	단기매매증권	9,000

Note

▶ 단기매매증권을 최초로 매입할 때는 공정가치로 측정해야 하므로 취득과 관련된 수수료 및 증권거래세 등은 당기의 영업외비용으로 처리해야 한다.

▶ 단기매매증권 처분 시의 수수료 및 증권거래세 등은 처분대가에서 직접 차감하여 처분손익에 반영한다.

▶ 취득 시 만기가 3개월 이내에 도래하는 공·사채(채권)은 '현금성자산'으로 처리한다

▶ 단기투자자산처분손익을 단기매매증권처분손익이라고도 한다.

⑥ 단기매매증권의 평가

단기매매증권은 기말 결산 시 공정가치(fair value)로 평가하며, 평가손익은 당기 손익(영업외손익)으로 처리하고, 공정가치로 재무상태표에 표시하여야 한다.

No.	구 분	차 변		대 변	
(1)	공정가치(시가) 하락 시	단기투자자산평가손실	×××	단기매매증권	×××
(2)	공정가치(시가) 상승 시	단기매매증권	×××	단기투자자산평가이익	×××

▶ **시장성 있는 유가증권** … 서울 여의도에 위치한 한국거래소 또는 공신력 있는 외국의 증권거래시장(뉴욕증권거래소, 런던증권거래소 등)에서 거래되고 있는 유가증권을 말하며, 시장성 있는 유가증권의 시장가격을 공정가치로 보며, 공정가치는 재무상태표일(회계 기간 말) 현재의 종가로 한다.

7 단기매매증권 관련 수익

No.	구 분	차 변	대 변
(1)	소유 공·사채 등에 대한 이자를 받으면	현 금 ×××	이 자 수 익 ×××
(2)	소유주식에 대한 배당금을 받으면	현 금 ×××	배당금수익 ×××

▶ 만기 공·사채 이자표와 배당금영수증을 받으면 현금 계정 차변에 기입한다.

8 장기투자증권

(1) 만기보유증권(securities held to maturity)

장기간 자금 운용을 목적으로 만기가 3~5년으로 확정된 채무 증권(공·사채)으로서 상환 금액이 확정된 채무 증권을 만기까지 보유할 적극적인 의도와 능력이 있는 경우 투자자산에 속하는 만기보유증권 계정으로 처리한다. 단, 지분증권(주식)은 만기 개념이 없으므로 만기보유증권으로 분류될 수 없다.

▶ 한국채택국제회계기준(K-IFRS)에서는 만기보유증권을 상각후측정금융자산이라 한다.

▶ 만기보유증권은 결산 시 공정가치로 평가하지 않으며, 유효이자율법을 이용하여 상각후원가로 평가한다.

▶ 상각후원가란 금융자산의 최초 인식 금액(취득원가)과 만기금액과의 차액에 유효이자율을 적용하여 계산된 상각누계액을 가감한 금액을 말한다.

(2) 매도가능증권(securities available for sale)

기업의 여유 자금을 운용할 목적으로 매입한 주식이나 채권(공·사채) 중 단기매매증권이나 만기보유증권으로 분류되지 아니하는 것을 투자자산에 속하는 매도가능증권 계정으로 처리한다.

▶ 한국채택국제회계기준(K-IFRS)에서는 매도가능증권을 기타포괄손익-공정가치측정금융자산이라 한다.

▶ 매도가능증권은 결산 시 공정가치로 평가하며, 평가손익은 당기손익으로 처리하지 않고 자본 항목인 기타포괄손익누계액으로 처리한다.

기본연습문제

1. 다음 거래를 분개하시오.

(1) 단기매매차익을 목적으로 상장기업인 (주)한국의 발행 주식 5,000주(1주 액면 ₩100)를 @₩130에 매입하고, 대금은 수표를 발행하여 지급하다.

(2) 위의 주식 중 3,000주를 @₩150에 매각처분하고, 대금은 현금으로 받다.

(3) 결산 기말 위의 주식 중 잔여주식 2,000주를 공정가치 @₩120으로 평가하다.

(4) 단기투자를 목적으로 마포상사 발행의 사채 액면 ₩4,000,000(@₩10,000)을 @₩9,500에 매입하고, 대금은 수수료 ₩50,000과 함께 수표를 발행하여 지급하다.

(5) 단기적 자금운용의 목적으로 소유한 주식에 대하여 배당금 ₩280,000을 현금으로 받다.

(6) 소유하고 있는 한강주식회사의 사채 ₩8,000,000에 대한 이자 ₩350,000을 수표로 받다.

No.	차 변 과 목	금 액	대 변 과 목	금 액
(1)				
(2)				
(3)				
(4)				
(5)				
(6)				

2. 다음 거래를 분개하시오.

(1) 단기 매도목적으로 보유하고 있는 서울상사 발행 주식 1,000주(액면금액 @₩500, 장부금액 @₩700)를 1주당 ₩900에 매각처분하고, 대금은 처분수수료 및 증권거래세 ₩30,000을 차감한 잔액은 현금으로 받다.

(2) 종로(주)가 발행한 사채(액면 ₩5,000,000, 만기 3년 후 상환, 표시이자율 4%)를 ₩4,800,000에 취득하고, 거래수수료 ₩100,000과 함께 현금으로 지급하다. 단, 당해 사채는 이자획득만을 목적으로 만기까지 보유하기로 한다.

(3) 장기투자의 목적으로 경기(주) 발행 주식 1,000주(액면금액 @₩5,000)를 1주당 ₩6,000에 매입하고, 대금은 거래수수료 ₩200,000과 함께 수표를 발행하여 지급하다.

No.	차 변 과 목	금 액	대 변 과 목	금 액
(1)				
(2)				
(3)				

3. 다음 연속거래를 분개하고, 아래 계정에 전기하고 마감하시오. (결산 연 2회)

20×1년 4월 10일 단기적 매매차익을 목적으로 상장법인인 대한상사 발행 주식 500주(액면 @₩1,000)를 @₩1,500에 매입하고, 대금은 수수료 ₩10,000과 함께 수표를 발행하여 지급하다.

20×1년 6월 30일 결산 시 위의 주식을 공정가치(시가) @₩1,400으로 평가하다.

20×1년 12월 31일 결산 시 위의 주식을 공정가치(시가) @₩2,000으로 평가하다.

20×2년 3월 5일 위의 주식 전부를 @₩2,500에 처분하고, 대금은 수표로 받다.

월 일	차변과목	금 액	대변과목	금 액
4월 10일				
6월 30일				
12월 31일				
3월 5일				

단 기 매 매 증 권

단 기 투 자 자 산 평 가 손 실

단 기 투 자 자 산 평 가 이 익

단 기 투 자 자 산 처 분 이 익

적중예상문제

1. 다음 자료에서 금융자산의 합계액을 계산하면 얼마인가?

• 선급금	₩3,000	• 매출채권	₩20,000
• 선급비용	₩1,000	• 현금및현금성자산	₩10,000
• 단기매매증권	₩4,000		

① ₩14,000   ② ₩23,000
③ ₩34,000   ④ ₩38,000

2. 회계상 단기매매증권으로 처리할 수 있는 것은? ★★

① 우편환증서   ② 공채
③ 상품권   ④ 화물대표증권

3. 유가증권에 관한 설명으로 옳은 것은? ★★

① 유가증권은 유형자산에 속한다.
② 유가증권은 장기적으로 여유 자금을 활용하기 위한 단기매매증권을 말한다.
③ 유가증권 매입 시의 제비용은 당기의 비용으로 처리한다.
④ 유가증권 소유로 인한 배당금은 이자수익으로 처리한다.

4. 다음 거래로 취득한 금융자산의 세부 분류와 측정 금액으로 옳은 것은?

(주)대한은 한국거래소에서 투자목적으로 (주)마포의 주식 100주를 ₩1,000,000에 구입하고 수수료 ₩20,000을 현금으로 지급하였다. (주)대한은 당해 주식을 단기간 내에 매각할 예정이다.

① 단기매매증권 ₩1,020,000   ② 단기매매증권 ₩1,000,000
③ 매도가능증권 ₩1,020,000   ④ 매도가능증권 ₩1,000,000

5. 다음 거래로 취득한 금융자산의 세부분류와 측정금액으로 옳은 것은?

> (주)서울은 한국거래소에서 장기투자목적으로 (주)광화문의 주식 100주를 ₩1,000,000에 구입하고 수수료 ₩20,000을 현금으로 지급하였다.

① 단기매매증권 ₩1,020,000 ② 단기매매증권 ₩1,000,000
③ 매도가능증권 ₩1,020,000 ④ 매도가능증권 ₩1,000,000

6. 종로(주)는 대한(주)발행의 사채 액면 ₩1,000,000(만기5년)을 ₩950,000에 취득하고, 수수료 ₩20,000과 함께 수표를 발행하여 지급하다. 단, 동 사채는 이자획득만을 목적으로 취득하고 만기까지 보유할 경우의 거래를 분개할 때 차변 계정과목으로 옳은 것은?

① 단기매매증권 ② 매도가능증권
③ 만기보유증권 ④ 사채

7. (주)서울은 단기시세차익을 목적으로 보유하고 있는 주식에 대한 배당금과 사채권에 대한 이자를 현금으로 받았을 때 설정되는 계정과목으로 옳지 않은 것은?

① 현금 ② 사채이자
③ 이자수익 ④ 배당금수익

8. 다음과 같은 특징을 지닌 금융자산의 종류로 옳은 것은? ★

> • 최초 인식 시 공정가치로 측정한다.
> • 평가손익을 기타포괄손익으로 인식한다.
> • 평가손익 누계액은 재무상태표 자본항목으로 표시한다.

① 단기매매증권 ② 매도가능증권
③ 대여금 ④ 수취채권

9. 다음의 거래가 해당 회계 기간의 당기순손익에 미치는 영향은? 단, A회사 주식은 단기간 내에 매매할 목적이다. ★

3월 5일	A회사 주식 500주를 주당 ₩20,000에 구입
7월 8일	A회사 주식 200주를 주당 ₩30,000에 매각
10월 31일	A회사 주식 300주를 주당 ₩10,000에 매각

① 순손실 ₩1,000,000　　② 순손실 ₩3,000,000
③ 순손실 ₩5,000,000　　④ 순이익 ₩2,000,000

10. 다음 자료에 의하여 재무상태표에 기입될 단기매매증권 금액으로 알맞은 것은? ★

| 당기말 평가액 | ₩200,000 | 당기의 취득액 | ₩300,000 |
| 당기의 처분액 | 400,000 | 당기의 액면액 | 500,000 |

① ₩200,000　　② ₩300,000
③ ₩400,000　　④ ₩500,000

11. 시장성이 있는 단기매매증권의 설명으로 옳지 않은 것은? 단, (주)서울 주식은 20×1년 중에 취득했다. ★

종목	취득원가	20×1년 말 공정가치	20×2년 말 공정가치
(주)서울	₩2,000,000	₩2,500,000	₩2,200,000

① 20×1년 말 평가이익은 ₩500,000이다.
② 20×2년 말 평가손실은 ₩300,000이다.
③ 20×1년 말 재무상태표에 반영될 단기매매증권의 가액은 ₩2,000,000 이다.
④ 20×2년 말 재무상태표에 반영될 단기매매증권의 가액은 ₩2,200,000 이다.

12. 다음 중 <보기>에서 금융자산으로 분류되는 항목만 모두 고른 것은? ★★★

< 보기 >

| 가. 미수금 | 나. 선급금 | 다. 보통예금 |
| 라. 매출채권 | 마. 선급비용 | 바. 만기보유증권 |

① 가, 나, 다　　② 가, 다, 마
③ 가, 다, 라, 바　　④ 가, 라, 마, 바

05 재고자산(상품)

1 재고자산의 정의

재고자산이란 일반적으로 기업의 정상적인 영업 활동 과정에서 판매를 목적으로 소유하거나(상품), 생산 중에 있는 자산(재공품) 또는 판매할 제품을 생산하는데 사용될 자산(원재료, 저장품)을 말한다.

> **Note**
>
> • 상품의 성질
>   · 백화점의 각종 물품
>   · 금융업의 예금, 대출금
>   · 의사, 변호사업의 용역

2 순수 계정(분기법)으로 처리하는 방법

상품의 매출 시 원가와 이익을 구분하여 처리하는 방법

```
         상       품
┌─────────────┬─────────────┐
│ 기초상품재고액│             │
├─────────────┤   매 출 액   │
│   매 입 액   │   (원 가)   │
│  (제비용포함)│             │
│             ├─────────────┤
│             │ 기말상품재고액│
└─────────────┴─────────────┘

     상품매출이익
┌─────────────┐
│             │
│   발 생 액   │
│ (매출액-원가)│
└─────────────┘
```

구 분	차 변	대 변
외상매출시	외상매출금 1,000	상 품 800 상품매출이익 200
환 입 시	상 품 320 상품매출이익 80	외상매출금 400
매출에누리시	상품매출이익 50	외상매출금 50

> **용어 해설**
>
> • 환입 : 매출한 상품 중 불량품, 파손 등의 이유로 반품되어 온 것
> • 매출에누리 : 매출한 상품 중 불량품, 파손품, 등급착오 등의 이유로 값을 깎아주는 것
> • 매출할인 : 외상매출금을 조기회수하는 경우 대금 일부를 할인하여 주는 것
> • 환 출 : 매입한 상품 중 불량품, 파손 등의 이유로 반품하는 것
> • 매입에누리 : 매입한 상품 중 불량품, 파손품, 등급착오 등의 이유로 값을 깎는것
> • 매입할인 : 외상매입금을 조기 지급하는 경우 대금 일부를 할인받은 것

3 혼합 계정(총기법)으로 처리하는 방법

상품의 매출 시 원가와 이익을 구분하지 않고, 매출가액(매가) 그대로 혼합 기입하는 방법

```
         상       품
┌─────────────┬─────────────┐
│ 기초상품재고액│             │
├─────────────┤   매 출 액   │
│   매 입 액   │   (매 가)   │
│  (제비용포함)│             │
├─────────────┼─────────────┤
│ 상품매출이익 │ 기말상품재고액│
└─────────────┴─────────────┘
```

구 분	차 변	대 변
외상매출시	외상매출금 1,000	상 품 1,000
환 입 시	상 품 400	외상매출금 400
매출에누리시	상 품 50	외상매출금 50

> • 상품의 매입 시 분개는 분기법과 총기법 둘 다 동일하다.

(1) 장점

백화점 같이 대량판매 업종에서는 원가와 이익의 구분없이 판매가격으로 기장하므로 기장의 편리함이 있다.

(2) 단점

① 상품 계정은 자산 계정에 속하지만 상품매출이익이 혼합기입되므로 순수자산 계정의 성질을 띠지 못한다.
② 회계 기간 말 상품매출손익의 계산 절차가 필요하다.

4 혼합 상품 계정(총기법)의 상품매출손익 계산

- 기말상품재고액을 조사하여 상품 계정의 대변에 기입한 뒤
- 대·차변의 합계를 비교하여 대변 잔액이면 상품매출이익이고, 차변잔액이면 상품매출손실이 된다.

(1) 상품매출이익의 처리 방법

No.	구 분	차 변		대 변	
①	정리분개법	상 품	×××	상품매출이익	×××
		상품매출이익	×××	손 익	×××
②	직 접 법	상 품	×××	손 익	×××

- 혼합 상품 계정의 잔액은 대·차 어느 쪽에도 발생할 수 있으며, 혼합 상품 계정의 잔액은 상품의 현재액과 아무 관계가 없다.

(2) 재고자산 등식에 의한 상품매출이익 계산

① 순매출액 = 총매출액 − 환입 및 매출에누리·매출할인액
② 순매입액 = 총매입액 − 환출 및 매입에누리·매입할인액
③ 매출원가 = 기초상품재고액 + 순매입액 − 기말상품재고액
④ 매출이익 = 순매출액 − 매출원가

- 판매 가능 상품액
 =기초상품재고액 + 순매입액
 = 매출원가 + 기말상품재고액

상	품		
기초상품재고액 (원 가)	매 출 액 (매 가)
매 입 액 (원 가)	매 입 환 출 액 (원 가)
매 입 제 비 용 (원 가)	매 입 에 누 리 액 (원 가)
매 출 환 입 액 (매 가)	매 입 할 인 액 (원 가)
매 출 에 누 리 액 (매 가)	기 말 상 품 재 고 액 (원 가)
매 출 할 인 액 (매 가)	
상 품 매 출 이 익	

기본연습문제

1. 다음의 ( ) 안에 알맞은 용어를 기입하시오.

(1) 상품의 매출 시 원가와 이익을 구분하여 처리하는 방법을 (   )계정 처리법이라 하고, 매출가액 그대로 기입하는 방법을 (   )계정 처리법이라 한다.

(2) 매입한 상품 중 불량품이 있어 반품시키는 것을 (   )이라 한다.

(3) 매입한 상품 중 파손품 또는 등급착오품이 있어 값을 깍는 것을 (   )라 한다.

(4) 외상매입금을 지급약정일 이전에 조기 지급함으로써 할인받은 금액을 (   )이라 한다.

(5) 환출 및 매입에누리·매입할인은 매입금액에서 (   )한다.

(6) 매출한 상품 중 불량품이 있어 반품되어 오는 것을 (   )이라 한다.

(7) 매출한 상품 중 파손품 또는 등급 착오품이 있어 값을 깍아주는 것을 (   )라 한다.

(8) 외상매출금을 회수약정일 이전에 조기 회수함으로써 할인해 주는 금액을 (   )이라 한다.

(9) 환입 및 매출에누리·매출할인은 매출금액에서 (   )한다.

(10) 판매 가능 상품 = 기초상품재고액 + (   )
      = 기말상품재고액 + (   )

(11) 매출원가 = 기초상품재고액 + (   ) − 기말상품재고액

(12) 상품매출이익 = 순매출액 − (   )

2. 다음 거래를 순수 계정 처리법으로 분개하고, 해당 계정에 전기하고 마감하시오.

6월 8일 서울상사에서 갑상품 400개 @₩500을 외상으로 매입하고, 인수운임 ₩5,000은 현금으로 지급하다.

15일 마포상사에 갑상품 300개(원가 @₩500, 판매가 @₩800)를 외상으로 매출하고, 발송운임 ₩8,000은 현금으로 지급하다.

30일 상품매출이익을 손익 계정에 대체하다. (기말상품재고액은 각자 계산)

월일	차 변 과 목	금 액	대 변 과 목	금 액
6/8				
15				
30				

상   품

6/1 전기이월 50,000

상 품 매 출 이 익

3. 다음 거래를 혼합 계정 처리법으로 분개하고, 해당 계정에 전기하고 마감하시오. 단, 상품매출이익은 정리 분개법에 의한다.

3월 10일 한강상사에서 A상품 500개 @₩1,000을 외상으로 매입하다.

20일 남영상사에 A상품 400개 @₩1,500을 외상으로 매출하다.

31일 기말상품재고액 A상품 150개 @₩1,000

월일	차 변 과 목	금 액	대 변 과 목	금 액
3/10				
20				
31				

상   품

3/1 전기이월 50,000

상 품 매 출 이 익

손   익

4. 다음 자료에 의하여 혼합 상품 계정에 기입 마감하고, 상품매출이익을 정리 분개법으로 산출하시오. 단, 상품매매는 모두 외상거래이다.

기초상품재고액	₩ 20,000	당 기 매 입 액	₩ 500,000	인수운임(현금)	₩ 4,000
당 기 매 출 액	650,000	환 출 액	8,000	환 입 액	10,000
매 입 에 누 리 액	2,000	매 출 에 누 리 액	5,000	매 입 할 인 액	6,000
매 출 할 인 액	4,000	기말상품재고액	40,000		

상 품		상 품 매 출 이 익	
		손 익	

5. 다음 자료에 의하여 혼합 상품 계정에 기입마감하고, 상품매출이익을 정리 분개법으로 산출하시오.

기초상품재고액	₩ 50,000	당기매입액(외상)	₩ 800,000	인수운임(현금)	₩ 20,000
당기매출액(외상)	1,050,000	환 출 액	15,000	환 입 액	25,000
매 입 에 누 리 액	10,000	매 출 에 누 리 액	8,000	매 입 할 인 액	4,000
매 출 할 인 액	12,000	기말상품재고액	65,000	발송운임(현금)	8,000

상 품		상 품 매 출 이 익	
		손 익	

6. 다음 자료에 의하여 ( )안에 알맞은 금액을 기입하시오.

상점명	기초상품재고액	총매입액	매입에누리 및 환출	총매출액	매출에누리 및 환입	기말상품재고액	매출원가	매출총이익
A상사	800	4,800	50	4,970	70	(①)	(②)	600
B상사	1,000	(③)	80	10,840	100	900	(④)	1,340
C상사	600	7,700	60	(⑤)	30	800	(⑥)	900

5 3분법에 의한 상품 계정의 분할

단일상품 계정을 이월상품, 매입, 매출 계정으로 분할하여 처리하는 방법

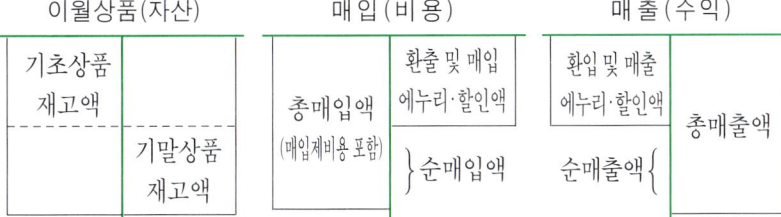

No.	구 분	차 변	대 변
(1)	상품을 외상매입 시	매 입 10,000	외상매입금 10,000
(2)	환출 및 매입에누리 시	외상매입금 2,000	매 입 2,000
(3)	매입 할인 시	외상매입금 5,000	현 금 4,800 매 입 200
(4)	상품을 외상매출 시	외상매출금 15,000	매 출 15,000
(5)	환입 및 매출에누리 시	매 출 3,000	외상매출금 3,000
(6)	매출 할인 시	현 금 9,500 매 출 500	외상매출금 10,000

6 3분법에 의한 상품매출손익의 계산

(1) 매출원가의 계산 : 매입 계정에서 매출원가를 계산한다.

① 기초상품재고액을 이월상품 계정에서 매입 계정 차변에 대체한다.

　(차) 매　　입　　×××　　　(대) 이월상품　　×××

② 기말상품재고액을 매입 계정에서 이월상품 계정 차변에 대체한다.

　(차) 이월상품　　×××　　　(대) 매　　입　　×××

```
          이  월  상  품                        매          입
┌─────────────┬─────────────┐        ┌─────────────┬─────────────┐
│전기이월(기초상품재고액)│매입 계정에 대체│  ①   │당 기 매 입 액 400│기말상품재고액 200│
├─────────────┼─────────────┤ ────→ ├─────────────┼─────────────┤
│매입계정에서 대체│차기이월(기말상품재고액)│        │기초상품재고액 100│매 출 원 가(   )│
└─────────────┴─────────────┘        └─────────────┴─────────────┘
        ↑                                                    ②
        └────────────────────────────────────────────────────┘
```

Note

• 상품 계정을 3분법으로 기장하면 기간중에는 상품매출손익을 알 수 없으므로 회계 기간 말에 기말상품재고액을 조사하여 상품매출손익을 계산하여야 한다.

• 매출원가 공식
　기초상품재고액 + 순매입액
　－ 기말상품재고액

(2) 상품매출이익의 계산 : 총액법과 순액법이 있다.

  (가) 총액법 ~ 손익 계정에서 상품매출이익을 계산한다.

    ③ 매입 계정에서 계산된 매출원가를 손익 계정 차변에 대체한다.

      (차) 손 익 ××× (대) 매 입 ×××

    ④ 매출 계정에서 계산된 순매출액을 손익 계정 대변에 대체한다.

      (차) 매 출 ××× (대) 손 익 ×××

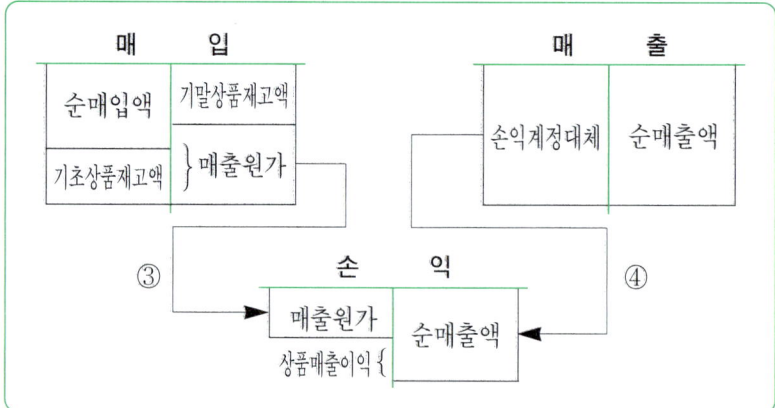

  (나) 순액법 ~ 매출 계정에서 상품매출이익을 계산한다.

    ③ 매입 계정에서 계산된 매출원가를 매출 계정 차변에 대체한다.

      (차) 매 출 ××× (대) 매 입 ×××

    ④ 매출 계정에서 계산된 상품매출이익을 손익 계정 대변에 대체한다.

      (차) 매 출 ××× (대) 손 익 ×××

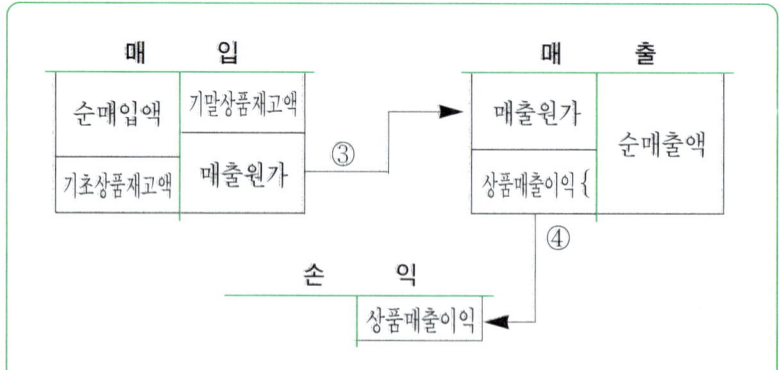

- 실무에서는 대부분 총액법을 사용하고 있다.

- **순액법에서**
  매출 계정 대변잔액은 상품매출이익이다.

참고 1. 총액법 대체 분개

No.	구 분	차 변	대 변
(1)	기초상품재고액의 대체	매 입 ×××	이 월 상 품 ×××
(2)	기말상품재고액의 대체	이 월 상 품 ×××	매 입 ×××
(3)	매출원가의 대체	손 익 ×××	매 입 ×××
(4)	순매출액의 대체	매 출 ×××	손 익 ×××

참고 2. 순액법 대체 분개

No.	구 분	차 변	대 변
(1)	기초상품재고액의 대체	매 입 ×××	이 월 상 품 ×××
(2)	기말상품재고액의 대체	이 월 상 품 ×××	매 입 ×××
(3)	매출원가의대체	매 출 ×××	매 입 ×××
(4)	상품매출이익의대체	매 출 ×××	손 익 ×××

7 운임의 회계 처리

(1) 선적지 인도가격조건(F.O.B. shipping) : 구매자가 운임을 부담하는 조건으로, 그 운임은 매입원가에 포함한다.

한강상사에서 상품 ₩2,000을 외상으로 매입하고			
①	인수운임 ₩40을 현금으로 지급하다.	매 입 2,040	외상매입금 2,000 현 금 40
②	당점부담 운임 ₩40을 동점이 대신 지급하다.	매 입 2,040	외상매입금 2,040
③	동점부담 운임 ₩40을 당점이 현금으로대신 지급하다.	매 입 2,000	외상매입금 1,960 현 금 40

• 매입 시 운임
  ㉠ 당점부담 운임을 동점이 대신 지급한 경우 : 매입(+), 외상매입금(+)
  ㉡ 동점부담 운임을 당점이 대신 지급한 경우 : 외상매입금에만(-)

(2) 도착지 인도가격조건(F.O.B. destination) : 판매자가 운임을 부담하는 조건으로, 그 운임은 운반비 계정으로 처리한다.

제주상사에 상품 ₩3,000을 외상으로 매출하고			
①	발송운임 ₩80을 현금으로 지급하다.	외상매출금 3,000 운 반 비 80	매 출 3,000 현 금 80
②	당점부담 발송운임 ₩80을 동점이 대신 지급하다.	외상매출금 2,920 운 반 비 80	매 출 3,000
③	동점부담 운임 ₩80을 당점이 현금으로 대신 지급하다.	외상매출금 3,080	매 출 3,000 현 금 80

• 매출 시 운임
  ㉠ 당점부담 운임을 동점이 대신 지급한 경우 : 외상매출금(-)
  ㉡ 동점부담 운임을 당점이 대신 지급한 경우 : 외상매출금에만(+)

조 건	소유권이전	운임부담자	운임처리
선적지인도	선적시점	구매자	구매자가 매입원가에 가산
도착지인도	도착시점	판매자	판매자가 비용처리

8 매입할인과 매출할인

(1) 매입할인

외상매입금을 지급약정일 이전에 지급하는 경우, 일정액의 할인받은 금액을 매입할인이라 하며, 당기 매입액에서 직접 차감한다.

구 분	차 변	대 변
외상매입금을 지급 약정일 이전에 지급한 경우	외상매입금 500,000	현 금 480,000 매 입 20,000

(2) 매출할인

외상매출금을 회수약정일 이전에 회수하는 경우, 일정액을 할인하여 주는 금액을 매출할인이라 하며, 당기 매출액에서 직접 차감한다.

구 분	차 변	대 변
외상매출금을 회수 약정일 이전에 회수한 경우	현 금 480,000 매 출 20,000	외상매출금 500,000

• 매입할인과 매출할인의 경우 3분법 분개에서는 매입 계정 및 매출 계정에서 직접 차감하지만, 실무에서는 전표 입력 시 매입할인 계정과 매출할인 계정의 개별 계정을 사용하기도 한다.

기본연습문제

7. 다음 거래를 분개하시오. 단, 상품 계정은 3분법에 의할 것.

(1) 마포상사에서 상품 ₩350,000을 외상으로 매입하고, 인수운임 ₩8,000은 현금으로 지급하다.

(2) 마포상사에서 매입한 상품 중 불량품이 있어 ₩25,000을 반품하다.

(3) 마포상사에서 매입한 상품 중 등급착오품에 대하여 ₩12,000의 에누리를 받다.

(4) 마포상사의 외상매입금 중 ₩300,000을 지급약정일 이전에 지급하게 되어 ₩6,000을 할인받고, 잔액은 현금으로 지급하다.

(5) 을지상사에 상품 ₩600,000을 외상으로 매출하고, 발송운임 ₩4,000은 현금으로 지급하다.

(6) 을지상사에 매출한 상품 중 파손품이 있어 ₩50,000이 반품되어 오다.

(7) 을지상사에 매출한 상품 중 주문 상품과 다른 것이 있어 ₩20,000을 에누리해 주다.

(8) 을지상사의 외상매출금 중 ₩500,000을 회수약정일 이전에 회수하게 되어 ₩10,000을 할인해 주고, 잔액은 현금으로 회수하다.

No.	차 변 과 목	금 액	대 변 과 목	금 액
(1)				
(2)				
(3)				
(4)				
(5)				
(6)				
(7)				
(8)				

8. 다음 거래를 3분법에 의하여 분개하고, 각 계정에 전기한 후 총액법에 의하여 마감하시오. 그리고, 매출손익 계상에 따른 대체분개도 표시하시오. 단, 기말상품재고액은 ₩250,000이다.

(1) 기초상품재고액은 ₩75,000이다.
(2) 서울상사에서 상품 ₩80,000을 매입하고, 대금은 외상으로 하다.
(3) 천안상사에 상품 ₩62,000을 매출하고, 대금은 현금으로 받다.
(4) 서울상사에서 매입한 상품 중 불량품이 있어 ₩3,000을 반품시키다.
(5) 대전상사에서 상품 ₩260,000을 매입하고, 대금은 수표를 발행하여 지급하다.
(6) 한강상사에 상품 ₩200,000을 외상으로 매출하다.
(7) 위의 매출상품 중 견본과 다른 것이 있어 ₩25,000을 에누리 해 주다.

No.	차변과목	금액	대변과목	금액
(2)				
(3)				
(4)				
(5)				
(6)				
(7)				

이 월 상 품

매 입

매 출

손 익

【 대체 분개 】

No.	구 분	차변과목	금액	대변과목	금액
(1)	기초상품재고액				
(2)	기말상품재고액				
(3)	매출원가				
(4)	순매출액				

Chapter TWO

9. 다음 거래를 3분법에 의하여 분개하고, 각 계정에 전기한 후 순액법에 의하여 마감하시오. 그리고, 매출손익 계상에 따른 대체 분개도 표시하시오. 단, 기말상품재고액은 ₩200,000이다.

(1) 을지상사로 부터 상품 ₩350,000을 매입하고, 대금은 현금으로 지급하다.
(2) 종로상사에 상품 ₩460,000을 매출하고, 대금은 동점발행 당좌수표로 받다.
(3) 명동상사에서 상품 ₩162,000을 외상으로 매입하고, 인수운임 ₩3,000은 현금으로 지급하다.
(4) 위의 매입상품 중 파손품이 있어 ₩54,000의 에누리를 받다.
(5) 청계상사에 상품 ₩360,000을 외상으로 매출하고, 발송운임 ₩3,000은 현금으로 지급하다.
(6) 위의 매출상품 중 불량품이 있어 ₩20,000 반품되어 오다.

No.	차 변 과 목	금 액	대 변 과 목	금 액
(1)				
(2)				
(3)				
(4)				
(5)				
(6)				

```
         이 월 상 품                              매      입
전기이월   135,000
```

```
         매      출                               손      익
```

【 대체 분개 】

No.	구 분	차 변 과 목	금 액	대 변 과 목	금 액
(1)	기초상품재고액				
(2)	기말상품재고액				
(3)	매 출 원 가				
(4)	매 출 총 이 익				

적중예상문제

1. 총기법에 의한 상품 계정을 '혼합 계정'이라고 하는 이유는 무엇인가?
   ① 상품 계정에 매입과 매출만이 아닌 환출과 환입 등도 함께 기장되기 때문에
   ② 상품 계정에 상품매출이익과 상품매출손실이 함께 계산되기 때문에
   ③ 상품 계정의 잔액이 기말재고상품으로 표시되기 때문에
   ④ 기초상품과 기말상품이 대차 반대편에 동시에 기장되기 때문에

2. 재고자산에 속하는 종류가 아닌 것은? ★
   ① 상품　　　② 비품　　　③ 재공품　　　④ 제품

3. 부동산을 구입하여 판매하는 영동부동산에서 판매할 목적으로 소유하고 있는 건물은 어느 자산에 속하는가? ★
   ① 재고자산　　② 무형자산　　③ 유동부채　　④ 유형자산

4. 다음의 설명에 해당하는 자산의 분류로 옳은 것은? ★★★

   • 정상적인 영업 과정에서 판매를 위하여 보유 중인 자산
   • 정상적인 영업 과정에서 판매를 위하여 생산 중인 자산
   • 생산이나 용역 제공에 사용될 원재료와 소모품

   ① 당좌자산　　② 유형자산　　③ 투자자산　　④ 재고자산

5. 다음 두 등식의 빈칸에 알맞은 말은 각각 무엇인가? ★

   매 출 원 가 ＋ 기말 상품재고액 ＝ (　　　　　)
   매 출 원 가 ＋ 매출총이익　　 ＝ (　　　　　)

   ① 판매가능액, 당기매출액　　② 당기매출액, 판매가능액
   ③ 판매가능액, 총수익　　　　④ 당기 매출액, 총수익

6. 다음과 같은 자료에서 상품매출이익은 얼마인가?

당기순매출액	₩350,000	당기순매입액	₩260,000
기초상품재고액	17,000	기말상품재고액	15,000

① ₩73,000 ② ₩75,000
③ ₩88,000 ④ ₩90,000

7. 상품과 관련된 내용으로 옳지 않은 것은? ★

① 매입 시의 인수운임과 매입수수료 등 제비용은 매입원가에 포함시킨다.
② 매출할 때 지급되는 발송운임은 비용으로 처리한다.
③ 혼합 계정(총기법)으로 기입하면 상품 계정 자체에서 기말상품재고액과 상품매출손익을 쉽게 알 수 있다.
④ 순수 계정(분기법)으로 기입할 때는 매출액과 매출원가와의 차액은 상품매출손익으로 설정하여 처리한다.

8. 재고자산에 포함될 수 없는 것은? ★★

① 제품 생산에 투입되기 위하여 보관중인 원재료
② 건설회사가 분양목적으로 공사 중인 아파트
③ 생산이 완료되어 창고에 보관 중인 제품
④ 공장 신축을 위하여 보유중인 공장 부지

9. 다음 자료를 이용하여 순매출액을 구하면 얼마인가? ★★★

총 매 출 액	₩10,000	매출에누리	₩1,200
매 출 환 입	500	매 입 환 출	300
매 입 에 누 리	800	매 출 할 인	600

① ₩7,700 ② ₩8,300
③ ₩7,400 ④ ₩6,600

10. 기초상품재고액 ₩45,000, 기말상품재고액 ₩38,000, 매출원가 ₩1,507,000, 매출액 ₩1,900,000, 매출총이익 ₩393,000일 경우 당기매입액은?

① ₩1,500,000 ② ₩1,514,000
③ ₩1,893,000 ④ ₩3,007,000

11. 다음 자료에 의하여 기말상품 재고액을 계산하면? ★★★

- 당기상품 순매출액   100,000원
- 당기상품 순매입액   80,000원
- 당기 매출총이익   30,000원
- 기초상품 재고액   20,000원

① 10,000원 ② 20,000원
③ 30,000원 ④ 40,000원

12. 상품에 관한 자료가 다음과 같을 때 제2기의 매출원가와 매출총이익을 구하면 각각 얼마인가? ★★★

	제 1 기	제 2 기
기 초 재 고 액	₩ 8,000	( )
기 말 재 고 액	6,000	₩ 9,000
당 기 매 입 액	30,000	50,000
당 기 매 출 액	50,000	90,000

① 매출원가 ₩32,000, 매출총이익 ₩18,000
② 매출원가 ₩47,000, 매출총이익 ₩43,000
③ 매출원가 ₩32,000, 매출총이익 ₩58,000
④ 매출원가 ₩53,000, 매출총이익 ₩37,000

13. 상품을 매입하면서 발생하는 비용들 중에서 상품의 취득원가에 포함되지 않는 것은? ★

① 매입상품의 운송비용   ② 상품의 매입수수료
③ 상품운송 중 보험료   ④ 상품 판매업자에 대한 접대비

14. 매출을 인식하는 거래는? ★★★

① 외상매출금 ₩10,000을 현금으로 회수하다.
② 다음 달에 상품을 인도하기로 하고 현금 ₩12,000을 미리 받다.
③ 상품 ₩30,000을 외상으로 매출하다.
④ 다음 달에 상품을 인수하기로 하고, 현금 ₩15,000을 미리 지급하다.

15. 의류 매매업의 3월 중 거래이다. 이익을 계산한 금액으로 옳은 것은? ★

> ㉠ 숙녀용 의류 5벌(@₩50,000)을 외상으로 매입하고, 운반비 5,000원은 현금 지급
> ㉡ 위의 의류를 모두 450,000원에 판매하고, 대금은 현금으로 받다.
> ㉢ 당월 분 매장 전기요금 60,000원을 현금으로 납부

① 135,000원　　② 140,000원
③ 195,000원　　④ 200,000원

16. 다음 자료에서 밑줄 친 ㉠과 ㉡에 해당하는 재고자산으로 옳은 것은? ★

> 재고자산은 기업이 정상적인 영업활동 과정에서 ㉠ 판매를 목적으로 외부로부터 구입한 물품이나 생산한 물품, ㉡ 생산 중에 있는 물품 또는 판매할 물품을 생산하는 데 사용될 자재 및 저장품 등을 말한다.

① ㉠ 상품　㉡ 원재료　　② ㉠ 상품　㉡ 재공품
③ ㉠ 제품　㉡ 상품　　　④ ㉠ 제품　㉡ 원재료

17. 외상거래 중 매출채권 계정에 계상할 수 없는 항목은?

① 통신회사의 통신서비스 제공액
② 백화점의 상품 판매액
③ 공장건물의 매각액
④ 전력회사의 전기 공급액

18. 기초재고자산이 ₩65,000, 기말재고자산이 ₩72,000이며, 판매가능액이 ₩250,000이라면, 매출원가는 얼마인가?

① ₩185,000　　② ₩322,000
③ ₩178,000　　④ ₩250,000

19. 당기매출액이 ₩260,000, 당기매입액이 ₩130,000, 기말상품 재고액이 ₩90,000, 매출총이익이 ₩50,000일 때 판매가능액과 기초상품재고액을 구하면 얼마인가? ★

① 판매가능액 ₩300,000, 기초상품재고액 ₩430,000
② 판매가능액 ₩170,000, 기초상품재고액 ₩300,000
③ 판매가능액 ₩210,000, 기초상품재고액 ₩170,000
④ 판매가능액 ₩300,000, 기초상품재고액 ₩170,000

20. 매입 계정을 증가시키는 내용으로 옳지 않은 것은? (단, 상품 거래는 3분법에 의한다.) ★★

① 상품의 운송비
② 상품의 하역비
③ 상품의 구입원가
④ 상품의 불량으로 에누리 받은 금액

21. 거래처로부터 2월에 상품 100개를 매입하겠다는 주문을 받고, 3월에 이 상품을 거래처에 발송하였다. 그리고 대금 ₩500,000(100개, @₩5,000)은 2차례로 나누어 받기로 하여 4월에 ₩300,000을 보통예금 계좌로 송금받고, 5월에 ₩200,000을 현금으로 회수하였다면, 이 거래에 대한 수익은 어느 시점에서 인식하는 것이 가장 타당한가? ★★★

① 2월   ② 3월   ③ 4월   ④ 5월

22. 매출원가를 매입 계정에서 산출하는 경우 다음 손익 계정의 기입에 대한 설명으로 틀린 것은? ★★★

손	익
매 입 30,000	매 출 40,000

① 상품 매출원가는 ₩30,000이다.
② 당기 상품 순매출액은 ₩40,000이다.
③ 상품 매출총이익이 ₩10,000이다.
④ 기초상품 재고액은 ₩30,000이다.

23. 다음 계정의 ㉠을 추정한 거래 내용으로 알맞은 것은? ★★

```
              매            입
외 상 매 입 금  300,000 │ ㉠ 외상매입금  100,000
현        금  200,000 │
```

① 환입액은 ₩100,000이다.
② 환출액은 ₩100,000이다.
③ 외상 대금 지급액은 ₩200,000이다.
④ 외상 대금 잔액은 ₩200,000이다.

24. 다음 대화에 나타낸 내용을 회계 처리한 것으로 옳은 것은?(단, 상품 계정은 3분법으로 회계 처리 한다.) ★★

> • 사장 : "총무부장님, 신입사원은 영업부서에 배치하고 당사에서 판매하는 책상(매입원가 ₩200,000, 판매가격 ₩250,000)을 지급하도록 하세요."
> • 부장 : "네, 사장님 이미 그렇게 하였습니다."

① (차) 비   품 200,000 (대) 매   입 200,000
② (차) 소 모 품 비   250,000 (대) 상   품 250,000
③ (차) 소 모 품   200,000 (대) 소 모 품 비   200,000
④ (차) 비   품 250,000 (대) 미 지 급 금   250,000

25. 다음은 ○○기업의 연속된 거래와 분개의 일부를 나타낸 것이다. 이를 순수계정(부기법)으로 회계 처리 시 (가)의 계정과목으로 옳은 것은?

> 11월 1일 △△상사에 갑상품 ₩60,000(원가 ₩40,000)을 외상으로 매출하다.
> 11월 2일 △△상사에 매출한 갑상품 중 불량품이 있어 ₩2,000을 에누리해 주다.
>   (차) (가) 2,000 (대) 외상매출금 2,000

① 매입   ② 매출
③ 상품   ④ 상품매출이익

26. 다음 거래에 대하여 3분법으로 바르게 분개한 것은? ★★★

> 외상으로 매출하였던 상품 중 ₩20,000이 반품되어 오다.

① (차) 매　　　출　　20,000　　(대) 외상매출금　　20,000
② (차) 외상매출금　　20,000　　(대) 매　　　출　　20,000
③ (차) 매출에누리　　20,000　　(대) 외상매출금　　20,000
④ (차) 외상매출금　　20,000　　(대) 매출에누리　　20,000

27. 다음 상품매매에 관한 자료에서 손익 계정의 ㉠, ㉡에 알맞은 금액은 얼마인가?

기초상품재고액	₩ 80,000	당기총매입액	₩ 682,000
당 기 총 매 출 액	954,000	매입품환출액	30,000
매 출 품 환 입 액	42,000	매출에누리액	15,000
기말상품재고액	105,000	매 입 운 임	20,000

　　　　　　　　　손　　　익
　　매　입　(㉠)　｜　매　출　(㉡)

① ㉠ ₩627,000　㉡ ₩912,000
② ㉠ ₩657,000　㉡ ₩912,000
③ ㉠ ₩677,000　㉡ ₩897,000
④ ㉠ ₩647,000　㉡ ₩897,000

28. 다음은 상품매매와 관련된 대화이다. 이를 바탕으로 10월 중 매출총이익을 계산한 것으로 옳은 것은? (단, 월초상품재고액은 ₩3,000,000 월말상품재고액은 ₩2,500,000 이다)

> • 사장 : 10월 중 상품 매입, 매출 현황은 어떻습니까?
> • 부장 : 당월 총매입액은 700만원인데 환출액이 50만원 발생했습니다. 그리고 당월 순매출액은 900만원입니다.

① ₩5,000,000　　　　② ₩1,000,000
③ ₩1,500,000　　　　④ ₩2,000,000

29. 다음 거래 내용을 회계 처리 시 옳은 것은? ★

> 서울상사에서 상품을 매입하고 대금 ₩3,000,000 중 ₩1,000,000은 당좌수표를 발행 지급하고 잔액은 외상으로 하다. 그리고 동점 부담 인수운임 ₩10,000을 당점이 현금으로 대신 지급하다.

① 외상매입 대금은 ₩2,010,000이다.
② 인수운임은 운반비 계정으로 처리한다.
③ 상품의 매입원가는 ₩3,000,000이다.
④ 보통예금 계정이 ₩1,000,000이 감소한다.

30. 다음 자료에 의한 순매입액을 계산하면 얼마인가? ★★

가. 기초상품재고액	₩ 30,000	나. 총매입액	₩ 500,000
다. 매입환출액	30,000	라. 매입에누리액	10,000
마. 매입할인액	40,000	바. 인수 운임	20,000
사. 매출할인액	10,000		

① ₩400,000   ② ₩420,000
③ ₩440,000   ④ ₩500,000

31. 대한상사는 갑상품 ₩100,000을 외상으로 매입하였는 바, 동 상품에 결함이 발견되어 ₩3,000을 에누리 받았을 경우의 옳은 분개는? (단, 상품은 3분법으로 처리하였음)

① (차) 외 상 매 입 금   3,000   (대) 매   입   3,000
② (차) 매   입   3,000   (대) 외 상 매 입 금   3,000
③ (차) 매   입   3,000   (대) 매 입 에 누 리   3,000
④ (차) 매 입 에 누 리   3,000   (대) 외 상 매 입 금   3,000

06 상품 계정의 보조부

1 매입장 (purchases book)

매입장은 상품을 매입한 때의 날짜, 거래처명, 품목명, 수량, 단가, 금액 등 매입에 관한 사항을 날짜순으로 상세하게 기입하는 매입 계정에 대한 보조기입장이다.

매 입 장

날짜		적 요		금 액
7	2	(제주상사) 외 상		
		갑상품 300개 @₩500	150,000	
		인수운임 현금 지급	4,000	154,000
	31	총 매 입 액		600,000
	〃	매입에누리, 할인 및 환출액		20,000
	〃	순 매 입 액		580,000

2 매출장 (sales book)

매출장은 상품을 매출한 때의 날짜, 거래처명, 품목명, 수량, 단가, 공급금액 등 매출에 관한 사항을 날짜순으로 상세하게 기입하는 매출계정에 대한 보조기입장이다.

매 출 장

날짜		적 요	금 액
7	6	(목포상사) 현 금	
		갑상품 200개 @₩800	160,000
	31	총 매 출 액	800,000
	〃	매출에누리, 할인 및 환입액	15,000
	〃	순 매 출 액	785,000

▶ 매입장과 매출장에 기록되지 않는 상품 관련 사항
㉠ 상품 매출 시 발송운임(배달료)
㉡ 기초상품재고액
㉢ 기말상품재고액

3 상품재고장 (stock ledger)

상품의 매입(인수)과 매출(인도)을 종류별로 기록하여 현재 창고에 보관중인 상품의 재고수량과 금액을 장부상으로 확인할 수 있도록 하는 보조원장이다.

상 품 재 고 장

품명 : 갑상품 (단위 : 개)

날짜		적요	인수			인도			잔액		
			수량	단가	금액	수량	단가	금액	수량	단가	금액
7	2	매입	300	500	150,000				300	500	150,000
	6	매출				200	500	100,000	100	500	50,000

4 재고자산의 수량 결정 방법

(1) 계속기록법(perpetual inventory method)

① 계속기록법이란 재고자산의 종류별로 상품의 매입과 매출이 발생할 때마다 수량을 상품재고장에 계속적으로 기록하는 방법으로 장부상 남아있는 재고수량을 기말재고수량으로 결정하는 방법을 말한다. 이를 산식으로 나타내면 다음과 같다.

> 기초재고수량 + 당기매입수량 − 당기매출수량 = 기말재고수량

② 계속기록법은 상품을 매입할 때 차변에 '상품' 계정으로 기록하고 매출할 때는 대변에 '매출' 계정으로 기록하여 동시에 매출상품의 원가를 상품 계정에서 제거한다. 따라서 결산 시 상품 관련 계정의 결산정리분개를 하지 않는다.

③ 계속기록법에 의할 경우 기초재고수량과 당기매입수량, 당기매출수량을 모두 기입하기 때문에 언제든지 기간 중에 장부상의 재고수량을 파악할 수 있는 장점이 있는 반면에, 재고자산의 기록 유지 비용이 많이 발생하는 단점이 있다. 그러나 계속기록법은 재고자산의 내부관리목적에 부합하는 방법이다.

(2) 실지재고조사법(periodic inventory method)

① 실지재고조사법이란 상품재고장에는 상품의 기초수량과 매입수량만 기록하고 매출수량은 기록하지 않았다가 기말 결산시점에 실지 재고조사를 통하여 재고수량을 파악하는 방법을 말한다. 이를 산식으로 나타내면 다음과 같다.

> 기초재고수량 + 당기매입수량 − 기말실지재고수량 = 당기매출수량

② 실지재고조사법은 상품의 매입 시 차변에 '매입' 계정으로 기록하고, 상품의 매출 시에는 기록을 하지 않았다가 기말 결산 시 실지재고조사를 통하여 파악된 기말재고수량을 정리분개를 하여 상품의 매출원가를 산출한다.

5 재고자산의 단위원가 결정 방법

(1) 실물 흐름에 따른 단가 결정방법

▶ **개별법**(specific identification method) : 개별 상품 각각에 대하여 그 원가에 해당하는 가격표(바코드)를 붙여서 매출된 상품에 개별적으로 추적하여 단가를 적용하는 방법이다. 개별법은 원가흐름과 실물흐름이 일치하므로 수익과 비용이 정확히 대응된다.

(2) 가정된 원가 흐름에 따른 단가 결정 방법

① **선입선출법** : 먼저 매입한 상품을 먼저 매출하는 방법으로 가장 최근의 시가로 기말상품재고액이 표시된다.

② **후입선출법** : 나중에 매입한 상품을 먼저 매출하는 방법으로 가장 최근의 시가로 매출원가가 표시된다.

③ **가중평균법(이동평균법)** : 단가가 다른 상품을 매입할 때마다 평균단가를 구하여 그것을 매출하는 상품에 적용한다.

$$평균단가 = \frac{매입\ 직전의\ 상품재고액 + 당일의\ 상품매입액}{매입\ 직전의\ 상품재고\ 수량 + 당일의\ 상품\ 매입수량}$$

④ **가중평균법(총평균법)** : 일정기간의 순매입액을 순매입 수량으로 나누어 총 평균단가를 산출하여 매출단가로 적용하는 방법이다.

$$총평균단가 = \frac{전기이월금액 + 일정기간\ 순매입금액}{전기이월수량 + 일정기간\ 순매입수량}$$

> **Note**
> - 단위원가 결정방법은 재고자산평가 방법이라고도 한다.
>
> - **후입선출법**은 인플레이션시 가장 합리적인 방법이다.
> - **한국채택국제회계기준(K-IFRS)**에서는 후입선출법을 인정하지 않는다. 그 이유는 후입선출법은 실제물량흐름을 신뢰성있게 반영하지 못하고 보고기간 말 재무상태표에 표시되는 재고자산이 오래 전에 취득한 단가를 반영함으로써 다른 방법에 비하여 재무성과를 왜곡시킬 가능성이 크기 때문이다.
> - **가중평균법**은 기초재고자산과 보고기간 중에 매입된 재고자산의 원가를 가중평균하여 단위원가를 결정하는 방법이다. 이 경우 평균은 기업의 상황에 따라 주기적으로 계산(총평균법)하거나 매입할 때마다 계산(이동평균법) 할 수 있다.

6 재고자산 단가 결정의 효과

재고자산 단가 결정 방법을 보기를 통하여 각각 비교하여 보기로 한다.

1월 1일	전기이월	500개	@₩60	₩30,000
3월 4일	매 출	300개	@₩80	₩24,000
5월 2일	매 입	300개	@₩70	₩21,000
9월 5일	매 출	400개	@₩80	₩32,000

【 해설 】

선입선출법		후입선출법	
매출액	56,000	매출액	56,000
매출원가	44,000	매출원가	45,000
기초재고액 30,000		기초재고액 30,000	
당기매입액 21,000		당기매입액 21,000	
기말재고액 (7,000)		기말재고액 (6,000)	
당기순이익	12,000	당기순이익	11,000

가중평균법(이동평균법)		가중평균법(총평균법)	
매출액	56,000	매출액	56,000
매출원가	44,400	매출원가	44,625
기초재고액 30,000		기초재고액 30,000	
당기매입액 21,000		당기매입액 21,000	
기말재고액 (6,600)		기말재고액 (6,375)	
당기순이익	11,600	당기순이익	11,375

(1) 물가가 상승하는 가정하에 각 방법의 기말 상품 재고액과 당기순이익의 크기는 정비례하는 것을 확인하였다.

> 선입선출법 > 가중평균법(이동평균법) > 가중평균법(총평균법) > 후입선출법

(2) 매출 원가의 크기는 기말 재고액과는 정반대이다.

> 선입선출법 < 가중평균법(이동평균법) < 가중평균법(총평균법) < 후입선출법

7 재고자산의 기록 오류의 효과

회계 기간 말 현재 기말 재고자산의 금액은 당기 매출원가의 결정에 영향을 주므로 당기순이익에 영향을 초래한다.

(1) 기말 재고자산이 과대계상된 경우

> 기말 재고자산의 과대계상 → 매출원가 과소계상 → 당기순이익의 과대계상

(2) 기말 재고자산이 과소계상된 경우

> 기말 재고자산의 과소계상 → 매출원가 과대계상 → 당기순이익의 과소계상

기본연습문제

1. 다음 6월 중 상품 거래를 매입장에 기입하고, 마감하시오.

6월 3일 명동상사에서 갑상품 300개 @₩600 ₩180,000을 외상으로 매입하고, 인수운임 ₩12,000을 현금으로 지급하다.

8일 명동상사에서 매입한 상품 중 불량품이 있어 갑상품 50개를 환출하다.

12일 종로상사에서 갑상품 200개 @₩700 ₩140,000, 을상품 100개 @₩600 ₩60,000을 매입하고, 대금 중 반액은 수표를 발행하여 지급하고, 잔액은 외상으로 하다.

18일 종로상사에서 매입한 갑상품 중 파손품이 있어 ₩5,000을 에누리 받다.

23일 을지상사에서 갑상품 400개 @₩600 ₩240,000, 을상품 200개 @₩800 ₩160,000을 외상매입하다.

25일 을지상사에 대한 외상매입금 ₩400,000을 약정기일 전에 지급하므로 ₩20,000을 할인 받고, 잔액은 현금으로 지급하다.

매 입 장

날 짜	적 요	금 액

2. 다음 9월 중 상품 거래를 매출장에 기입하고, 마감하시오.

9월 5일 부산상사에 다음과 같이 상품을 매출하고, 대금은 외상으로 하다.
갑상품 200개 @₩500 ₩100,000
을상품 200개 @₩800 ₩160,000
그리고, 별도로 배달료 ₩6,000은 현금으로 지급하다.

7일 9월 5일 매출한 갑상품 중 5개가 반품되어 대금은 외상매출금에서 차감하다.

15일 목포상사에 갑상품 300개 @₩700 ₩210,000에 매출하고, 대금 중 ₩100,000은 현금으로 받고, 잔액은 외상으로 하다.

20일 9월 15일 매출한 갑상품 중 파손품이 있다하여 ₩20,000을 에누리 해 주다.

28일 목포상사에 대한 외상매출금 ₩90,000을 약정기일 전에 회수하여 ₩3,000을 할인해 주고, 잔액은 현금으로 받다.

매 출 장

날 짜	적 요	금 액

▶ 상품 매출 시 발송운임(배달료)은 매출장에 기록하지 않는다.

3. 다음 5월 중 갑상품에 대한 매입, 매출은 다음과 같다. 선입선출법, 후입선출법, 가중평균법(이동평균법)에 의하여 상품재고장에 기입하고, 마감하시오.

| 6월 5일 | 매입 | 200개 @₩2,600 | ₩ 520,000 | 6월 24일 | 매입 | 300개 @₩2,800 | ₩840,000 |
| 13일 | 매출 | 500개 @₩3,000 | 1,500,000 | 27일 | 매출 | 200개 @₩3,000 | 600,000 |

상 품 재 고 장

(선입선출법)　　　　　　　　　품명 : 갑상품　　　　　　　　　(단위 : 개)

날짜		적　요	인 수			인 도			잔 액		
			수량	단가	금액	수량	단가	금액	수량	단가	금액
6	1	전 월 이 월	400	2,300	920,000				400	2,300	920,000

상 품 재 고 장

(후입선출법)　　　　　　　　　품명 : 갑상품　　　　　　　　　(단위 : 개)

날짜		적　요	인 수			인 도			잔 액		
			수량	단가	금액	수량	단가	금액	수량	단가	금액
6	1	전 월 이 월	400	2,300	920,000				400	2,300	920,000

Chapter TWO

상 품 재 고 장

(이동평균법)　　　　　품명 : 갑상품　　　　　　　(단위 : 개)

날짜		적 요	인 수			인 도			잔 액		
			수량	단가	금액	수량	단가	금액	수량	단가	금액
6	1	전 월 이 월	400	2,300	920,000				400	2,300	920,000

(1) 매 출 액 ₩　　　　　(2) 매출원가 ₩　　　　　(3) 매출총이익 ₩

---

4. 다음 갑상품에 관한 거래를 가중평균법(총평균법)에 의하여 상품재고장에 기입 마감하시오.

5월 1일　전월이월　100개　@₩500　　5월 16일　매　입　400개　@₩550
　　5일　매　입　300개　@₩600　　　　20일　매　출　500개　@₩800
　　10일　매　출　200개　@₩700　　　　25일　매　입　200개　@₩650

상 품 재 고 장

(총평균법)　　　　　품명 : 갑상품　　　　　　　(단위 : 개)

날짜		적 요	인 수			인 도			잔 액		
			수량	단가	금액	수량	단가	금액	수량	단가	금액
5	1	전 월 이 월	100	500	50,000				100	500	50,000

(1) 매 출 액 ₩　　　　　(2) 매출원가 ₩　　　　　(3) 매출총이익 ₩

6. 상품 계정의 보조부

5. 다음 자료에 의하여 상품재고장을 선입선출법에 의하여 작성마감하시오. 단, 환출은 인수란, 환입은 인도란에 기입할 것

9월 1일	전월이월	200개	@₩300	₩60,000
5일	매 입	500개	@₩400	200,000 (인수운임 ₩10,000 현금지급)
7일	환 출 (5일 매입상품) 100개			
15일	매 출	400개	@₩500	200,000
18일	환 입 (15일 매출상품) 20개			
24일	매 입	600개	@₩350	210,000
26일	매 출	320개	@₩550	176,000

상 품 재 고 장

(선입선출법) 품명 : 갑상품 (단위 : 개)

날짜	적요	인수 수량	인수 단가	인수 금액	인도 수량	인도 단가	인도 금액	잔액 수량	잔액 단가	잔액 금액
9/1	전월이월	200	300	60,000				200	300	60,000
9/5	매 입	500	420	210,000				200	300	60,000
								500	420	210,000
9/7	환 출	(100)	400	(40,000)				200	300	60,000
								400	425	170,000
9/15	매 출				200	300	60,000			
					200	425	85,000	200	425	85,000
9/18	환 입				(20)	425	(8,500)	220	425	93,500
9/24	매 입	600	350	210,000				220	425	93,500
								600	350	210,000
9/26	매 출				220	425	93,500			
					100	350	35,000	500	350	175,000
9/30	차월이월				500	350	175,000			
		1,200		440,000	1,200		440,000			

▶ 9월 7일 환출 100개는 인수운임이 포함된 단가로 적용하지 않고 @₩400으로 기록하여 잔액란 단가를 수정하여야 한다.

적중예상문제

1. 상품 계정에 관련된 설명 중 맞지 않는 것은?

   ① 환출액이나 매입에누리·할인액은 매입 계정 대변에 기입한다.
   ② 환입액과 매출에누리·할인액은 매출 계정 차변에 기입한다.
   ③ 매입장의 순매입액은 총매입액에서 환출액과 매입에누리·할인액을 공제한 금액이다.
   ④ 매출장의 순매출액은 매출 계정의 차변잔액과 일치한다.

2. 매입장과 매출장에 관한 설명으로 틀린 것은? ★

   ① 매출환입액은 매출장에 기입하지 않는다.
   ② 매입운임은 매입장에 기입한다.
   ③ 매출운임은 매출장에 기입하지 않는다.
   ④ 매입에누리액은 매입장에 기입한다.

3. 매입장에 관한 설명이다. 알맞은 것은?

   ① 상품의 외상매입만을 기록한다.
   ② 상품의 현금매입만을 기록한다.
   ③ 상품 및 유형자산의 매입을 모두 집계하는 보조기입장이다.
   ④ 상품 매입, 환출 등 매입에 관련된 것을 날짜 순으로 모두 기록되어진다.

4. 상품재고장에 기입되지 않은 것은? ★★

   ① 환출액   ② 매출에누리액
   ③ 환입액   ④ 매입운임

5. 대한상사의 매입과 매출자료이다. 선입선출법으로 기장한 경우 월말재고액은 얼마인가?

8월	1일	전월이월	100개	@₩100	₩10,000
	5일	매 입	300개	@₩200	₩60,000
	20일	매 출	200개	@₩250	₩50,000

   ① ₩ 10,000   ② ₩ 20,000
   ③ ₩ 35,000   ④ ₩ 40,000

6. 서울상사의 매입과 매출자료이다. 후입선출법으로 기장한 경우 월말재고액은 얼마인가?

    | 5월 1일 | 기초재고액 | 200개 | @₩500 | ₩100,000 |
    | 10일 | 매 입 | 300개 | @₩400 | ₩120,000 |
    | 24일 | 매 출 | 400개 | @₩600 | ₩240,000 |

    ① ₩40,000 ② ₩44,000
    ③ ₩50,000 ④ ₩60,000

7. 갑상품을 상품재고장에 기입한 결과는 다음과 같다. 9월 말 재고상품 금액을 가중평균법(이동평균법)에 의해 산출하면 얼마인가?

    | 9월 10일 | 매 입 | 100개 | @₩250 | ₩25,000 |
    | 18일 | 매 입 | 500개 | @₩244 | 122,000 |
    | 23일 | 매 출 | 400개 | | |

    ① ₩49,400 ② ₩48,800
    ③ ₩49,000 ④ ₩50,000

8. 다음 자료에 의하여 월말 재고상품의 평가를 가중평균법(총평균법)에 의하면 얼마인가?

    - 월초 재고 :   500개   @₩200   ₩100,000
    - 당월 매입 : 10일   200개   @₩300   ₩ 60,000
                  20일   300개   @₩250   ₩ 75,000
    - 당월 매출 : 12일   300개
                  25일   500개

    ① ₩75,000 ② ₩70,500
    ③ ₩47,000 ④ ₩60,000

9. 상품의 재고관리를 위하여 상품의 종류별로 상품의 입고와 출고 및 잔액을 기록하는 보조장부로 옳은 것은? ★★★

    ① 매입장   ② 매출장
    ③ 상품재고장 ④ 매입처원장

10. 상품재고장에 관한 다음 설명 중 틀린 것은? ★★

① 상품재고장은 상품의 종류별로 각 상품의 수입액, 인도액 및 잔액을 알 수 있도록 하기 위하여 사용하는 보조원장이다.
② 상품재고장에 단가와 금액은 인수할 때와 인도할 때 모두 매입원가로 기록한다.
③ 인도단가를 결정하는 방법으로는 선입선출법, 후입선출법, 가중평균법(총평균법 및 이동평균법) 등이 있다. 단, 한국채택국제회계기준(K-IFRS)에서는 후입선출법을 인정하지 않는다.
④ 상품재고장에 인도 시 기록할 금액은 상품의 판매가액이다.

11. 갑상품만을 취급하는 서울상사의 매출과 매입자료이다. 선입선출법으로 기장한 경우의 매출총이익은?

4월 1일	전월이월	300개	@₩250
15일	매 입	500개	@₩300
20일	매 입	200개	@₩350
4월 중 상품 700개를 ₩350,000에 매출			

① ₩155,000   ② ₩55,000
③ ₩125,000   ④ ₩130,000

12. 다음 자료는 서울기업의 매입장 일부이다. 관련 자료를 이용하여 6월 11일 현재 외상매입금 잔액을 계산하면 얼마인가? 단, 제시된 자료 외에는 고려하지 않는다. ★

매 입 장

월	일	적 요		금액
6	9	(대한기업)　　　　　외 상 A상품　100개　@₩3,000　300,000 운반비 현금 지급　　　　　　2,000		302,000
	11	(대한기업)　　　　　환 출 A상품　10개　@₩3,000		30,000

① ₩30,000   ② ₩270,000
③ ₩272,000   ④ ₩332,000

13. 상품의 인도 단가를 결정하는 방법에 대한 설명으로 옳지 않은 것은? ★★★

① 선입선출법은 먼저 매입한 상품을 먼저 인도하는 형식으로 인도단가를 결정하는 방법이다.
② 후입선출법은 최근에 매입한 상품을 먼저 인도하는 형식으로 인도단가를 결정하는 방법이다.
③ 가중평균법(이동평균법)은 매출 시마다 판매금액이 다른 경우 인도단가를 결정하는 방법이다.
④ 가중평균법(총평균법)은 기초재고액과 일정 기간에 대한 순매입액의 합계액을 기초수량과 순매입수량을 합한 수량으로 나누어서 총평균단가를 구하고, 이를 인도단가로 결정하는 방법이다.

14. 재고자산의 평가 방법이 아닌 것은? ★★★

① 정액법   ② 선입선출법
③ 총평균법   ④ 이동평균법

15. 다음과 같은 특징을 가진 재고자산 평가방법으로 옳은 것은? ★

- 매출원가 : 먼저 매입한 원가로 구성
- 기말재고액 : 최근에 매입한 원가로 구성

① 총평균법   ② 선입선출법
③ 이동평균법   ④ 후입선출법

16. 지속적인 인플레현상(물가 상승)이 일고 있다고 가정했을 경우, 매출원가가 가장 크게 계상되고, 당기순이익이 가장 적어지는 재고 자산 평가법은? ★★

① 가중평균법(이동평균법)   ② 선입선출법
③ 가중평균법(총평균법)   ④ 후입선출법

17. 한국채택국제회계기준(K-IFRS)에서 허용되지 않는 재고자산 단위 원가 결정 방법은? ★

① 선입선출법   ② 후입선출법
③ 이동평균법   ④ 총평균법

18. 상품재고장에 기입되지 않으므로 장부상의 기말재고액에 영향을 주는 항목이 아닌 것은? ★★★

① 환출액　　　　　　　② 매출에누리액, 매출할인
③ 환입액　　　　　　　④ 매입운임

19. 물가가 지속적으로 상승하는 경우 재고자산의 평가 방법을 선입선출법에서 총평균법으로 변경하였을 경우 손익계산서의 각 항목에 미치는 영향으로 옳은 것은? ★★

① 매출액이 상승한다.
② 매출원가가 상승한다.
③ 당기순이익이 상승한다.
④ 기말상품재고액이 상승한다.

20. 재고자산에 대한 설명으로 옳은 것은?

① 기초재고자산 금액과 당기매입액이 일정할 때, 기말재고자산 금액이 과대계상될 경우 당기순이익은 과소계상된다.
② 선입선출법은 기말에 재고로 남아있는 항목은 가장 최근에 매입된 항목이라고 가정하는 방법이다.
③ 실지재고조사법을 적용하면 기록유지가 복잡하고 번거롭지만 특정 시점의 재고자산 잔액과 그 시점까지 발생한 매출원가를 적시에 파악할 수 있는 장점이 있다.
④ 도착지인도기준에 의해서 매입이 이루어질 경우, 발생하는 운임은 매입자의 취득원가에 산입해야 한다.

21. 재고자산 수량 결정 방법에 대한 설명이다. 옳지 않은 것은?

① 실지재고조사법을 사용할 경우 상품의 입·출고 시마다 장부에 기록한다.
② 계속기록법을 사용할 경우 기중에도 재고 수량 및 금액의 파악이 가능하다.
③ 계속기록법의 경우 재고자산의 기록 유지 비용이 많이 발생한다.
④ 일반적으로 계속기록법은 내부 관리 목적에 부합하는 방법이다.

07 외상매출금·외상매입금

1 인명 계정 (personal account)

거래처 수가 적을 경우에는 외상거래의 채권, 채무를 기장하는 경우 외상매출금 계정과 외상매입금 계정을 사용하지 않고, 각 거래처의 회사명이나 인명을 총계정원장의 계정과목으로 사용하는 것을 인명 계정이라 한다.

(1) 서울상사에 상품 ₩80,000을 외상으로 매출하다.
 (차) 서울상사   80,000   (대) 매   출   80,000
(2) 마포상사에서 상품 ₩50,000을 외상으로 매입하다.
 (차) 매   입   50,000   (대) 마포상사   50,000

Note

- 인명 계정의 차변잔액
  = 외상매출금의 성격

- 인명 계정의 대변잔액
  = 외상매입금의 성격

2 통제 계정 (controlling account)

거래처 수가 많을 경우에는 인명 계정을 사용하면 총계정원장이 복잡해지므로 총계정원장에는 외상매출금 계정과 외상매입금 계정을 설정하여 총괄 처리하고, 외상매출에 관한 명세는 매출처원장에, 외상매입에 관한 명세는 매입처원장에 기입한다.

【 통제 계정과 보조원장과의 관계 】

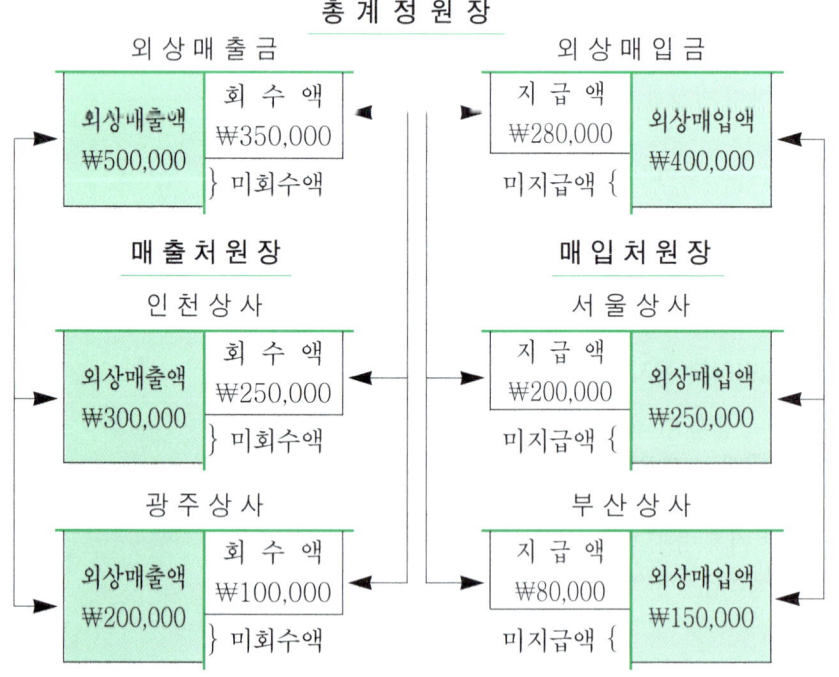

- 통제 계정
  외상매출금 계정과 외상매입금 계정처럼 하나의 계정이 보조원장을 가지고 많은 인명 계정을 총괄적으로 통제하는 계정을 말한다.

- 통제 계정 설정의 장점
  ① 총계정 원장과 보조원장의 대조에 의하여 양쪽 기록의 오류가 검증된다.
  ② 총계정 원장이 단순화되므로 시산표의 작성이 용이하다.
  ③ 재무제표(재무상태표)의 작성이 신속히 됨으로 경영관리가 합리적이다.
  ④ 외상 채권·채무의 총액을 파악하기 쉽다.

▶ 매출처원장 차·대변 합계 금액
  = 외상매출금 계정 차·대변 합계
▶ 매입처원장 차·대변 합계 금액
  = 외상매입금 계정 차·대변 합계
▶ 인명 계정을 사용하든 통제 계정을 사용하든 재무상태표의 표시는 외상매출금은 '매출채권'으로 외상매입금은 '매입채무'로 표시한다.

기본연습문제

1. 다음 거래를 분개하여 외상매출금 계정과 매출처원장에 전기하여 월말로 마감하시오.

    5월 4일   부산상사에 상품 ₩80,000을 매출하고, 대금 중 ₩30,000은 현금으로 받고, 잔액은 외상으로 하다.

    6일   상기 매출상품 중 ₩2,000이 불량품이 있어 반품되어 오다.

    15일   대전상사에 상품 ₩60,000을 외상으로 매출하다.

    18일   상기 매출상품 중 파손품이 있어 ₩4,000의 에누리를 해 주다.

    24일   부산상사의 외상매출금 중 ₩60,000과 대전상사의 외상매출금 중 ₩70,000을 현금으로 받다.

월일	차변과목	금액	대변과목	금액
5/4				
6				
15				
18				
24				

총 계 정 원 장

외 상 매 출 금

5/1 전월이월 65,000

매 출 처 원 장

부 산 상 사

5/1 전월이월 35,000

대 전 상 사

5/1 전월이월 30,000

2. 다음 거래를 분개하여 외상매입금 계정과 매입처원장에 전기하여 월말로 마감하시오.

8월 6일 제주상사에서 상품 ₩60,000을 외상으로 매입하고, 인수운임 ₩4,000은 현금으로 지급하다.

  8일 상기 매입상품 중 ₩3,000이 파손품이 있어 에누리 받다.

 15일 목포상사에서 상품 ₩80,000을 외상으로 매입하다.

 18일 상기 매입상품 중 견본과 다른 것이 있어 ₩5,000을 반품하다.

 25일 제주상사의 외상매입금 ₩70,000과 목포상사의 외상매입금 ₩60,000을 수표를 발행하여 지급하다.

월일	차 변 과 목	금 액	대 변 과 목	금 액
8/6				
8				
15				
18				
25				

총 계 정 원 장

외 상 매 입 금

		8/1 전월이월	50,000

매 입 처 원 장

제 주 상 사

		8/1 전월이월	30,000

목 포 상 사

		8/1 전월이월	20,000

적중예상문제

1. 통제 계정을 설정하는 이유로서 타당하지 못한 것은?

① 통제 계정과 보조원장을 대조하여 오류를 쉽게 발견할 수 있다.
② 기장을 분담하므로 내부 견제에 도움을 준다.
③ 시산표 작성이 용이하다.
④ 총계정원장의 계정수가 많아져서 기장이 복잡해진다.

2. 일반적으로 통제 계정과 그 보조원장으로 유지되는 계정이 아닌 것은?

① 외상매출금 계정   ② 당좌예금 계정
③ 외상매입금 계정   ④ 재고자산 계정

3. 다음 자료에 의하여 당기의 외상매출금 회수액은 얼마인가?

㉠ 외상매출금 계정 기초 이월액	₩ 82,000
㉡ 당기 외상 매출액	540,000
㉢ 외상매출금 계정 차기 이월액	65,000

① ₩485,000   ② ₩523,000
③ ₩557,000   ④ ₩512,000

4. 다음 자료에 의하여 당기 외상매출 총액을 계산하면 얼마인가?

㉠ 전 기 이 월 액 :	₩ 180,000
㉡ 외 상 매 출 금 회 수 액 :	820,000
㉢ 외상매출상품의환입액 :	35,000
㉣ 차 기 이 월 액 :	200,000

① ₩875,000   ② ₩905,000
③ ₩955,000   ④ ₩985,000

5. 다음 자료에 의하여 외상매입금의 당기 발생액은 얼마인가?

   - 전기이월액 ₩150,000
   - 당기 외상매입금 현금 지급액 ₩535,000
   - 외상매입금 기말 잔액 ₩75,000

   ① ₩485,000　　　　② ₩460,000
   ③ ₩510,000　　　　④ ₩660,000

6. 다음 자료에 의하여 매입채무 지급액을 계산하면 얼마인가? ★★

   ㉠ 매입채무 기초잔액　　₩　50,000
   ㉡ 당기 외상 매입액　　　1,280,000
   ㉢ 매입채무 기말잔액　　　130,000
   ㉣ 외상매입액 중 에누리액　40,000

   ① ₩1,200,000　　　　② ₩1,240,000
   ③ ₩1,160,000　　　　④ ₩1,280,000

7. 매출처원장에 대한 설명이다. 옳지 않은 것은? ★
   ① 매출처원장에 대한 통제 계정은 외상매출금 계정이다.
   ② 상품을 외상으로 매출한 경우 매출처원장의 대변에 기입한다.
   ③ 거래처(매출처) 수가 많을 경우 사용하는 보조장부이다.
   ④ 매출처원장의 각 인명 계정의 차변잔액 합계와 외상매출금 계정의 차변잔액은 일치한다.

8. 매출처원장의 잔액은 무엇을 의미하는가? ★
   ① 외상매출금 총액　　　② 매출총액
   ③ 환입및에누리액　　　④ 외상매출금 미회수액

9. 매입처원장의 잔액은 무엇을 의미하는가?
   ① 매입총액　　　　　　② 환출및에누리액
   ③ 외상매입금 미지급액　④ 외상매입금 총액

10. 다음 인명 계정을 보고 알 수 있는 것은?

```
              갑    상    사
3/ 5      250,000  │ 3/25      300,000
  10      100,000  │
```

① 갑상사는 매입처이다.
② 갑상사는 매출처이다.
③ 갑상사는 매입처 또는 매출처이다.
④ 알 수 없다.

11. 다음은 외상매입금 계정의 일부를 나타낸 것이다. A에 대한 내용을 추정한 결과로 옳은 것을 <보기>에서 고른 것은?

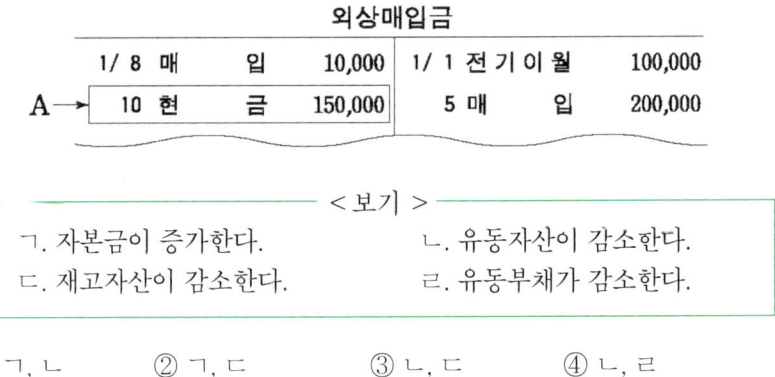

	< 보기 >	
ㄱ. 자본금이 증가한다.		ㄴ. 유동자산이 감소한다.
ㄷ. 재고자산이 감소한다.		ㄹ. 유동부채가 감소한다.

① ㄱ, ㄴ   ② ㄱ, ㄷ   ③ ㄴ, ㄷ   ④ ㄴ, ㄹ

12. 매출채권 계정에 해당하는 것은? ★★

① 외상매입금과 받을어음   ② 외상매출금과 받을어음
③ 외상매출금과 지급어음   ④ 외상매입금과 지급어음

13. 매입채무 계정에 해당하는 것은? ★★★

① 외상매출금과 받을어음   ② 외상매입금과 지급어음
③ 외상매입금과 받을어음   ④ 외상매출금과 지급어음

14. 다음 매입처원장의 기입 내용 중 설명이 잘못된 것은? ★★

갑 상 사

4/16 수표지급	100,000	4/ 1 전월이월	50,000
4/30 차월이월	90,000	4/ 9 상품매입	140,000
	190,000		190,000

을 상 사

4/20 현금지급	160,000	4/ 6 상품매입	120,000
4/30 차월이월	90,000	4/15 상품매입	130,000
	250,000		250,000

① 4월 중에 외상으로 매입한 상품 총액은 ₩440,000이다.
② 4월 중 외상매입금 지급총액은 ₩260,000이다.
③ 4월말 외상매입금 잔액은 ₩180,000이다.
④ 외상매입금의 4월초 잔액은 ₩50,000이다.

15. 다음 매출처원장의 기록 내용을 바르게 설명한 것은? ★

한 국 상 사

| 7/ 4 매   출 | 150,000 | 7/20 제   좌 | 100,000 |
| | | 31 차 기 이 월 | 50,000 |

세 무 상 사

| 7/ 1 전 기 이 월 | 60,000 | 7/ 3 현   금 | 70,000 |
| 3 매   출 | 120,000 | 31 차 기 이 월 | 110,000 |

① 당기에 외상으로 매출한 상품은 ₩270,000이다.
② 당기에 회수한 외상매출금은 ₩100,000이다.
③ 외상매출금 기초잔액은 ₩110,000이다.
④ 외상매출금 기말잔액은 ₩60,000이다.

08 신용카드와 체크(직불)카드

1 신용카드(credit card)에 의한 상품 매매

은행이나 백화점 등에서 발급하는 식별카드로, 물품이나 서비스를 구입할 경우 발행회사가 교부한 카드를 제시하고 서명을 하면 현금의 지출없이 구매가 가능하며 또한 은행카드는 현금자동지급기 등에서의 현금인출과 계좌이체가 가능한 카드이다.

No.	구 분	차 변	대 변
(1)	상품을 매출하고, 대금을 신용카드로 받은 경우	외상매출금 10,000	매 출 10,000
(2)	신용카드 대금이 회수되어 보통예금에 입금되면	보통예금 9,800 매출채권처분손실 200	외상매출금 10,000
(3)	상품을 매입하고, 대금을 신용카드로 결제하면	매 입 10,000	외상매입금 10,000
(4)	신용카드 대금을 현금으로 지급하면	외상매입금 10,000	현 금 10,000

> **Note**
> • 상품 매매 등의 일반적 상거래에서 발생한 카드채권 채무는 실질우선의 원칙에 의하여 판매자는 매출채권으로 처리하고, 구매자는 매입채무로 계상한다.(2004, 기업회계기준 질의, 회신)
>
> • 상품이 아닌 비품 등을 구입시의 신용카드 거래는 미지급금 계정으로 처리한다.

2 체크카드(check card)에 의한 상품 매매

체크카드란 체크카드 가맹점에서 물품구입이 가능하고, 현금자동지급기에서 현금인출, 계좌이체 등이 가능한 카드로 물건을 구입할 때 체크카드로 결제하면 고객계좌에서 자동인출되어 거래승인이 나면 고객이 사용한 날 그 다음 영업일에 수수료를 차감한 금액이 즉시 가맹점 계좌로 자동입금되는 기능을 가진 카드이다.

No.	구 분	차 변	대 변
(1)	상품을 매출하고, 대금을 체크카드로 받으면	보통예금 4,800 매출채권처분손실 200	매 출 5,000
(2)	상품을 매입하고, 대금을 체크카드로 결제하면	매 입 5,000	보통예금 5,000

> • 직불카드 : 체크카드와 동일한 결제방법이지만, 직불카드는 직불카드 가맹점에서만 사용이 가능하지만, 체크카드는 신용카드 가맹점에서 모두 사용이 가능하다. 최근에는 직불카드를 거의 사용하고 있지 않아 금융기관(은행)에서 신규발급을 하지 않고 있어 없어지는 추세이고, 사용범위가 넓은 체크카드가 많이 사용되고 있다.

기본연습문제

1. 다음 거래를 분개하시오.

(1) 서울상사에 상품 ₩200,000을 매출하고, 대금은 신용카드로 결제받다.

(2) 위의 신용카드 대금이 3%의 카드수수료를 차감하고, 당점의 보통예금 계좌에 입금된 것을 확인하다.

(3) 제주상사로부터 상품 ₩80,000을 매입하고, 대금은 신용카드로 결제하다.

(4) 영업용 비품 ₩100,000을 구입하고, 대금은 신용카드로 결제하다.

(5) 대전상사에 상품 ₩300,000을 매출하고 대금은 체크카드로 받다. 단, 수수료 2%를 차감한 금액은 보통예금계좌에 입금된 것을 확인하다.

(6) 사무용 소모품 ₩50,000을 구입하고, 대금은 거래은행에서 발급 받은 체크카드로 결제하였다. 단, 체크카드 계좌는 저축예금이며, 소모품 구입 시 비용 계정으로 처리한다.

(7) 앞서 비품 구입 대금으로 결제한 신용카드 대금 ₩100,000을 현금으로 지급하다.

(8) 본사 경리부 직원의 야근 식대 ₩130,000을 법인 직불카드로 결제하다. (결제계좌는 보통예금이다.)

월일	차 변 과 목	금 액	대 변 과 목	금 액
(1)				
(2)				
(3)				
(4)				
(5)				
(6)				
(7)				
(8)				

적중예상문제

1. 다음 자료의 거래를 분개할 때 (가)와 (나)의 대변 계정과목을 표시한 것 중 옳은 것은? ★★

   > (가) 대전전자로부터 사무실 업무용 컴퓨터 1대를 ₩800,000에 매입하고, 대금은 신용카드로 결제하다.
   > (나) 수원문구에서 사무용 소모품 ₩100,000을 매입하고, 대금은 직불카드로 결제하다. 단, 직불카드의 결제계좌는 보통예금이며 사무용 소모품은 비용으로 처리하다.

   ① (가) 미수금   (나) 보통예금
   ② (가) 미지급금   (나) 보통예금
   ③ (가) 외상매입금   (나) 미지급금
   ④ (가) 외상매출금   (나) 미수금

2. 사용 금액을 부채로 회계처리하는 결제 수단에 해당하는 것은? ★

   ① 신용카드   ② 직불카드
   ③ 체크카드   ④ 자기앞수표

3. 다음 거래를 분개할 경우 대변에 기입될 계정과목은? ★★★

   > 상품 ₩500,000을 매입하고 대금은 신용카드로 결제하다.

   ① 미수금   ② 미지급금
   ③ 외상매입금   ④ 외상매출금

4. "신용카드로 매입한 상품 대금 ₩500,000이 카드 결제일에 보통예금에서 인출되다"의 거래를 분개한 것으로 옳은 것은? ★

   ① (차) 매   입   500,000   (대) 외상매입금   500,000
   ② (차) 매   입   500,000   (대) 보통예금   500,000
   ③ (차) 외상매입금   500,000   (대) 보통예금   500,000
   ④ (차) 보통예금   500,000   (대) 매   입   500,000

09 기타 채권·채무

1 단기대여금과 단기차입금

(1) 단기대여금 계정 (short-term loans receivable account)

차용증서를 받고 현금을 대여한 경우 회계 기간 말로부터 상환 기간이 1년 이내인 것을 처리하는 자산 계정

(2) 단기차입금 계정 (short-term loans payable account)

차용증서를 발행하고, 현금을 차입한 경우 회계 기간 말로부터 상환 기간이 1년 이내인 것을 처리하는 부채 계정

> **Note**
> - 회계 기간 말로부터 상환기간이 1년 이상인 대여금은 '장기대여금' 계정으로 **차입금**은 '장기차입금' 계정으로 처리한다.
> - 단기차입금에는 금융기관으로 부터의 당좌차월을 포함한다.
> - 단기대여금에는 종업원단기대여금도 포함한다.

(1) 서울상사는 부산상사에 6개월의 기간으로 현금 ₩80,000을 대여하다.
  - (서울상사): (차) 단기대여금 80,000   (대) 현   금 80,000
  - (부산상사): (차) 현   금 80,000   (대) 단기차입금 80,000

(2) 서울상사는 부산상사로부터 대여금 ₩80,000과 이자 ₩2,000을 함께 부산상사 발행의 당좌수표로 받다.
  - (서울상사): (차) 현   금 82,000   (대) { 단기대여금 80,000 / 이 자 수 익   2,000 }
  - (부산상사): (차) { 단기차입금 80,000 / 이 자 비 용   2,000 }   (대) 당 좌 예 금 82,000

> - 부산상사는 수표를 발행한 입장이므로 당좌예금의 감소이다.
> - 서울상사는 동점발행수표를 받은 것이므로 현금의 증가이다.

2 미수금과 미지급금 계정

(1) 미수금 계정 (non-trade account receivable)

상품이 아닌 물품 즉, 건물, 비품, 유가증권 등을 매각처분하고, 대금을 받지 못한 경우에 처리하는 자산 계정이다.

(2) 미지급금 계정 (non-trade account payable)

상품이 아닌 물품 즉, 건물, 비품, 유가증권 등을 구입하고, 대금을 지급하지 못하였을 때 처리하는 부채 계정이다.

(1) 영업용 책상, 의자 ₩50,000을 구입하고, 대금은 월말에 지급하기로 하다.
  - (차) 비   품   50,000   (대) 미지급금   50,000

(2) 사용중이던 영업용 컴퓨터를 ₩80,000에 처분하고, 대금은 월말에 받기로 하다.
  - (차) 미 수 금   80,000   (대) 비   품   80,000

> - 비품을 외상으로 구입할 때
> : 외상매입금 계정으로 하면 오답 (미지급금 계정 처리)

3 선급금과 선수금

(1) 선급금 계정 (payment in advance account)

상품을 매입하기 전에 상품대금의 일부(계약금)를 미리 지급하였을 때 처리하는 자산 계정

(2) 선수금 계정 (advance from customers account)

상품을 매출하기 전에 상품대금의 일부(계약금)를 미리 받았을 때 처리하는 부채 계정

> Note
>
> • 계약금 = 착수금, 내입금, 전도금, 상품대금의 일부
>
> • 상품 매매계약, 주문 = 분개 안함.

(1) 명동상사는 종로상사에 상품 ₩200,000을 주문하고, 계약금으로 ₩30,000을 현금으로 지급하고, 종로상사는 이것을 받다.

(2) 종로상사는 위의 주문상품을 발송하고, 앞서 주문받은 주문계약금을 차감한 잔액은 외상으로 하다. 명동상사는 상품을 인수하다.

< 매입자 : 명동상사 >

(1)	(차) 선 급 금	30,000	(대) 현 금	30,000	
(2)	(차) 매 입	200,000	(대) { 선 급 금 외상매입금	30,000 170,000	

< 매출자 : 종로상사 >

(1)	(차) 현 금	30,000	(대) 선 수 금	30,000	
(2)	(차) { 선 수 금 외상매출금	30,000 170,000	(대) 매 출	200,000	

4 예수금 계정 (other deposits received account)

장차 외부에 지출하여야 할 금액을 기업이 거래처나 종업원으로부터 미리 받아 일시적으로 보관하는 금액을 처리하는 부채 계정이다.

• 예수금의 종류
㉠ 소득세예수금
㉡ 건강보험료예수금
㉢ 국민연금예수금
㉣ 조합비예수금
㉤ 부가가치세예수금(2급)

• 급여 가불·선대금은 단기대여금 계정으로 처리한다.

• 소득세 원천징수액
 = 소득세예수금 계정

(1) 종업원에게 현금 ₩300,000 가불해 주다.

(2) 종업원 급여 ₩2,000,000 중 가불금 ₩300,000, 소득세 ₩80,000, 건강보험료 ₩170,000, 국민연금 ₩50,000을 차감한 금액을 현금으로 지급하다.

(3) 위의 소득세원천징수세액을 관할 세무서에 현금으로 납부하다.

```
(1) (차) 단기대여금   300,000      (대) 현       금   300,000

                                      단기대여금   300,000
                                      소득세예수금   80,000
(2) (차) 급       여  2,000,000   (대) 건강보험료예수금 170,000
                                      국민연금예수금   50,000
                                      현       금  1,400,000

(3) (차) 소득세예수금  80,000       (대) 현       금    80,000
```

Note
- 소득세예수금, 건강보험료예수금, 국민연금예수금을 개별 계정으로 처리하기도 하고, 통괄적으로 예수금 계정으로 처리하기도 한다. 단, 실기시험의 전표 입력 시에는 예수금 계정으로 처리한다.

5 가지급금과 가수금

(1) 가지급금 계정(suspense payment account)

기업이 현금을 실제로 지출(예를 들면 출장 여비의 지급)했지만 거래가 완료되지 않았거나, 용도가 불분명하여 이를 처리할 계정과목이나 금액이 확정되지 않았을 경우 설정되는 자산성격을 띠는 일시적 가계정이다. 가지급금 계정은 기말 결산 시에는 반드시 그 성질을 나타내는 적절한 과목으로 확정함으로써 기말 재무상태표에는 표시되어서는 안 된다.

(2) 가수금 계정(suspense receipt account)

기업이 현금을 실제로 수취(예를 들면 출장 사원으로부터 내용 불명의 송금액)했지만 거래가 완료되지 않았거나, 용도가 분명하지 않아 이를 처리할 계정 과목이나 금액이 확정되지 않았을 경우 설정되는 부채성격을 띠는 일시적 가계정이다. 가수금 계정은 기말 결산 시에는 반드시 그 성질을 나타내는 적절한 과목으로 확정함으로써 기말 재무상태표에는 표시되어서는 안 된다.

 예제5

(1) 사원 홍길동의 출장여비를 어림잡아 ₩100,000을 현금으로 지급하다.
(2) 출장중인 사원으로부터 내용불명의 송금수표 ₩500,000을 받다.
(3) 출장사원이 귀사하여 여비 잔액 ₩15,000을 반환하고, 내용불명의 송금액은 제주상사의 외상매출금 회수액으로 판명되다.

- 개산 지급 = 어림잡아 지급

```
(1) (차) 가 지 급 금  100,000     (대) 현       금  100,000
(2) (차) 현       금  500,000     (대) 가 수 금      500,000
(3) (차) 여비교통비    85,000     (대) 가 지 급 금  100,000
         현       금   15,000
    (차) 가 수 금      500,000    (대) 외상매출금    500,000
```

6 상품권선수금 계정 (coupon for goods account)

백화점 등에서 고객으로부터 현금을 받고, 그 금액에 상당하는 상품을 인도한다는 약속으로 발행하는 증서를 상품권이라 하며, 상품권을 발행할 때 처리하는 부채 계정이다.

• 상품권을 발행판매할 때는 수익을 인식하지 않고, 부채의 증가로 처리했다가 고객이 상품권으로 상품을 교환해 갈때 수익으로 인식한다.

(1) 신세계백화점은 상품권 액면 ₩100,000권 5매를 발행판매하고, 대금은 현금으로 받다.

(2) 상품 ₩700,000을 매출하고 대금은 당점 발행의 상품권 ₩500,000과 자기앞수표 ₩200,000을 받다.

(1) (차) 현　　　금　500,000　　(대) 상품권선수금　500,000
(2) (차) { 상품권선수금　500,000
　　　　　 현　　　금　200,000 }　(대) 매　　　출　700,000

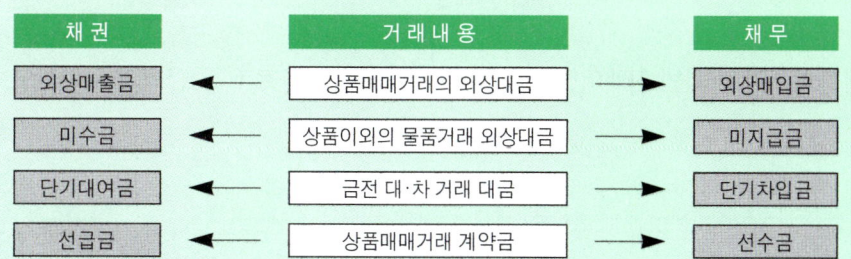

1. 채권·채무의 상관 관계

채 권	거 래 내 용	채 무
외상매출금	상품매매거래의 외상대금	외상매입금
미수금	상품이외의 물품거래 외상대금	미지급금
단기대여금	금전 대·차 거래 대금	단기차입금
선급금	상품매매거래 계약금	선수금

2. 종업원 급여 지급 시 건강보험료와 고용보험료, 산재보험료, 국민연금은 50%씩 종업원과 회사측이 각각 부담하는데 종업원부담액은 급여 지급 시 원천징수하여 '예수금' 계정 대변에 처리하고, 납부 시에는 예수금 계정 차변에 기록한다. 회사부담액 중 건강보험료 납부액은 '복리후생비' 계정, 고용보험료와 산재보험료 납부액은 '보험료' 계정, 국민연금 납부액은 '세금과공과' 계정 차변에 각각 기록한다.

기본연습문제

1. 다음 거래는 어떤 계정으로 처리되는가? < 보기 >에서 해당하는 기호를 (   )안에 표기하시오.

(1) 상품매입계약을 맺고, 착수금을 지급한 것 ……(   )
(2) 출장사원으로부터의 내용불명의 입금액 ………(   )
(3) 건물 구입대금 미지급액 …………………………(   )
(4) 종업원 소득세 원천징수 …………………………(   )
(5) 상품을 주문받고, 대금 일부를 미리 받은 금액 …(   )
(6) 종업원 가불………………………………………(   )
(7) 차용증서 발행에 의한 차입 ……………………(   )
(8) 차용증서에 의한 대여 …………………………(   )
(9) 출장여비의 개산 지급액 ………………………(   )
(10) 상품권을 발행하여 판매하면 …………………(   )
(11) 급여 지급 시 건강보험료 차감액………………(   )
(12) 불용비품 매각처분대금 미회수액 ………………(   )

```
< 보 기 >
(A) 가  지  급  금
(B) 가     수     금
(C) 단  기  대  여  금
(D) 단  기  차  입  금
(E) 선     급     금
(F) 선     수     금
(G) 예     수     금
(H) 미     수     금
(I) 미  지  급  금
(J) 상 품 권 선 수 금
```

2. 다음 계정의 잔액이 차변 잔액이면 '차', 대변 잔액이면 '대'로 (   )안에 표시하시오.

(1) 가 지 급 금 (   )   (2) 미 수 금 (   )   (3) 선 수 금 (   )
(4) 미 지 급 금 (   )   (5) 예 수 금 (   )   (6) 선 급 금 (   )
(7) 가 수 금 (   )   (8) 단기대여금 (   ) (9) 단기차입금 (   )

3. 다음 거래를 분개하시오.

(1) 한강상사는 금강상사에 현금 ₩500,000을 대여하고, 차용증서를 교부받다.
(2) 금강상사에 대여한 ₩500,000과 이자 ₩10,000을 기일이 되어 현금으로 회수하다.
(3) 서울상사는 부산상사로부터 현금 ₩700,000을 차입하고, 차용증서를 교부해 주다.
(4) 위의 차입금의 지급기일이 되어 이자 ₩20,000과 함께 수표를 발행하여 지급하다.

No.	차 변	대 변	No.	차 변	대 변
(1)			(3)		
(2)			(4)		

4. 다음 거래를 분개하시오.

(1) 영업용 컴퓨터 1대를 ₩2,000,000에 구입하고, 대금은 월말에 지급하기로 하다.

(2) 영업용 책상, 의자 등 ₩500,000을 구입하고, 대금은 외상으로 하다.

(3) 사용중이던 불용비품 장부금액 ₩250,000을 매각처분하고, 대금은 일주일 후에 받기로 하다.

(4) 서울청과상사는 제주상사로부터 밀감 500박스 @₩14,000을 매입하기로 계약하고, 상품대금의 1할을 착수금조로 현금으로 지급하다.

(5) 서울청과상사는 위의 상품을 인수하고, 계약금을 차감한 잔액은 수표를 발행하여 지급하다.

(6) 연세상사는 고려상사에 상품 ₩800,000을 매출하기로 계약하고, 상품대금의 1할을 착수금조로 현금으로 받다.

(7) 연세상사는 위의 상품을 인도하고, 계약금을 차감한 잔액은 고려상사 발행의 수표로 받다.

No.	차 변 과 목	금 액	대 변 과 목	금 액
(1)				
(2)				
(3)				
(4)				
(5)				
(6)				
(7)				

5. 다음 거래를 분개하시오.

(1) 종업원 급여 ₩3,857,000 중 소득세 원천세분 ₩386,000과 건강보험료 ₩100,000, 그리고 국민연금 ₩50,000을 차감한 잔액을 현금으로 지급하다.

No.	차 변 과 목	금 액	대 변 과 목	금 액
(1)				

(2) 종업원 박 모씨의 가불 신청에 따라 현금 ₩54,000을 지급하다.

(3) 종업원 박 모씨의 급여 ₩270,000을 지급함에 있어서 근로소득세 ₩4,800과 위의 가불금을 차감한 잔액을 현금으로 지급하다.

(4) 급여에서 차감한 소득세 원천징수분 ₩4,800을 관할 세무서에 현금으로 납부하다.

No.	차 변 과 목	금 액	대 변 과 목	금 액
(2)				
(3)				
(4)				

6. 다음 거래를 분개하시오.

(1) 사원 갑에게 제주출장을 명하고, 출장비 개산액 ₩450,000을 현금으로 지급하다.

(2) 출장사원이 귀사하여 여비개산 지급액 ₩450,000 중 ₩30,000을 현금으로 반환받다.

(3) 출장을 마치고 귀사한 사원으로 부터 여비를 정산한 결과 부족금액 ₩50,000을 현금으로 지급하다. 단, 출장 시 개산 지급액은 ₩300,000이었다.

(4) 출장중인 사원으로 부터 내용불명의 송금수표 ₩500,000을 받다.

(5) 출장사원이 보내온 송금수표 ₩500,000 중 상품주문대금 선수액 ₩200,000과 외상매출금 회수액 ₩300,000으로 판명되다.

(6) 출장사원으로 부터 송금되어온 ₩350,000을 가수금 계정으로 처리하였던 바, 그 중 ₩200,000은 영등상사에 대한 외상매출금 회수이고, 나머지 ₩150,000은 강원상사에 대한 대여금 ₩140,000 및 이자 ₩10,000의 회수액임이 밝혀지다.

No.	차 변 과 목	금 액	대 변 과 목	금 액
(1)				
(2)				
(3)				
(4)				
(5)				
(6)				

7. 다음 거래를 분개하시오.

(1) 금강백화점은 상품권 액면 ₩100,000권 3매를 발행하고, 대금은 현금으로 받다.

(2) 갑상품 ₩300,000을 매출하고, 위의 상품권 전부를 회수하다.

(3) 광화문백화점은 상품 ₩500,000을 매출하고, 대금 중 ₩400,000은 당점 발행의 상품권으로 받고, 잔액은 현금으로 받다.

No.	차 변 과 목	금 액	대 변 과 목	금 액
(1)				
(2)				
(3)				

8. 다음 대화에 나타난 거래를 마친 후 ○○마트(주)의 입장에서 회계처리한 결과로 옳은 것은? (단, 상품권은 ○○마트(주)가 발행한 것이다.)

① 무형자산의 감소 ② 재고자산의 증가
③ 유동부채의 감소 ④ 유형자산의 증가

적중예상문제

1. 다음 자료에 의하여 분개할 때 차변에 기입되는 계정과목으로 옳은 것은? ★★

   다음과 같이 상품을 주문하고, 계약금 ₩50,000을 현금으로 지급하다.
   갑상품   100개   @₩20,000   ₩2,000,000

   ① 가지급금   ② 가수금
   ③ 선급금   ④ 예수금

2. "(주)평화는 컴퓨터를 새로 교체하기 위하여 사용하던 영업용 컴퓨터를 ₩200,000에 처분하고 대금은 월말에 받기로 하다"의 거래 분개시 차변 계정으로 옳은 것은? ★

   ① 미지급금   ② 선수금
   ③ 미수금   ④ 외상매출금

3. 출장사원에게 여비를 개산지급한 경우에 차변에 설정되는 계정과목은 어느 것인가?

   ① 선급금   ② 단기대여금
   ③ 미수금   ④ 가지급금

4. 현금 수입이 발생하였으나 계정과목이나 금액이 미확정인 경우 일시적으로 처리하는 계정을 무엇이라 하는가? ★★★

   ① 예수금   ② 가수금
   ③ 선수금   ④ 미수금

5. 가구 판매 회사가 판매용 가구를 구입하고, 대금은 1개월 후에 지급하기로 한 거래의 분개에서 대변 계정 과목으로 옳은 것은? ★★

   ① 미지급금   ② 미수금
   ③ 외상매입금   ④ 선수금

6. 기업에서는 종업원에게 급여를 지급할 때 종업원이 부담하는 근로소득세나 건강보험료 등을 기업이 미리 원천징수하였다가 해당 기관에 대신 납부한다. 이 기간 동안 사용하는 계정은? ★

① 예수금 ② 가수금
③ 선수금 ④ 미수금

7. ' 거래처 부평상사에 현금 ₩100,000을 빌려주고, 2년 후에 받기로 하다.'의 회계처리 시 차변 계정과목으로 옳은 것은? ★★

① 현금 ② 단기대여금
③ 장기대여금 ④ 차입금

8. 서울상사는 상품을 주문받고 계약금을 받은 경우 대변에 기입되는 계정과목으로 옳은 것은? ★★

① 선수금 ② 예수금
③ 외상매입금 ④ 가수금

9. 다음 (가)와 (나)의 계정과목으로 올바른 것은? ★★★

(가) 기업이 종업원의 소득세, 건강보험료를 일시적으로 보관하는 경우
(나) 현금은 입금되었으나 계정과목이 확정되지 않은 경우

① (가) 선수금, (나) 가수금 ② (가) 예수금, (나) 선수금
③ (가) 예수금, (나) 가수금 ④ (가) 선수금, (나) 예수금

10. '상품권 ₩100,000을 발행하여 주고 현금으로 받다.'의 회계 처리시 대변 계정과목으로 옳은 것은? ★★★

① 현 금 ② 외상매입금
③ 매 출 ④ 선수금

11. 다음 거래 중 2월 15일자 회계처리로 올바른 것은? ★★

> 2/10 판매용 책상과 의자를 ₩50,000에 외상으로 구입하였다.
> 2/15 외상구입대금을 수표를 발행하여 지급하다.

① (차) 비   품   50,000   (대) 미 지 급 금   50,000
② (차) 매   입   50,000   (대) 외 상 매 입 금 50,000
③ (차) 미 지 급 금   50,000   (대) 당 좌 예 금   50,000
④ (차) 외 상 매 입 금 50,000   (대) 당 좌 예 금   50,000

12. 종업원에게 출장을 명하고, 여비조로 ₩100,000을 개산하여 현금으로 지급한 경우의 분개로 옳은 것은? ★★

① (차) 가 수 금   100,000   (대) 현   금   100,000
② (차) 여 비 교 통 비 100,000   (대) 현   금   100,000
③ (차) 여 비 교 통 비 100,000   (대) 가 지 급 금   100,000
④ (차) 가 지 급 금   100,000   (대) 현   금   100,000

13. 출장중인 사원으로 부터 내용불명의 송금수표 ₩500,000을 받다. 이 거래의 분개로 옳은 것은?

① (차) 현   금   500,000   (대) 가 수 금   500,000
② (차) 송 금 수 표   500,000   (대) 가 수 금   500,000
③ (차) 당 좌 예 금   500,000   (대) 가 수 금   500,000
④ (차) 현   금   500,000   (대) 외 상 매 출 금 500,000

14. 의류도매업을 경영하는 (주)한공이 다음의 거래를 분개할 때 대변 계정과목으로 옳은 것은? ★

> (주)수원가구로부터 사무실 업무용 책상과 의자 5조를 ₩1,000,000에 구입하고, 대금은 외상으로 하다.

① 미수금   ② 미지급금
③ 외상매입금   ④ 외상매출금

15. 다음 거래에 대한 분개를 수정 분개한 것으로 옳은 것은? ★

> 가. 거래 : 종업원의 급여 ₩1,000,000을 지급할 때 종업원이 부담할 소득세 ₩50,000을 차감하고 현금으로 지급하였다.
> 나. 분개 : (차) 급 여 950,000 (대) 현 금 950,000

① (차) 급   여   50,000   (대) 현   금   50,000
② (차) 급   여   50,000   (대) 예   수   금   50,000
③ (차) 소   득   세   50,000   (대) 현   금   50,000
④ (차) 소   득   세   50,000   (대) 예   수   금   50,000

16. 종업원의 급여 지급 시 차감해 두었던 소득세 ₩25,000과 국민연금 보험료 ₩10,000을 해당 기관에 현금으로 납부한 경우의 분개로 올바른 것은? ★★★

① (차) 세 금 과 공 과   35,000   (대) 현   금   35,000
② (차) 선   수   금   35,000   (대) 현   금   35,000
③ (차) { 소득세예수금 25,000
         국민연금예수금 10,000 }   (대) 현   금   35,000
④ (차) 현   금   35,000   (대) { 소득세예수금 25,000
                                      국민연금예수금 10,000 }

17. '(주)서울은 주문한 상품 ₩50,000이 도착하여 이를 인수하고, 대금은 외상으로 하다. 인수 시 인수운임 ₩3,000을 현금으로 지급하다.'의 분개로 옳은 것은? 단, (주)서울은 상품을 주문 시 계약금 ₩10,000을 지급했음 ★★

① (차) 매   입   50,000   (대) 외 상 매 입 금   50,000
② (차) 매   입   53,000   (대) { 선   급   금   10,000
                                      외 상 매 입 금   40,000
                                      현   금   3,000 }
③ (차) { 매   입   50,000
         운   반   비   3,000 }   (대) { 외 상 매 입 금   50,000
                                        현   금   3,000 }
④ (차) { 매   입   50,000
         운   반   비   3,000 }   (대) { 선   급   금   10,000
                                        외 상 매 입 금   40,000
                                        현   금   3,000 }

18. 채권·채무에 대한 거래와 분개의 결합이 잘못된 것은? ★★★

① 상품 ₩100,000을 주문하고 계약금 ₩10,000을 현금으로 지급하다.
　(차) 선　급　금　10,000　　(대) 현　　　금　10,000

② 비품 ₩30,000을 외상으로 구입하다.
　(차) 비　　　품　30,000　　(대) 외상매입금　30,000

③ 비품을 원가에 매각하고 대금 ₩20,000은 월말에 받기로 하다.
　(차) 미　수　금　20,000　　(대) 비　　　품　20,000

④ 주문한 상품이 도착하여 계약금으로 지급한 ₩10,000을 제외한 ₩90,000을 현금으로 지급하다.
　(차) 상　　　품　100,000　(대) 선　급　금　10,000
　　　　　　　　　　　　　　　　현　　　금　90,000

19. 다음 거래의 분개로 옳은 것은? ★★★

> 출장중인 사원이 온라인으로 송금하였던 ₩70,000 중 ₩50,000은 외상대금 회수분이고 잔액은 상품주문대금으로 판명되다.

① (차) 가　수　금　70,000　(대) { 외상매출금　50,000
　　　　　　　　　　　　　　　　 선　수　금　20,000 }

② (차) 가　수　금　70,000　(대) { 외상매입금　50,000
　　　　　　　　　　　　　　　　 선　급　금　20,000 }

③ (차) 가　지　급　금　70,000　(대) 매출채권　70,000

④ (차) 가　수　금　70,000　(대) 선　수　금　70,000

20. 종업원 갑에게 2월분 급여 ₩500,000을 지급함에 있어 1월에 대여한 대여금 ₩50,000과 소득세 ₩12,000 및 건강보험료 ₩8,000을 차감한 잔액은 현금으로 지급하다. 대변에 나타나는 계정과목과 금액으로 옳지 않은 것은? ★★★

① 단기대여금 ₩50,000　　② 소득세예수금 ₩12,000
③ 현금 ₩430,000　　　　　④ 급여 ₩500,000

10 어음거래

1 어음의 종류

(1) 약속어음(promissory notes)

어음발행인(어음 작성자)이 일정한 금액을 일정한 기일과 장소에서 수취인에게 무조건 지급하기로 약속한 증서이다.

① **발행인** ~ 어음대금의 지급인. 즉, 어음상의 채무자
② **수취인** ~ 어음대금의 수취인. 즉, 어음상의 채권자

(1) 서울상사는 매출처 광주상사에 상품 ₩50,000을 매출하고, 대금은 광주상사발행 당점앞 약속어음을 받다.
(2) 광주상사에서 받은 약속어음이 만기일이 되어 현금으로 받다.

```
(1) 서울상사 : (차) 받을어음  50,000    (대) 매    출  50,000
    광주상사 : (차) 매    입  50,000    (대) 지급어음  50,000
(2) 서울상사 : (차) 현    금  50,000    (대) 받을어음  50,000
    광주상사 : (차) 지급어음  50,000    (대) 현    금  50,000
```

(2) 환어음(bill of exchange)

어음 발행인이 지명인(인수인=지급인)으로 하여금 일정한 금액을 일정기일과 장소에서 수취인에게 지급하도록 위탁한 증서이다.

① **발행인** ~ 어음상의 채권·채무는 발생하지 않는다.
② **지명인** ~ 어음대금 지급을 승낙하여 인수란에 서명함으로써 어음상의 채무가 발생한다.
③ **수취인** ~ 어음대금의 수취인. 즉, 어음상의 채권자

▶ 명동상사는 을지상사에서 상품 ₩80,000을 매입하고, 대금은 매출처 종로상사 앞 환어음을 발행하여 인수얻어 교부하다.

```
명동상사 : (차) 매    입  80,000    (대) 외상매출금  80,000
종로상사 : (차) 외상매입금  80,000    (대) 지 급 어 음  80,000
을지상사 : (차) 받 을 어 음  80,000    (대) 매    출  80,000
```

- 어음의 뜻 : 어음이란 채무자가 자기의 빚을 갚기 위하여 일정금액을 일정장소에서 일정한 날짜에 무조건 지급하겠다는 것을 기재한 증서
- 어음의 분류
  법률상 : 약속어음, 환어음
  회계상 : 받을어음, 지급어음
  형태별 : 상업어음, 금융어음

- 명동상사 = 발행인
- 종로상사 = 지명인(인수인)
- 을지상사 = 수취인

2 어음의 배서

어음 소지인은 만기일 전에 어음상의 채권을 다른 사람에게 자유로이 양도할 수 있다. 이 경우 어음 뒷면에 기명 날인하여 양수인(타인)에게 교부하는데 이를 어음의 배서라 한다.

(1) 추심 위임 배서

어음대금을 회수하기 위하여 어음 뒷면에 기명, 날인하고 은행에 어음대금 회수를 의뢰하는 것을 추심 위임 배서라고 한다.

No.	구 분	차 변	대 변
①	추심 의뢰 시	수수료비용 ×××	현　　금 ×××
②	추심 완료 시	당좌예금 ×××	받을어음 ×××

> • 추심의뢰 시에는 어음상의 권리는 소멸한 것이 아니므로 수수료만 분개한다.

(2) 어음의 배서 양도

상품의 매입 대금이나 외상매입금을 지급하기 위하여 소유 어음을 타인에게 배서 양도하는 것을 말하며, 대금결제를 위한 배서양도는 양도자산의 통제권이 완전 이전된 것이므로 매각거래로 본다.

No.	구 분	차 변	대 변
①	상품매입, 배서양도	매　　입 ×××	받을어음 ×××
②	외상대금 지급, 배서양도	외상매입금 ×××	받을어음 ×××

(3) 어음의 할인

자금을 융통할 목적으로 소유하고 있는 어음을 만기일 이전에 거래 은행에 배서 양도하고 어음 할인일로 부터 만기일까지의 이자(할인료)를 차감한 실수금을 융통할 수 있는데, 이것을 어음의 할인이라 하며 매각거래와 차입거래로 나누어 처리한다.

No.	구 분	차 변	대 변
①	소유 어음 할인 시	당좌예금 ××× 매출채권처분손실 ×××	받을어음 ×××

> • 할인료 계산
>
> : 액면금액 × 연이율 × $\dfrac{할인일수}{365}$
>
> : 액면금액 × $\dfrac{일변}{100}$ × 할인일수

3 기타 어음 채권·채무

(1) **금융어음**(= 융통어음 : accommodation notes)

상거래와는 관계없이 자금 융통의 수단으로 발행되는 어음을 말한다.

No.	구 분	차 변	대 변
①	현금 대여, 약속어음 수취	단기대여금 ×××	현　　금 ×××
②	현금 차입, 약속어음 발행	현　　금 ×××	단기차입금 ×××

(2) **어음미수금과 어음미지급금**

상품이 아닌 물품. 즉, 건물, 비품, 단기매매증권 등의 구입과 처분에 발생되는 어음은 다음과 같이 처리한다.

No.	구 분	차 변	대 변
①	건물 처분, 약속어음 수취	미 수 금 ×××	건　　물 ×××
②	건물 구입, 약속어음 발행	건　　물 ×××	미지급금 ×××

4 어음거래에 대한 보조부

(1) **받을어음 기입장**

받을어음에 대한 명세를 상세하게 기입하는 보조기입장이다.

받 을 어 음 기 입 장

날짜	적요	금액	어음종류	어음번호	지급인	발행인 또는 배서인	발행일	만기일	지급장소	전말	
										월일	적요

(2) **지급어음 기입장**

지급어음에 대한 명세를 상세하게 기입하는 보조기입장이다.

지 급 어 음 기 입 장

날짜	적요	금액	어음종류	어음번호	수취인	발행인	발행일	만기일	지급장소	전말	
										월일	적요

기본연습문제

1. 다음 어음거래는 어느 계정의 어느 변에 기입되는가를 ( )안에 표시하시오.

(1) 상품을 매입하고, 약속어음을 발행하다. ·· 지 급 어 음 (   )
(2) 매출처 앞 환어음을 발행하다. ·· (   ) (   )
(3) 당점 앞 환어음을 제시받아 인수하다. ·· 지 급 어 음 (   )
(4) 약속어음을 발행하여 현금을 차입하다. ·· 단 기 차 입 금 (   )
(5) 동점발행 약속어음을 받다. ·· (   ) (   )
(6) 당점발행 약속어음 대금을 현금 지급하다. ···································· 지 급 어 음 (   )
(7) 상품 매출 대금으로 당점발행 약속어음을 받다. ································ 지 급 어 음 (   )
(8) 보유 중인 약속어음의 만기일이 도래하여 추심 의뢰하다. ·············· (   )
(9) 약속어음 수취하고, 현금을 대여하다. ·· 단 기 대 여 금 (   )
(10) 건물 구입대금으로 약속어음 발행하다 ·· (어음)미지급금 (   )
(11) 토지를 처분하고, 처분대금으로 약속어음을 받다. ···························· (어음)미수금 (   )
(12) 소유하고 있던 어음대금이 추심완료되다. ···································· 받 을 어 음 (   )
(13) 보유 중인 어음을 상품매입대금으로 배서양도하다. ·························· 받 을 어 음 (   )

2. 다음 거래에 대하여 각 회사가 행할 분개를 표시하시오.

(1) 인천상사는 수원상사에서 상품 ₩250,000을 매입하고, 대금 중 ₩150,000은 당좌수표를 발행하여 지급하고, 잔액은 약속어음을 발행하여 지급하다.

회사명	차 변 과 목	금 액	대 변 과 목	금 액
인천상사				
수원상사				

(2) 을지상사는 종로상사에서 상품 ₩300,000을 매입하고, 대금은 을지상사 발행, 종로상사 수취, 북악상사 인수의 환어음을 발행하여 인수 얻어 교부하다.

상점명	차 변 과 목	금 액	대 변 과 목	금 액
을지상사				
북악상사				
종로상사				

3. 다음 거래를 분개하시오.

(1) 한국상사는 매출처 서울상사에 상품 ₩350,000을 매출하고, 대금은 동점발행 당점 앞 약속어음으로 받다.

(2) 상품 ₩200,000을 매입하고, 대금은 동점 앞 약속어음(#5)을 발행하여 지급하다.

(3) 한강상사 발행 당점 소유의 약속어음 ₩350,000이 금일 만기가 되어 추심받아 당좌예입하다.

(4) 상품대금으로 발행하였던 약속어음 (#5) ₩200,000이 만기가 되어 현금으로 지급하다.

(5) 설악상사에서 상품 ₩500,000을 매입하고, 대금은 매출처 한라상사 앞 환어음을 발행하여 인수받아 지급하다.

(6) 매입처 서울상사 발행 인천상사 수취의 당점 앞 환어음 ₩400,000에 대하여 서울상사의 제시가 있어 이를 인수하다.

(7) 상품 ₩150,000을 매출하고, 대금은 앞서 당점이 발행하였던 약속어음으로 받다.

(8) 제주상사에서 받은 약속어음 ₩450,000을 거래은행에 추심 의뢰하고, 추심수수료 ₩3,000은 현금으로 지급하다.

(9) 위의 어음이 만기일에 추심 완료되어 당점의 당좌예금에 입금되었다는 통지를 받다.

(10) 속초상사로부터 상품 ₩500,000을 매입하고 대금은 동해상사에서 받아 보관중인 약속어음을 배서양도하다.

No.	차 변 과 목	금 액	대 변 과 목	금 액
(1)				
(2)				
(3)				
(4)				
(5)				
(6)				
(7)				
(8)				
(9)				
(10)				

4. 다음 거래를 분개하시오.

(1) 거래처 부산상사에 현금 ₩750,000을 대여하고, 동점발행 당점 앞 약속어음을 받다.

(2) 거래처 신촌상사에서 현금 ₩850,000을 차입하고, 약속어음을 발행 교부하다.

(3) 영업용 비품 ₩400,000을 구입하고, 대금은 약속어음(#3)을 발행하여 지급하다.

(4) 사용중이던 건물 장부금액 ₩4,000,000을 매각처분하고, 대금 중 ₩1,000,000은 현금으로 받고, 잔액은 3개월 만기의 약속어음을 받다.

No.	차 변 과 목	금 액	대 변 과 목	금 액
(1)				
(2)				
(3)				
(4)				

5. 다음 거래를 받을어음기입장과 지급어음기입장에 기입하시오.

3월 5일 설악상사에 상품 500,000을 매출하고, 대금은 동점발행의 약속어음(#8)을 받다.(발행일 3/5, 만기일 4/5, 지급장소 : 한빛은행)

12일 속초상사에서 상품 800,000을 매입하고, 대금은 동점 앞 약속어음(#5)을 발행하여 지급하다.(발행일 3/12, 만기일 4/11, 지급장소 : 서울은행)

4월 5일 설아상사에서 받은 약속어음(#8)이 만기일이 되어 당점의 당좌예금에 입금되다.

11일 앞서 당점이 속초상사에 발행한 약속어음(#5)이 만기일이 되어 당점의 당좌예금에서 지급되었음을 확인하다.

받 을 어 음 기 입 장

날짜	적요	금액	어음종류	어음번호	지급인	발행인 또는 배서인	발행일	만기일	지급장소	전 말	
										월일	적요

지 급 어 음 기 입 장

날짜	적요	금액	어음종류	어음번호	수취인	발행인	발행일	만기일	지급장소	전 말	
										월일	적요

적중예상문제

1. 약속어음에 관한 설명이 옳지 않은 것은? ★★★

   ① 발행인이 수취인에게 어음에 기재한 금액을 약정한 기일과 장소에서 지급할 것을 약속한 증서이다.
   ② 수취인은 어음상의 채권이 발생한다.
   ③ 발행인은 어음의 채무가 발생한다.
   ④ 약속어음의 당사자는 발행인, 수취인, 지급인 등 3인으로 발행인이 지급인(지명인)에게 지급을 의뢰하는 증권이다.

2. 약속어음과 환어음에 대한 설명 중 옳은 것은? ★

   ① 매입처에서 제시한 환어음을 인수하면 어음상의 채권이 발생한다.
   ② 상품 매출 대금으로 약속어음을 받으면 현금및현금성자산이 증가한다.
   ③ 상품 매입 대금으로 약속어음을 발행해 주면 어음상의 채권이 발생한다.
   ④ 상품을 매입하고 매출처앞 환어음을 발행하면 어음상의 채권 채무는 발생하지 않는다.

3. 받을어음 계정에서 처리할 수 없는 것은?

   ① 어음대금 회수   ② 약속어음 수취
   ③ 환어음 수취   ④ 환어음 인수

4. 지급어음 계정에 기록될 수 없는 것은?

   ① 약속어음의 발행   ② 환어음의 인수
   ③ 딩짐발행의 약속어음 수취   ④ 동점발행의 약속어음 수취

5. "외상매입금 ₩100,000을 약속어음을 발행하여 지급하다."의 거래를 거래 요소의 결합관계로 표시한 것으로 옳은 것은? ★★

   ① 부채의 감소와 부채의 증가   ② 자산의 감소와 부채의 감소
   ③ 비용의 발생과 자산의 감소   ④ 자산의 증가와 수익의 발생

6. 인천상사는 매입처 상공상사의 외상매입금 ₩200,000을 지급하기 위하여 외상매출금이 있는 매출처 서울상사 앞 환어음을 발행하여 동점의 인수를 받아 상공상사에 교부한 경우의 어음관계자로 타당한 것은?

	발행인	지급인	수취인
①	서울상사	인천상사	상공상사
②	서울상사	상공상사	인천상사
③	인천상사	서울상사	상공상사
④	인천상사	상공상사	서울상사

7. 한라상사의 외상매입금 ₩20,000을 지급하기 위하여 매출처인 백두상사 앞 환어음을 발행하여 인수받아 지급하였다. 백두상사에 대해서는 한달 전 매출한 외상매출금이 ₩20,000 있었다. 알맞은 분개는? ★★★

① (차) 외 상 매 출 금　20,000　(대) 외 상 매 입 금　20,000
② (차) 외 상 매 입 금　20,000　(대) 외 상 매 출 금　20,000
③ (차) 받 을 어 음　20,000　(대) 외 상 매 출 금　20,000
④ (차) 외 상 매 입 금　20,000　(대) 지 급 어 음　20,000

8. 다음 어음에 대한 회계처리로 올바른 것은?

- 동점 발행의 약속어음을 받으면 (㉠) 계정으로 처리한다.
- 당점 발행의 약속어음을 받으면 (㉡) 계정으로 처리한다.

① ㉠ 지급어음　㉡ 지급어음　② ㉠ 지급어음　㉡ 받을어음
③ ㉠ 받을어음　㉡ 받을어음　④ ㉠ 받을어음　㉡ 지급어음

9. 현금 ₩200,000과 약속어음 ₩300,000을 발행하여 지급하고, 기계장치를 구입한 거래의 영향으로 옳은 것은? ★★

① 총자산과 총자본이 증가한다.
② 총부채가 증가하고, 총자본이 감소한다.
③ 총자산이 감소하고, 총부채가 증가한다.
④ 총자산과 총부채가 증가한다.

10. 영동상사에 상품 ₩1,000,000을 매출하고 대금은 동점발행의 약속어음으로 받은 경우 올바른 분개는?(단, 상품거래는 3분법으로 처리할 것) ★★★

① (차) 매   입   1,000,000   (대) 지 급 어 음   1,000,000
② (차) 받 을 어 음   1,000,000   (대) 매   출   1,000,000
③ (차) 매   입   1,000,000   (대) 당 좌 예 금   1,000,000
④ (차) 당 좌 예 금   1,000,000   (대) 매   출   1,000,000

11. 매입처 광주상사 발행 목포상사 수취의 당점앞 환어음 ₩240,000에 대하여 광주상사의 제시가 있어 인수한 경우 올바른 분개는? ★★★

① (차) 외 상 매 입 금   240,000   (대) 지 급 어 음   240,000
② (차) 받 을 어 음   240,000   (대) 외 상 매 출 금   240,000
③ (차) 지 급 어 음   240,000   (대) 외 상 매 입 금   240,000
④ (차) 지 급 어 음   240,000   (대) 외 상 매 출 금   240,000

12. 어음에 대한 설명으로 옳지 않은 것은? ★

① 받을어음은 매출채권에, 지급어음은 매입채무에 포함된다.
② 어음의 만기일에 발행인의 지급 거절 또는 지급 불능이 된 경우, 이를 부도어음이라 한다.
③ 어음을 받고 현금을 대여한 경우, 받을어음 계정의 차변에 기입한다.
④ 환어음은 발행인이 지명인에 대하여 지급기일에 어음금액을 수취인에게 지급하도록 지시한 증서이다.

13. 다음 중 계정기입이 잘못된 것은? ★

지 급 어 음

[채무 소멸]	[채무 발생]
어음 대금 지급	약속어음 당점 발행
거래처발행의 약속어음 수취	거래처발행의 환어음 인수

① 어음대금 지급   ② 약속어음 당점 발행
③ 거래처 발행의 약속어음 수취   ④ 거래처 발행의 환어음 인수

14. '(주)경기에서 받은 약속어음 ₩100,000이 만기가 되어 대한은행에 추심의뢰하고 수수료 ₩1,000을 현금으로 지급하다.'의 거래에 대하여 올바른 분개는? ★

① (차) 현　　　금　　100,000　　(대) 받 을 어 음　　100,000
② (차) 받 을 어 음　　100,000　　(대) 현　　　금　　100,000
③ (차) 현　　　금　　　1,000　　(대) 수 수 료 수 익　　　1,000
④ (차) 수 수 료 비 용　　1,000　　(대) 현　　　금　　　1,000

15. (주)경남은 외상매입금 ₩100,000을 지급하기 위하여 (주)경북으로부터 받아 보관 중인 어음을 배서 양도한 회계처리 중 올바른 것은? 단, 받을어음의 배서 양도는 매각거래로 한다. ★

① (차) 받 을 어 음　　100,000　　(대) 외 상 매 입 금　　100,000
② (차) 외 상 매 입 금　　100,000　　(대) 지 급 어 음　　100,000
③ (차) 외 상 매 입 금　　100,000　　(대) 받 을 어 음　　100,000
④ (차) 지 급 어 음　　100,000　　(대) 외 상 매 입 금　　100,000

16. (주)충남은 (주)강원에서 받은 어음 ₩300,000을 할인하고 할인료 ₩15,000을 차감한 금액을 당좌예금하였다. 회계처리로 옳은 것은?(단, 상기 거래는 매각거래에 해당한다.) ★★

① (차) { 당 좌 예 금　300,000 / 이 자 비 용　15,000 }　(대) { 받 을 어 음　300,000 / 현　　금　15,000 }
② (차) { 당 좌 예 금　285,000 / 이 자 비 용　15,000 }　(대) 단 기 차 입 금　300,000
③ (차) 당 좌 예 금　300,000　　(대) 받 을 어 음　300,000
④ (차) { 당 좌 예 금　285,000 / 매출채권처분손실　15,000 }　(대) 받 을 어 음　300,000

17. 받을어음 계정에 대한 설명이다. 옳지 않은 것은? ★

① 상품을 매출하고 대금을 약속어음으로 받은 경우 차변에 기록한다.
② 약속어음이 만기가 되어 거래 은행에 추심 위임 배서한 경우 대변에 기록한다.
③ 상품 매입 대금으로 거래처 발행 약속어음을 배서 양도하는 경우 대변에 기록한다.
④ 거래 은행에 소유하고 있는 약속어음을 매각거래로 할인하는 경우 대변에 기록한다.

11 매출채권의 손상(대손)

1 대손(bad debt)의 뜻

외상매출금, 받을어음, 단기대여금 등의 채권이 거래처의 파산 등의 이유로 회수하지 못하게 된 것을 손상(대손)이라 하며, 대손이 발생한 경우에는 비용 계정인 대손상각비 계정 차변에 기입하는 동시에 해당 채권 계정의 대변에 기입한다.

　　　(차) 대손상각비　×××　　(대) 외상매출금　×××

2 대손(손상)의 예상과 대손충당금의 설정

▶ 기말 결산 시 외상매출금과 받을어음 잔액 ₩2,000,000에 대하여 2%의 대손충당금을 설정하는 경우 다음에 따라 분개하시오.
(1) 대손충당금 잔액이 없는 경우
(2) 대손충당금 잔액이 ₩25,000 있는 경우
(3) 대손충당금 잔액이 ₩40,000 있는 경우
(4) 대손충당금 잔액이 ₩45,000 있는 경우

(1) (차) 대손상각비　40,000　　(대) 대손충당금　40,000
(2) (차) 대손상각비　15,000　　(대) 대손충당금　15,000
(3) 분 개 없 음
(4) (차) 대손충당금　 5,000　　(대) 대손충당금환입　5,000

3 대손(손상)의 발생

▶ 거래처의 파산으로 외상매출금 ₩80,000이 회수불능되어 대손처리 하는 경우 다음에 따라 분개하시오.
(1) 대손충당금 잔액이 없는 경우
(2) 대손충당금 잔액이 ₩50,000 있는 경우
(3) 대손충당금 잔액이 ₩80,000 있는 경우
(4) 대손충당금 잔액이 ₩100,000 있는 경우

(1) (차) 대손상각비　80,000　　(대) 외상매출금　80,000
(2) (차) { 대손충당금　50,000 / 대손상각비　30,000 }　(대) 외상매출금　80,000
(3) (차) 대손충당금　80,000　　(대) 외상매출금　80,000
(4) (차) 대손충당금　80,000　　(대) 외상매출금　80,000

Note

• 매출채권(외상매출금, 받을어음)의 대손상각비 계정은 판매비와관리비에 속한다.

• 기타채권(단기대여금, 미수금)의 기타의 대손상각비 계정은 기타(영업외)비용에 속한다.

• 대손상각비를 자산손상차손이라고도 한다.

• 매출채권의 기말잔액은 차기 이후에 대손되리라고 예상되는 금액을 포함하고 있다. 따라서 회계기간 말에 합리적이고, 객관적인 기준에 따라 예상 금액을 대손상각비 계정 차변에 기입하여 당기의 비용으로 처리하는 동시에 매출채권에 대한 차감적 평가 계정인 대손충당금 계정 대변에 기입한다.

• 대손충당금환입은 판매비와관리비의 부(−)의 항목으로 처리한다.

④ 대손(손상)처리한 외상매출금의 회수

 ▶ 다음 거래를 분개하시오.

(1) 전기에 대손처리한 외상매출금 ₩100,000을 현금으로 회수하다.
(2) 당기에 대손 처리한 외상매출금 ₩80,000을 현금으로 회수하다.
　① 대손 처리 시 대손충당금이 없는 경우
　② 대손 처리 시 대손충당금이 ₩50,000 있는 경우
　③ 대손 처리 시 대손충당금이 ₩100,000 있는 경우

・전기에 대손처리한 채권의 회수 시 대손충당금을 환원시켜 기말 결산 대손추산 시 상계처리하여야 한다.

```
(1)    (차) 현   금  100,000   (대) 대손충당금  100,000
(2) ① (차) 현   금   80,000   (대) 대손상각비   80,000
    ② (차) 현   금   80,000   (대){ 대손충당금  50,000
                                    대손상각비  30,000
    ③ (차) 현   금   80,000   (대) 대손충당금   80,000
```

⑤ 대손충당금의 재무상태표 표시 방법

대손충당금 계정은 매출채권 계정에 대한 차감적 평가 계정으로서 직접 차감하여 재무상태표에 매출채권을 순액으로 표시하고, 대손충당금은 주석(별지)으로 기재하도록 하였다.

재무상태표		
자　산	금　　액	
매 출 채 권 대 손 충 당 금	70,000 2,000	68,000

재무상태표	
자　산	금　　액
매 출 채 권	68,000

・대손충당금을 직접 차감하는 이유?
　- 재무상태표에서 매출채권, 미수금, 단기대여금, 장기대여금, 장기매출채권 등에 대하여 대손충당금을 차감하는 형식으로 표시할 경우 재무상태표가 지나치게 복잡하게 되기 때문이다. 그러나 실기시험에서는 차감형식으로 출제되고 있다.

기본연습문제

1. 다음 거래를 분개하시오.

(1) 기말 결산 시 외상매출금 잔액 ₩2,000,000과 받을어음 잔액 ₩1,500,000에 대하여 2% 대손충당금을 설정하다. 단, 대손충당금 잔액은 없음.

(2) 기말 결산 시 외상매출금 잔액 ₩2,000,000과 받을어음 잔액 ₩1,500,000에 대하여 2% 대손충당금을 설정하다. 단, 대손충당금 잔액 ₩50,000 있음.

(3) 기말 결산 시 외상매출금 잔액 ₩1,500,000과 받을어음 잔액 ₩1,000,000에 대하여 2% 대손충당금을 설정하다. 단, 대손충당금 잔액 ₩50,000 있음.

(4) 기말 결산 시 외상매출금과 받을어음 잔액 ₩1,500,000에 대하여 2% 대손충당금을 설정하다. 단, 대손충당금 잔액 ₩36,000 있음.

No.	차 변 과 목	금 액	대 변 과 목	금 액
(1)				
(2)				
(3)				
(4)				

2. 다음 거래를 분개하시오.

(1) 거래처 인천상사의 파산으로 전기이월된 외상매출금 ₩50,000을 손상(대손)처리하다. 단, 대손충당금 잔액이 없음.

(2) 제주상사의 파산으로 외상매출금 ₩120,000이 회수불능되다. 단, 대손충당금 잔액이 ₩80,000 있다.

(3) 한강상사가 파산하여 전기에 발생한 외상매출금 ₩150,000을 손상(대손)처리하다. 단, 대손충당금 잔액이 ₩150,000 있다.

(4) 거래처 강릉상사의 파산으로 외상매출금 ₩200,000이 회수불능되다. 대손충당금 잔액이 ₩250,000 있다.

No.	차 변 과 목	금 액	대 변 과 목	금 액
(1)				
(2)				
(3)				
(4)				

3. 다음 연속된 거래를 분개하고, 대손충당금 계정과 대손상각비 계정의 기입면을 표시하시오. 단, 회계 기간 말(결산일)은 6월 말과 12월 말이다.

제1기 6월 30일 기말 결산 시 외상매출금 잔액 ₩2,000,000에 대하여 2%의 대손을 예상하다.

제2기 7월 25일 인천상사의 파산으로 외상매출금 ₩22,000이 회수불능되다.

〃 10월 20일 수원상사의 파산으로 외상매출금 ₩15,000이 회수불능되다.

〃 12월 31일 기말 결산 시 외상매출금 잔액 ₩1,500,000에 대하여 2%의 대손충당금을 설정하다.

제3기 2월 10일 전기에 대손처리하였던 인천상사의 외상매출금 ₩22,000을 현금으로 회수하다.

월일	차 변 과 목	금 액	대 변 과 목	금 액
6/30	손 익		대 손 상 각 비	
7/25				
10/20				
12/31	손 익		대 손 상 각 비	
2/10				

대 손 상 각 비

대 손 충 당 금

적중예상문제

1. 서울상사는 20×1년 12월 31일 결산 시 수정 분개를 실시하기 전 외상매출금 잔액이 ₩500,000이고, 대손충당금 잔액은 ₩20,000이다. 외상매출금에 대하여 5%의 대손을 예상하고 있다. 20×1년 12월 31일에 대손충당금 설정에 관한 분개는? ★★★

① (차) 대손상각비　　5,000　　(대) 대손충당금　　5,000
② (차) 대손충당금　　5,000　　(대) 대손충당금환입　5,000
③ (차) 대손상각비　　5,000　　(대) 외상매출금　　5,000
④ (차) 외상매출금　　5,000　　(대) 대손충당금　　5,000

2. 청계상사는 기말 외상매출금의 결산 정리 분개를 위한 자료를 수집한 결과 다음과 같은 자료를 얻었다. 외상매출금의 대손충당금과 관련된 결산정리 분개로 맞는 것은? ★★★

> • 외상매출금　　　　　　　　　　　　　　₩1,000,000
> • 과거의 대손경험율에 의하여 산출한 추정대손율은 외상매출금의 1%
> • 기말의 대손충당금 대변잔액(결산 전)　　₩12,000

① (차) 대손상각비　　2,000　　(대)외상매출금　　2,000
② (차) 대손상각비　　2,000　　(대)대손충당금　　2,000
③ (차) 대손충당금　　2,000　　(대)대손충당금환입　2,000
④ (차) 대손상각비　　2,000　　(대)대손충당금　　2,000

3. 대손충당금에 관한 설명으로 옳지 않은 것은? ★

① 결산 기말의 매출채권 중 회수 불가능할 것으로 추정되는 금액을 대손충당금으로 설정한다.
② 대손이 발생한 경우에는 먼저 대손충당금과 상계하고 부족한 금액은 대손상각비로 처리한다.
③ 당기에 대손된 금액을 추심하는 경우에도 대손충당금을 설정해야 한다.
④ 일반적 상거래에서 발생한 대손상각비는 관리비 항목에 포함시킨다.

4. 대손충당금을 설정할 수 없는 계정은? ★★★

① 장기차입금   ② 외상매출금
③ 받을어음   ④ 단기대여금

5. 다음 거래에 대한 회계처리로 옳은 것은? ★★★

> 한국상사는 소지하고 있던 약속어음(지급인 : 경기상사) ₩30,000이 경기상사의 파산으로 회수불능되었다.(단, 대손충당금 잔액은 ₩20,000 이 있다.)

① (차) { 대손충당금 20,000   (대) 받을어음 30,000
         대손상각비 10,000
② (차) 대손충당금 20,000   (대) 받을어음 20,000
③ (차) 대손상각비 10,000   (대) 받을어음 10,000
④ (차) 대손충당금 30,000   (대) 받을어음 30,000

6. 다음은 결산 정리 전 잔액시산표와 결산 정리 사항의 일부이다. 이에 대한 회계처리를 바르게 설명한 것은?

```
            잔 액 시 산 표
           20×1년 12월 31일
   외상매출금   100,000 │ 대손충당금   4,000
   받을어음    200,000 │    ⋮
   가지급금     10,000 │
      ⋮
   〈결산정리 사항〉
   ○ 매출채권 잔액에 대하여 2%의 대손을 예상하다.
```

① 대손충당금은 손익계산서 대변에 표시한다.
② 대손상각비는 재무상태표 차변에 표시한다.
③ 결산 정리 분개 시 대손상각비는 ₩2,000이다.
④ 결산 정리 분개 후 대손충당금 잔액은 ₩4,000이다.

7. 다음 계정 기입에 관한 설명으로 바른 것은?

대 손 충 당 금

4/20	외상매출금	24,000	1/ 1 전 기 이 월	50,000
5/10	외상매출금	6,000	6/30 대손상각비	20,000
6/30	차 기 이 월	40,000		
		70,000		70,000
			7/1 전 기 이 월	40,000

① 당기분 대손추산액은 ₩20,000이다.
② 당기분 대손발생액은 ₩70,000이다.
③ 손익계산서에 표시되는 대손상각비는 ₩20,000이다.
④ 전기분 대손충당금 설정액 중 잔액은 ₩70,000이다.

8. 평가 계정에 해당하는 것은? ★

① 대손상각비　　　　　② 대손충당금
③ 매출채권　　　　　　④ 대손충당금환입

9. 대손의 사유가 될 수 없는 것은?

① 거래처의 폐업　　　② 채무자의 사망
③ 거래처의 파산　　　④ 거래처의 이전

10. 다음 자료에 의하여 당기 말의 대손충당금 차감 전 매출채권을 계산하면 얼마인가?

- 전기이월 대손충당금 계정 잔액 ₩80,000
- 전기이월 대손충당금 잔액 중 당기 상각액 ₩60,000
- 당기 결산 시 계상한 대손상각비 ₩100,000
- 대손충당금 차감 후 매출채권 잔액 ₩640,000

① ₩760,000　　　　　② ₩800,000
③ ₩840,000　　　　　④ ₩880,000

11. 다음 거래 중 12월 25일의 분개로 올바른 것은? ★

> • 10/15 외상매출금 ₩50,000이 회수불능 되어 대손처리하다. 단, 대손충당금 잔액은 ₩40,000이 있다.
> • 12/25 위의 회수불능 되었던 금액을 현금으로 회수하다.

① (차) 현　　　금　50,000　(대) { 대손충당금　40,000
　　　　　　　　　　　　　　　　　대손상각비　10,000

② (차) 외 상 매 출 금　50,000　(대) { 대손충당금　40,000
　　　　　　　　　　　　　　　　　대손상각비　10,000

③ (차) 현　　　금　50,000　(대) 외 상 매 출 금　50,000
④ (차) 현　　　금　40,000　(대) 대 손 충 당 금　40,000

12. 다음 거래에 대한 회계처리로 올바른 것은? ★

> 거래처의 파산으로 인하여 전기에 대손처리 하였던 매출채권 ₩50,000을 동점발행 당좌수표로 회수하였다.

① (차) 대손상각비　50,000　(대) 대손충당금　50,000
② (차) 대손충당금　50,000　(대) 당 좌 예 금　50,000
③ (차) 당 좌 예 금　50,000　(대) 대손충당금　50,000
④ (차) 현　　　금　50,000　(대) 대손충당금　50,000

13. 다음은 수도상사의 결산 전 대손충당금 계정이다. 손익 계정에 표시될 대손상각비로 옳은 것은? 단, 매출채권 잔액 (₩3,500,000)에 대하여 2%의 대손 충당금을 설정한다.) ★★★

대 손 충 당 금

매 출 채 권	8,000	전 기 이 월	69,000

① ₩ 8,000　　②₩ 9,000
③ ₩69,000　　④₩70,000

12 유형자산과 무형자산

1 유형자산(tangible assets)

유형자산은 판매를 목적으로 하지 않고, 장기간에 걸쳐 영업활동에 사용되며, 상당금액 이상의 가치(거래 단위당 100만원 이상)를 가진 토지, 건물, 비품 등 구체적인 형태를 갖춘 자산을 말한다.

(1) 유형자산(tangible assets)의 취득과 처분

No.	구 분	차 변	대 변
①	취 득 시	건 물 1,000	현 금 1,000
②	처 분 시 (취득원가 < 처분금액)	현 금 1,200	건 물 1,000 유형자산처분이익 200
③	처 분 시 (취득원가 > 처분금액)	현 금 850 유형자산처분손실 150	건 물 1,000

(2) 자본적 지출과 수익적 지출(취득 후 후속지출)

No.	구 분	차 변	대 변
(1)	자 본 적 지 출	건 물(등) ×××	현 금 ×××
(2)	수 익 적 지 출	수 선 비 ×××	현 금 ×××

(3) 건설중인 자산(construction in progress)

No.	구 분	차 변	대 변
(1)	공사착수금·중도금을 지급한 경우	건설중인자산 ×××	현 금 ×××
(2)	완성한 경우	건 물 ×××	건설중인자산 ×××

▶ 건물, 토지 등을 취득하기 위하여 지급된 계약금은 선급금 계정이 아닌 건설중인자산으로 처리한다. 그 이유는? 재고자산 매입 시 계약금은 유동자산에 속하는 선급금으로 처리하고, 건물, 토지 취득 시 계약금은 비유동자산(건설중인 자산)으로 처리해야 하는 것이다.

2 유형자산의 감가상각(depreciation)

(1) 감가상각의 개념

토지를 제외한 건물, 비품, 차량운반구 등의 유형자산은 사용하거나 시일의 경과에 따라 그 가치가 점차적으로 감소되는데, 이와 같은 가치의 감소액을 감가라 하고, 이를 해당 유형자산에서 감소시키는 절차를 감가상각이라 하며, 회계 기간 말에 이를 비용으로 계상한 것을 감가상각비라 한다.

- **유형자산의 취득** : 유형자산의 취득 가격에 중개인 수수료, 취득세, 등록세, 등기 비용, 토지 정지비, 운반비, 설치비, 사용전 수리비, 시운전비 등을 가산하여 해당 유형자산 계정 차변에 기입한다.

- **유형자산의 처분** : 해당 유형자산 대변에 장부금액으로 기입하고, 처분금액과 장부금액의 차액은 유형자산처분손익 계정으로 처리한다.

- **자본적지출** : 유형자산의 가치 증대, 내용 연수의 연장, 용도 변경, 증축, 개량 등에 지출된 것으로 유형자산의 원가에 가산한다.

- **수익적지출** : 유형자산의 원상 회복, 능률 유지를 위한 지출로서 당기의 비용(수선비 계정)으로 처리한다.

▶ 지출에 대한 판단 오류
① 자본적지출을 수익적지출로 잘못 처리한 경우 → 자산 과소, 이익 과소
② 수익적지출을 자본적지출로 잘못 처리한 경우 → 자산 과대, 이익 과대

- **모든 유형자산이 감가상각이 되는 건가요?** … 건물, 비품 등의 유형자산은 사용하거나 시일의 경과로 감가상각이 되지만, 토지와 건설중인 자산 또는 골동품, 고서화, 동식물 등은 감가상각에서 제외된다.

(2) 감가상각의 목적

① 유형자산의 경제적 효익이 발생하는 기간(추정 내용연수)에 체계적이고, 합리적으로 원가를 배분하는 것. 즉, 수익·비용대응의 원칙에 따라 유형자산을 수익 창출 활동에 사용하여 수익을 얻는 기간에 유형자산의 사용액을 비용으로 인식하자는 것.

② 유형자산에 투하된 자금을 감가상각을 통하여 유보 자금을 확보하여 새로운 자산을 취득하는 것. (비유동자산의 유동화)

(3) 감가상각의 3요소

① **취득원가** : 유형자산의 실제 취득금액 + 부대비용(중개인 수수료 등)
② **내용연수** : 유형자산의 수명이 다할 때까지 추정되는 사용연수를 말한다.
③ **잔존가치** : 내용연수가 경과한 후의 추정되는 최종 장부가격을 말한다.

(4) 감가상각비의 계산 방법

① **정액법** : 직선법이라고도 하며, 매 회계 기간 말 감가상각비를 균등하게 계산하는 방법

$$감가상각비 = \frac{취득원가 - 잔존가치}{내용연수}$$

② **정률법** : 체감잔액법이라고도 하며, 매 회계 기간 말의 미상각잔액에 일정한 상각률(정률)을 곱하는 방법으로, 매기 감가상각비가 점차로 줄어든다.

$$감가상각비 = 미상각잔액 \times 정률(상각률)$$

$$정률 = 1 - \sqrt[n]{\frac{잔존가치}{취득원가}} \quad (n = 내용연수)$$

(5) 감가상각비의 장부기록(기장) 방법

No.	구 분	차 변	대 변
①	직 접 법	감가상각비 ×××	건 물(등) ×××
②	간 접 법	감가상각비 ×××	감가상각누계액 ×××

▶ 법인세법 시행령에 규정되어 있는 잔존가치
  ① 정액법 대상 자산(건축물)은 잔존가치를 ₩0으로 한다.
  ② 정률법 대상 자산의 잔존가치는 취득원가의 5%로 한다.

▶ 유형자산의 잔존가치를 추정하는 경우 법인세법을 따랐다는 것만으로는 객관적이고, 합리적인 근거가 될 수 없으며, 회사는 당해 자산의 성격과 업종 등을 고려하여 객관적이고, 합리적으로 정해야 한다. (즉, 잔존가치는 문제에서 임의적으로 제시될 수 있다.)

1. 감가상각비 그래프

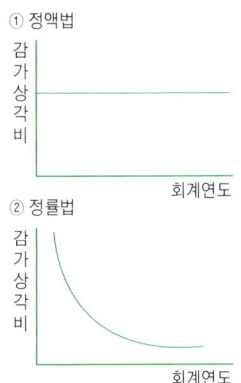

2. 감가상각누계액 그래프

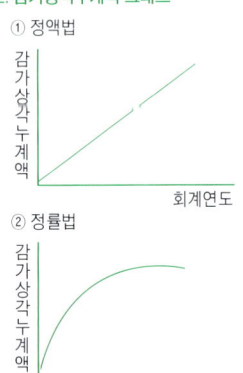

▶ 감가상각누계액계정은 유형자산에 대한 차감적 평가 계정으로서 K-IFRS에서 재무상태표에 해당 유형자산에서 직접 차감하고 감가상각누계액의 내역은 주석(별지)으로 기재하도록 하였다. 실기시험에서는 차감형식으로 출제되고 있다.

(6) 감가상각누계액의 재무상태표 표시 방법

재무상태표		
자 산	금 액	
건 물	60,000	
감가상각누계액	4,000	56,000

재무상태표	
자 산	금 액
건 물	56,000

③ 무형자산(intangible assets)

무형자산은 물리적 형체가 없는 식별가능한 비화폐성자산으로, 과거 사건의 결과로서 기업의 통제 하에 있으며, 미래 경제적 효익의 유입이 기대되는 자원으로 영업권, 산업재산권, 개발비 등이 있다.

- 무형자산의 인식 요건
  ① 식별가능
  ② 기업이 통제
  ③ 미래 경제적 효익

(1) 영 업 권(good-will) … 기업매수웃돈

사업상의 유리한 조건 등으로 다른 기업에 비하여 높은 수익을 얻고 있는 기업을 인수, 합병할 때 인수한 순자산액(총자산 - 총부채)을 초과하여 지급하는 경우, 그 초과액을 영업권 계정 차변에 기입한다.

구 분	차 변	대 변
다른 회사를 흡수 합병 하는 경우	제 자 산 5,000 영 업 권 300	제 부 채 3,000 당좌예금(자본금) 2,300

(2) 산업재산권

일정 기간 독점적·배타적으로 이용할 수 있는 권리로서 특허권·실용신안권·디자인권 및 상표권 등이 있다.

특 허 권	새로운 발명품에 대하여 일정 기간 독점적으로 이용할 수 있는 권리
실용신안권	물품의 구조, 형상 등을 경제적으로 개선하여 생활외 편익을 줄 수 있도록 신규의 공업적 고안을 하여 얻은 권리
디자인권	특정 디자인(의장)이나 로고 등을 일정 기간 동안 독점적으로 사용하는 권리
상 표 권	특정 상표를 등록하여 일정 기간 독점적으로 이용하는 권리

(3) 개 발 비 … 제품개발원가

특정 신제품 또는 신기술의 개발과 관련하여 발생한 비용(소프트웨어 개발과 관련된 비용을 포함한다)으로서 개별적으로 식별가능하고, 미래의 경제적 효익을 확실하게 기대할 수 있는 것을 개발비 계정으로 처리한다.

(4) 광업권, 어업권, 차지권

① 광업권은 일정한 광구에서 등록을 한 광물과 동 광상 중에 부존하는 다른 광물을 채굴하여 취득할 수 있는 권리를 말한다.

② 어업권은 일정한 수면에서 어업을 경영할 수 있는 권리를 말한다.

③ 차지권은 임차료 또는 지대를 지급하고, 타인이 소유하는 토지를 사용, 수익할 수 있는 권리를 말한다.

(5) 기타의 무형자산

① **라이선스**(license) : 다른 기업의 상표 또는 특허 제품 등을 사용할 수 있는 권리를 말한다.

② **프랜차이즈**(franchise) : 특정 체인 사업에 가맹점을 얻어 일정한 지역에서 특정 상표나 제품을 제조, 판매할 수 있는 권리를 말한다.

③ **저작권** : 저작자가 자기 저작물을 복제, 번역, 방송, 상연 등을 독점적으로 이용할 수 있는 권리를 말한다.

④ **컴퓨터소프트웨어** : 소프트웨어란 컴퓨터와 관련된 운용프로그램을 말하는 것으로 상용 소프트웨어의 구입을 위하여 지출한 금액을 말한다. 단, 소프트웨어 개발비용은 개발비에 속한다.

⑤ **임차권리금** : 도시나 건물을 빌릴 때 그 이용권을 가지는 대가로 보증금 이외로 추가 지급하는 금액을 말한다.

기본연습문제

1. 다음 거래를 처리할 계정과목을 (   )안에 기입하시오.

(1) 영업용 건물의 취득세, 등록세 (   )   (5) 영업용 비품 구입 시 반입운임 (   )

(2) 토지의 정지비 (   )   (6) 기계장치의 시운전 비용 (   )

(3) 영업용 건물의 화재보험료 (   )   (7) 건물 신축 시 공사대금 (   )

(4) 미사용중인 차량운반구 수리비 (   )   (8) 사용 중 차량의 유류대금 (   )

2. 다음 (   )안에 알맞은 용어를 써 넣으시오.

(1) 유형자산이 시일의 경과 또는 사용에 의하여 가치가 감소되는 것을 (   )라 하며, 회계 기간 말 이를 비용으로 계상한 것을 (   )라 한다.

(2) 감가상각 계산방법에는 (   ), (   ), 비례법이 있다.

(3) 감가상각 기장방법에는 직접법과 (   )이 있다.

(4) 감가상각누계액은 유형자산에 대한 차감적 (   )계정이다.

3. 다음 거래를 분개하시오.

(1) 영업용 토지 ₩2,000,000을 구입하고, 대금은 수표를 발행하여 지급하다. 그리고, 중개인수수료 ₩40,000, 등기료 및 정지비용 ₩30,000은 현금으로 지급하다.

(2) 영업용 건물을 구입하고, 그 대금 ₩5,000,000을 수표 발행하여 지급하다. 단, 중개인수수료 ₩50,000과 취득세 및 소유권이전 등기료 ₩200,000을 현금으로 지급하다.

(3) 영업용 트럭 1대 ₩8,000,000을 구입하고, 대금은 수표를 발행하여 지급하다. 취득세 및 등록세 ₩700,000을 현금으로 지급하다.

No.	차 변 과 목	금 액	대 변 과 목	금 액
(1)				
(2)				
(3)				

(4) 영업용 건물을 수선하고, 수선비 ₩500,000을 수표를 발행하여 지급하다. 단, 수선비 중 80%는 자본적지출이고, 나머지는 수익적지출이다.

(5) 현대건설과 본사 사옥의 신축공사계약을 맺고, 공사도급대금 ₩1,000,000 중 착수금조로 ₩200,000을 현금으로 지급하다.

(6) 위의 건물이 완공되어 인수하고 공사비 잔액을 현금으로 지급하다.

No.	차 변 과 목	금 액	대 변 과 목	금 액
(4)				
(5)				
(6)				

4. 취득원가 ₩1,000,000의 건물을 내용연수 10년, 정액법인 경우 잔존가치는 취득원가의 10%로, 정률법은 취득원가에 5%로 하며, 연 10%의 정률로써 감가상각을 행한다고 할 때, 다음의 빈 칸에 알맞은 금액을 기입하시오. (결산은 연 1회)

상각 방법	매 기 의 감 가 상 각 액		
	제 1 기	제 2 기	제 3 기
정 액 법	(1)	(2)	(3)
정 률 법	(4)	(5)	(6)

5. 다음 감가상각에 관한 거래를 직접법과 간접법으로 분개하시오.

(1) 취득원가 ₩4,000,000의 건물에 대하여 제1기 회계 기간 말 정액법으로 감가상각을 하다. 단, 내용연수는 80년, 잔존가치는 ₩0, 결산은 연 2회이다.

(2) 회계 기간 말 비품 취득원가 ₩3,000,000에 대하여 정액법으로 감가상각을 하다. 단, 잔존가치는 취득원가의 10%, 내용연수 15년, 결산은 연 1회이다.

No.	직 접 법		간 접 법	
	차 변	대 변	차 변	대 변
(1)				
(2)				

6. 다음 유형자산에 관한 일련의 거래를 분개하고, 아래 계정에 기입 마감하시오. 단, 결산(회계 기간 말)은 6월 말과 12월 말이다.

제1기 1월 1일   영업용 건물 ₩950,000을 구입하고, 취득세 및 등기비용 ₩50,000을 함께 수표를 발행하여 지급하다.

       6월 30일 회계 기간 말 건물에 대하여 감가상각비를 계상하다. 내용연수 20년, 잔존가치는 ₩0이다.

제2기 12월 31일 회계 기간 말 건물에 대하여 감가상각비를 계상하다.

제3기 1월 1일   위의 건물을 ₩850,000에 처분하고, 대금은 현금으로 받다.

월일	차변과목	금액	대변과목	금액
1/1				
6/30	감가상각비		건물감가상각누계액	
	손 익		감 가 상 각 비	
12/31	감가상각비		건물감가상각누계액	
	손 익		감 가 상 각 비	
1/1				

건 물		건물감가상각누계액	

감 가 상 각 비		유형자산처분손실	

7. 다음 거래를 분개하시오.

(1) 영업용 건물을 ₩250,000에 매각하고, 대금은 월말에 받기로 하다. 단, 건물 취득원가 ₩1,500,000 동 감가상각누계액 ₩1,200,000, 간접법으로 처리한다.

No.	차변과목	금액	대변과목	금액
(1)				

(2) 취득원가 ₩1,540,000의 건물을 ₩600,000에 매각하고, 대금 중 ₩380,000은 동점발행 수표로 받고, 잔액은 월말에 받기로 하다. 동 건물 감가상각누계액 ₩985,000이 설정되어 있다.

(3) 취득원가 ₩420,000, 감가상각누계액 ₩184,000의 사용중이던 비품을 ₩225,000에 매각하고, 대금은 현금으로 받다.

(4) 불용비품 ₩80,000을 매각처분하고, 대금은 현금으로 받다. (단, 이 비품의 장부잔액은 없다.)

(5) 사용해 오던 영업용 자동차 ₩8,000,000(감가상각누계액 ₩5,000,000)을 ₩2,000,000으로 평가하여 새로운 자동차와 교환하다. 새로운 자동차의 구입가격은 ₩7,000,000이며, 차액은 수표발행 지급하다.

(6) 영업용 건물을 ₩6,000,000(장부금액 ₩5,000,000)에 처분하고, 대금은 수표로 받아 즉시 당좌에 금하다. 그리고 중개수수료 ₩150,000은 현금으로 지급하다.

(7) 공장부지내 교량을 설치하고 설치비용 ₩2,000,000을 수표를 발행하여 지급하다.

(8) 점포의 새봄맞이 단장을 위하여 페인트칠을 하고, 그 비용 ₩250,000을 현금으로 지급하다.

(9) 영업용 비품 구입 시 지급한 반입운반비 ₩50,000을 현금으로 지급한 것이 운반비 계정 차변에 기장되었음을 발견하다.

(10) 영업용 책상, 의자 등을 ₩300,000에 구입하고, 대금은 외상으로 하다. 그리고, 반입비용 ₩20,000을 현금으로 지급하다.

(11) 위의 신축 중인 건물이 완공되어 인수하고, 공사비 잔액 ₩4,000을 수표를 발행하여 지급하다. 단, 지금까지 건물 신축을 위해 지급한 공사비는 ₩1,000이다.

No.	차 변 과 목	금 액	대 변 과 목	금 액
(2)				
(3)				
(4)				
(5)				
(6)				

No.	차 변 과 목	금 액	대 변 과 목	금 액
(7)				
(8)				
(9)				
(10)				
(11)				

8. 다음 보기에서 아래의 설명에 해당하는 무형자산의 기호를 골라 (　) 안에 표기하시오.

보기
a. 무형자산　　b. 산업재산권　　c. 개발비　　　　d. 라이선스
e. 특허권　　　f. 광업권　　　　g. 프랜차이즈　　h. 저작권
i. 임차권리금　j. 실용신안권　　k. 컴퓨터소프트웨어　l. 영업권

(1) 제품개발원가라고도 하며, 특정 신제품 또는 신기술개발을 위하여 발생한 비용 …… (　)
(2) 일정한 광구에서 광물을 채굴하여 취득할 수 있는 권리 ………………………… (　)
(3) 기업을 인수 결합할 때 인수한 순자산액을 초과하여 지급하는 경우 그 초과액 …… (　)
(4) 일정기간 독점적·배타적으로 이용할 수 있는 권리로서 특허권, 실용신안권, 의장권 및 상표권 ……………………………………………………………………………… (　)
(5) 다른 기업의 상표 또는 특허 제품 등을 사용할 수 있는 권리 ………………… (　)
(6) 새로운 발명품에 대하여 일정기간 독점적으로 이용할 수 있는 권리 ………… (　)
(7) 특정 체인사업에 가맹점을 얻어 일정한 지역에서 특정 상품을 판매하는 권리 …… (　)
(8) 건물 임차 시 보증금 이외로 추가로 지급하는 권리금 ………………………… (　)
(9) 영업용 컴퓨터에 필요한 MS-Office 등의 구입을 위해 지출한 것 …………… (　)
(10) 저작자가 자기의 저작물을 독점적으로 이용할 수 있는 권리 ………………… (　)

적중예상문제

1. 유형자산에 대한 설명으로 옳지 않은 것은? ★

   ① 유형자산은 정상적인 영업활동과정에서 장기간 사용하기 위하여 취득한 자산이다.
   ② 유형자산의 종류는 토지, 건물, 구축물, 기계장치, 선박, 차량운반구 등이 있다.
   ③ 유형자산은 판매 목적으로 구입한 자산이다.
   ④ 유형자산을 취득할 때 소요된 제비용은 유형자산 취득원가에 가산한다.

2. 유형자산에 속하지 않는 것은? ★★

   ① 비품　　　　　　　　　　② 소모품
   ③ 차량운반구　　　　　　　④ 구축물

3. 건물의 취득원가에 산입할 수 없는 것은?

   ① 건물의 등기료　　　　　　② 건물 구입 시의 중개수수료
   ③ 건물 구입 시 취득세　　　④ 사용 중인 건물의 수리비

4. 다음은 서울상사의 업무용 주차장으로 사용할 목적으로 구입한 토지의 지출내역이다. 토지의 취득원가를 계산한 금액으로 옳은 것은? ★★

가. 토지구입대금 ₩15,000,000	나. 토지정지비용 ₩1,000,000
다. 취　득　세　　500,000	라. 매입수수료　　300,000
마. 재　산　세　　200,000	

   ① ₩15,700,000　　　　　　② ₩16,000,000
   ③ ₩16,800,000　　　　　　④ ₩17,000,000

5. 다음 자료에 의하여 기계장치의 취득원가를 계산하면 얼마인가? ★★★

   | • 구입대금　₩500,000 | • 설치비　　₩20,000 |
   | • 시운전비　₩10,000 | • 사용전수리비　₩15,000 |

   ① ₩500,000　　　　　　　② ₩520,000
   ③ ₩530,000　　　　　　　④ ₩545,000

6. 업무용 건물의 리모델링과 관련한 다음 지출 중 자본적 지출로 회계처리 할 수 없는 것은? ★

① 깨어진 유리창을 교체하였다.
② 건물에 냉·난방 장치를 교체하였다.
③ 창고로 사용하던 건물을 사무실로 개조하였다.
④ 1층으로 사용하던 건물을 2층으로 증축하였다.

7. (주)한국은 20×1년 한 해 동안 영업사업부 건물의 일상적인 수선 및 유지를 위해 ₩5,300을 지출하였다. 이 중 ₩3,000은 도색비용이고 ₩2,300은 소모품 교체 비용이다. 또한, 해당 건물의 승강기 설치에 ₩6,400을 지출하였으며 새로운 비품을 ₩9,300에 구입하였다. 위의 거래 중 20×1년 12월 31일 재무상태표에 자산으로 기록할 수 있는 지출의 총액은?

① ₩11,700 ② ₩15,700
③ ₩18,000 ④ ₩21,000

8. 다음 거래를 회계 처리 시 나타나는 계정과목과 금액으로 옳지 않은 것은? ★★

> 신축 중인 건물이 완공되어 인수하고 공사비 잔액 ₩5,000을 수표를 발행하여 지급하다. 단, 지금까지 건물 신축을 위해 지급된 공사비는 ₩1,000이다.

① 건물 ₩6,000 ② 건설중인자산 ₩1,000
③ 당좌예금 ₩5,000 ④ 건설중인자산 ₩4,000

9. 영업 목적 달성을 위해 장기간 사용되는 다음의 자산 중 감가상각을 필요로 하지 않는 것은? ★★★

① 토지 ② 건물
③ 기계장치 ④ 비품

10. 대한상사는 회사 업무용으로 사용하는 차량운반구를 개조하였고 개조에 따른 비용은 현금으로 지급하였다. 이에 대한 설명으로 옳은 것은? 단, 개조에 따른 비용은 유형자산의 인식기준을 충족한다. ★

① 수익적 지출로 처리 ② 수선비 계정으로 처리
③ 차량운반구 계정으로 처리 ④ 차량유지비 계정으로 처리

11. 무형자산으로 인식하기 위한 충족 조건과 관계가 없는 것은?

① 화폐성 자산　　② 식별 가능성
③ 미래 경제적 효익　　④ 통제

12. 무형자산에 속하지 않는 것은? ★★

① 컴퓨터소프트웨어　　② 산업재산권
③ 개발비　　④ 임차보증금

13. 20×1년 1월 1일에 취득한 건물의 20×4년 12월 31일 회계 기간 말 감가상각비 계산액은 얼마인가? (취득원가 ₩4,000,000, 내용연수 10년, 잔존가치 ₩0, 회계기간은 매년 1월 1일부터 12월 31일까지)

① ₩1,200,000　　② ₩1,440,000
③ ₩1,600,000　　④ ₩   400,000

14. 제3기 회계 기간 말 (결산 연1회) 취득원가 ₩4,000,000의 건물에 대한 감가상각누계액 계정의 합계액은 얼마인가? (동 건물은 창업초기에 취득하여 사용 중이며, 내용연수 20년, 잔존가치 ₩0, 정액법)

① ₩600,000　　② ₩1,200,000
③ ₩300,000　　④ ₩   540,000

15. 20×1년도 초에 원가 ₩100,000인 비품을 구입하여 정률법에 의해 상각하여 왔다. 20×2년도 말 재무상태표상에 계상될 비품의 감가상각누계액은 얼마인가? (단, 정률은 20%, 연 1회 결산, 기장은 간접법에 의한다.) ★★

① ₩100,000　　② ₩80,000
③ ₩   64,000　　④ ₩36,000

16. 유형자산에 대한 후속적 지출에 대한 설명 중 틀린 것은?

① 수익적지출은 유형자산의 능률유지를 위한 지출이다.
② 자본적지출은 유형자산의 가치를 실질적으로 증가시키는 지출이다.
③ 자본적지출은 유형자산의 내용연수를 연장시키는 지출이다.
④ 수익적지출은 유형자산의 가치를 증가시키는 지출이다.

17. 수익적지출에 해당하는 것은?

① 건물의 승강기 설치   ② 건물의 증축
③ 자동차 타이어의 교체   ④ 냉·난방장치의 설치

18. 본사 건물의 수선비 ₩200,000을 수표 발행하여 지급하다. 단, ₩150,000은 자본적지출이고, ₩50,000은 수익적지출로 처리하였다. 차변에 나타나는 계정과목과 금액이 옳은 것은? ★

① 건물 ₩150,000과 수선비 ₩50,000
② 수선비 ₩150,000과 건물 ₩50,000
③ 건물 ₩200,000
④ 당좌예금 ₩200,000

19. 자본적 지출(자산의 원가에 포함되는 지출)을 수익적 지출(자산의 원가에 포함되지 않는 지출)로 처리하였을 때 재무제표에 미치는 영향으로 옳은 것은? ★

① 이익의 과소계상   ② 비용의 과소계상
③ 자산의 과대계상   ④ 수익의 과대계상

20. 회사 소유 업무용 차량의 엔진오일을 교체하고 아래와 같이 분개한 경우 나타나는 결과 중 옳은 것은?

(차) 차량운반구 50,000원   (대) 현   금 50,000원

① 자산의 과소 계상   ② 비용의 과소 계상
③ 순이익의 과소 계상   ④ 부채의 과대 계상

21. 다음 계정기입에 대한 설명으로 올바른 것은?

```
                    건         물
1/1 전 기 이 월  5,000,000 | 12/31 차 기 이 월  5,000,000

              건물감가상각누계액
12/31 차 기 이 월  1,000,000 | 1/1 전 기 이 월    500,000
                            | 12/31 감가상각비   500,000
                  1,000,000                    1,000,000
```

① 건물의 취득원가는 ₩4,000,000이다.
② 당기분 감가상각비 계상액은 ₩500,000이다.
③ 결산일 현재 건물의 미상각잔액은 ₩5,000,000이다.
④ 건물의 감가상각비를 정액법으로 계산하는 경우 차기의 감가상각비는 ₩1,000,000이다.

22. 20×3년도 초의 회계처리 결과가 20×3년도 순이익에 미치는 영향으로 옳은 것은? ★

> 20×1년도 1월 1일에 사무용 컴퓨터 1대를 ₩500,000에 구입하여 20×3년도 1월 1일에 ₩350,000에 처분하고 대금은 1개월 후에 받기로 하다.(단, 감가상각은 정액법, 내용연수는 5년, 잔존가치는 취득원가의 10%이다.)

① ₩30,000(감소)　　② ₩30,000(증가)
③ ₩50,000(증가)　　④ ₩60,000(감소)

23. 다음 거래의 분개로 옳은 것은? ★★★

> 취득원가 ₩800,000(감가상각누계액 ₩500,000)의 사무용 컴퓨터를 ₩350,000에 처분하고 대금은 월말에 받기로 하다.

① (차) 비품감가상각누계액 500,000　(대) 비   품   800,000
       미   수   금   350,000   유형자산처분이익 50,000

② (차) 비품감가상각누계액 500,000　(대) 비   품   800,000
       외 상 매 출 금   350,000   유형자산처분이익 50,000

③ (차) 미   수   금   350,000　(대) 비   품   800,000
       유형자산처분손실   450,000

④ (차) 외 상 매 출 금   350,000　(대) 비   품   800,000
       유형자산처분손실   450,000

24. 다음은 (주)대한의 비유동자산 취득 관련 거래이다. (주)대한이 취득한 자산의 특징으로 옳지 않은 것은? 단, 자산의 인식기준을 충족한 것으로 본다. ★

> 4월 5일 (주)대한은 신제품 개발을 위하여 ₩50,000,000을 보통예금계좌에서 이체하여 지급하다.

① 물리적 형체가 없다.
② 식별 가능한 화폐성 자산이다.
③ 자산의 취득원가를 신뢰성 있게 측정할 수 있다.
④ 기업에 미래 경제적 효익이 유입될 가능성이 높다.

25. 정액법에 의하여 내용연수 경과에 따른 감가상각비의 변화를 나타낸 그래프로 옳은 것은? ★

① 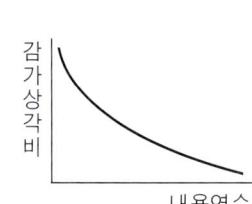   ②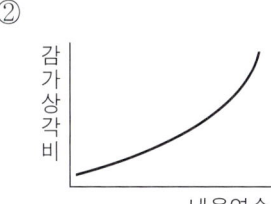

③ 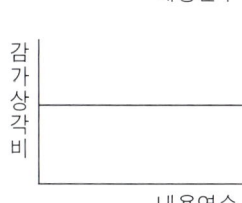   ④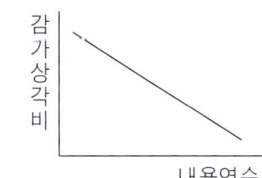

26. 20×1년 1월 1일 기계장치(내용연수 5년, 잔존가치 ₩2,000, 정액법 상각)를 ₩22,000에 취득하였으며, 정상적으로 감가상각을 해 왔다. 20×6년 1월 1일 기계장치를 ₩5,000에 처분하였다면 처분손익은? ★

① ₩3,000 이익   ② ₩3,000 손실
③ ₩5,000 이익   ④ ₩5,000 손실

13 개인기업의 자본

1 자본금 계정 (capital account)

개인기업에서 자본금 계정은 기업주의 회사 설립 시의 원시출자액, 기간 중의 추가출자액 및 인출액, 결산 시 당기순손익을 처리하는 계정으로, 잔액은 항상 대변에 생겨 자본금의 현재액을 표시한다.

(1) 현금 ₩2,000,000, 건물 ₩3,000,000을 출자하여 영업을 시작하다.
(2) 기업주가 사업확장을 위하여 현금 ₩1,000,000을 추가 출자하다.
(3) 제 1기 결산 결과 당기순이익 ₩350,000이 계상되다.
(4) 제 2기 결산 결과 당기순손실 ₩200,000이 계상되다.

(1)	(차)	현 금	2,000,000		(대)	자 본 금	5,000,000	
		건 물	3,000,000					
(2)	(차)	현 금	1,000,000		(대)	자 본 금	1,000,000	
(3)	(차)	손 익	350,000		(대)	자 본 금	350,000	
(4)	(차)	자 본 금	200,000		(대)	손 익	200,000	

Note

자 본 금
인 출 액	기 초 자 본 금
당 기 순 손 실	추 가 출 자 액
기 말 자 본 금	당 기 순 이 익

2 인출금 계정 (drawing account)

기업주의 자본금 인출이 빈번할 경우 이를 고정적 성격인 자본금 계정 차변에 기입하면 복잡하고, 기초자본금을 알 수 없다. 그러므로 별도 계정인 인출금 계정 차변에 기입하였다가 회계 기간 말에 일괄하여 자본금계정에 대체하면 편리하다.

(1) 기업주가 개인적인 용도로 현금 ₩200,000을 인출하다.
(2) 기업주가 원가 ₩80,000, 판매가격 ₩120,000의 상품을 가사용으로 사용하다.
(3) 결산 시 인출금 계정 잔액 ₩280,000을 자본금 계정에 대체하다.

(1)	(차)	인 출 금	200,000	(대)	현 금	200,000
(2)	(차)	인 출 금	80,000	(대)	매 입	80,000
(3)	(차)	자 본 금	280,000	(대)	인 출 금	280,000

• 인출금 계정은 자본금 계정에 대한 차감적 평가 계정이다.

3 개인기업의 세금

(1) 소득세의 기장

① 사업소득세 : 개인기업의 사업소득은 곧 기업주의 개인소득이므로 사업소득에 대한 소득세를 납부하면 기업의 비용으로 하지 않고, 기업주 개인의 인출로 보아 인출금 계정으로 처리한다.

② 근로소득세 : 종업원의 급여 지급 시 원천징수한 근로소득세는 소득세예수금 계정으로 처리하였다가 관할 세무서에 납부 시 차변에 기입한다.

 예제3

(1) 서울상사는 종합소득세 확정신고를 마치고, 관할 세무서에 종합소득세 ₩120,000을 현금으로 납부하다.

(2) 종업원의 이달분 급여 ₩500,000 중 근로소득세 ₩24,000을 원천징수하고, 잔액은 현금으로 지급하다.

(3) 원천징수한 근로소득세를 세무서에 현금으로 납부하다.

(1) (차) 인 출 금   120,000   (대) 현   금   120,000
(2) (차) 급   여   500,000   (대) { 소득세예수금 24,000
                                      현   금 476,000
(3) (차) 소득세예수금 24,000   (대) 현   금   24,000

(2) 지방세의 기장

재산세, 종합토지세, 자동차세, 사업소세, 면허세 등의 지방세와 상공회의소회비, 적십자회비, 협회비, 조합비 등의 공과금과 과태료등을 납부하였을 때에는 세금과공과 계정으로 처리한다.

 예제4

(1) 당기분 점포용 건물에 대한 재산세 ₩120,000과 사업주 개인소유 건물에 대한 재산세 ₩80,000을 현금으로 납부하다.

(2) 적십자회비 ₩200,000과 조합비 ₩50,000을 현금으로 납부하다.

(1) (차) { 세금과공과 120,000   (대) 현   금   200,000
           인 출 금   80,000
(2) (차) 세금과공과 250,000   (대) 현   금   250,000

- 유형자산(건물, 토지 등)을 구입 시 취득세, 등록세는 취득원가에 포함한다.

- 경상적으로 매기 지출하는 적십자회비는 '세금과공과'로 처리하고, 적십자협회에 천재지변 등의 이재민돕기 성금으로 별도 기부하는 금액은 '기부금'으로 처리하여야 한다.

기본연습문제

1. 다음 자본금 계정의 ( )안에 알맞은 용어를 써 넣으시오.

자 본 금	
(③)	기 초 자 본 금
당 기 순 손 실	(①)
기 말 자 본 금	(②)

2. 다음 거래를 분개하시오.

(1) 현금 ₩1,500,000, 상품 ₩800,000, 건물 ₩2,500,000을 출자하여 상품매매업을 개업하다.
(2) 기업주가 현금 ₩50,000을 개인 사용하기 위하여 인출해 가다.
(3) 기업주가 판매용 상품 ₩25,000(원가 ₩20,000)을 가사용으로 가져가다.
(4) 회계 기간 말에 인출금 계정 차변 잔액 ₩100,000을 자본금 계정에 대체하다.
(5) 결산 결과 당기순이익 ₩250,000이 계상되어 자본금 계정에 대체하다.
(6) 화재보험료 ₩20,000을 현금으로 지급하다. 그 중 기업주 자택분 ₩8,000이 포함되어 있다.
(7) 기업주 개인의 차입금 ₩200,000을 기업이 대신 상환하기로 하다.
(8) 기업의 차입금 ₩500,000을 기업주가 대신 현금으로 지급하다.
(9) 현금 ₩1,000,000 차입하여 상품매매업을 개시하다.

No.	차 변 과 목	금 액	대 변 과 목	금 액
(1)				
(2)				
(3)				
(4)				
(5)				
(6)				
(7)				
(8)				
(9)				

3. 다음 거래를 분개하시오.

(1) 사업소득세 중간예납신고를 하고, 세액 ₩250,000을 현금으로 납부하다.
(2) 사업소득세 확정신고를 하고, 중간예납액을 차감한 세액 ₩350,000을 현금으로 납부하다.
(3) 재산세 ₩200,000과 자동차세 ₩120,000을 현금으로 납부하다.
(4) 상공회의소 회비 ₩50,000과 조합비 ₩20,000을 현금으로 납부하다.
(5) 종업원 급여 지급 시 원천징수한 근로소득세액 ₩200,000을 세무서에 현금으로 납부하다.
(6) 앞서 구입한 토지에 대한 취득세 및 등록세 ₩500,000을 현금으로 납부하다.

No.	차 변 과 목	금 액	대 변 과 목	금 액
(1)				
(2)				
(3)				
(4)				
(5)				
(6)				

4. 다음 빈칸에 알맞은 금액을 기입하시오. (단, -는 순손실이다.)

구 분	기초자본	인출금	추가출자	기말자본	총수익	총비용	순손익
갑상사	62,000	10,000	—	65,000	(①)	7,000	(②)
을상사	100,000	—	5,000	(③)	120,000	105,000	(④)
병상사	(⑤)	5,000	3,000	450,000	(⑥)	76,000	50,000
정상사	250,000	(⑦)	4,000	200,000	80,000	92,000	(⑧)

5. 다음 분개의 ( )안에 알맞은 계정과목을 기입하시오.

(1) 회계 기간 말 당기순이익 ₩168,000을 자본금 계정에 대체하다.
　　(차) (　　　　　) 168,000　　(대) 자 본 금　168,000

(2) 기업주의 개인종합소득세 ₩8,560을 현금으로 납부하다.
　　(차) (　　　　　) 8,560　　(대) 현　　　금　8,560

(3) 제2기분 자동차세 ₩20,000을 현금으로 지급하다.
　　(차) (　　　　　) 20,000　　(대) 현　　　금　20,000

6. 서울상사의 다음 자료에 의하여 아래 물음에 답하시오.

기초 재무상태

현 금	₩200,000	상 품	₩450,000	건 물	₩1,000,000
외상매출금	1,260,000	외상매입금	(각자 계산)	단기차입금	50,000

기중 자료

매 입 액	₩1,460,000	매 출 액	₩1,820,000	급 여	₩120,000
보 험 료	20,000	광고선전비	18,000	이 자 비 용	24,000
수수료수익	10,000	인 출 금	58,000		

기말 재무상태

현 금	₩320,000	상 품	₩520,000	외상매출금	₩800,000
건 물	1,600,000	외상매입금	640,000	단기차입금	100,000

【물음】

(1) 기초 외상매입금은? ₩ 560,000
(2) 기초 자본은? ₩ 2,300,000
(3) 기말 자본은? ₩ 2,500,000
(4) 당기순손익은? ₩ 258,000

적중예상문제

1. 개인기업의 자본금 계정에 대한 설명으로 틀린 것은?

   ① 자산총액에서 부채총액을 가산한 순자산액을 말한다.
   ② 결산 전 합계잔액시산표의 자본금은 기초자본금이다.
   ③ 기말 재무상태표의 자본금은 기말자본금이다.
   ④ 기업주 인출액은 회계기간 말 인출금 계정에서 자본금 계정 차변에 대체한다.

2. 인출금 계정에 표시되지 않는 거래는?

   ① 기업주 자택의 재산세를 현금으로 납부하다.
   ② 회계 기간 말 인출금 계정 잔액을 자본금 계정에 대체하다.
   ③ 점포의 화재보험료를 현금으로 지급하다.
   ④ 종합소득세를 확정 신고 납부하다.

3. 다음 내용에서 서울할인점의 자본금으로 옳은 것은? ★

   > 김갑돌씨는 다니던 직장에서 받은 퇴직금 ₩5,000,000과 은행대출금 ₩2,000,000을 원천으로 서울할인점을 창업한 후, ₩3,000,000은 현금으로 보유하고 ₩4,000,000은 건물을 취득하는데 사용하였다.

   ① ₩3,000,000 ② ₩4,000,000
   ③ ₩5,000,000 ④ ₩7,000,000

4. 자본의 증가를 가져오는 거래로 옳지 않은 것은? ★★

   ① 단기대여금에 대한 이자 ₩350,000을 현금으로 받다.
   ② 건물의 일부를 빌려주고 사용료 ₩750,000을 현금으로 받다.
   ③ 상품 판매의 중개를 하고 수수료 ₩100,000을 현금으로 받다.
   ④ 소지하고 있던 약속어음이 만기가 되어 어음대금 ₩800,000을 현금으로 받다.

5. 자본의 통상적 개념이 아닌 것은? ★★★

   ① 소유주 지분   ② 채권자 지분
   ③ 주주 지분   ④ 잔여 지분

6. 다음 거래의 분개로 올바른 것은? ★★

<거래 내역> 개인기업인 남대문상사는 기업주의 사업소득세 ₩50,000
을 현금으로 납부하다.

① (차) 세 금 과 공 과   50,000   (대) 현   금   50,000
② (차) 인   출   금   50,000   (대) 현   금   50,000
③ (차) 소득세예수금   50,000   (대) 현   금   50,000
④ (차) 인   출   금   50,000   (대) 자   본   금   50,000

7. 개인기업을 운영하는 기업주의 세금 납부내역을 나타낸 것이다. (가), (나)를 분개할 때 차변 계정과목을 주어진 자료에서 가장 바르게 짝지은 것은? ★

(가) 기업주의 소득세 납부   (나) 기업의 건물재산세 납부

① 세금과공과 – 세금과공과   ② 세금과공과 – 인 출 금
③ 인 출 금 – 인 출 금   ④ 인 출 금 – 세금과공과

8. 다음 결합 관계에 가장 알맞은 거래는?

(차) 자 본 의 감 소   (대) 수 익 의 발 생

① 기업주가 현금을 인출해 가다.
② 기업주가 거래처 외상매출금을 회수하여 개인사용하다.
③ 점포의 임대료를 받아 기업주가 개인 사용하다.
④ 직원의 급여를 기업주가 회사대신 지급하다

9. 김선달씨는 20×1년 1월 1일 현금 ₩1,000,000을 단독으로 출자하여 식당을 운영하기 시작하였다. 20×1년 4월 15일 식당의 외상매입금 ₩400,000을 개인구좌를 이용하여 변제하였다. 또한 20×1년 8월 30일 딸의 등록금을 납부하기 위하여 ₩200,000을 인출하였으며, 20×1년 중 당기순이익은 ₩300,0000이었다. 20×1년 12월말 자본금의 잔액은 얼마인가? ★

① ₩1,700,000   ② ₩1,500,000
③ ₩1,400,000   ④ ₩1,300,000

10. 장부금액 ₩2,000,000의 건물을 ₩3,000,000에 처분한 거래가 미치는 영향을 옳게 나타낸 것은? ★★

① 자산의 증가와 자본의 증가
② 자산의 감소와 부채의 감소
③ 자산의 증가와 부채의 증가
④ 부채의 감소와 자본의 감소

11. 자본의 감소 원인이 되는 거래는? ★

① 외상매출금을 현금으로 회수하다.
② 액면금액이 ₩5,000이고, 장부금액이 ₩6,000인 단기매매증권을 ₩5,500에 처분하다.
③ 원가가 ₩2,000인 상품을 ₩3,500에 판매하다.
④ 건물을 외상으로 취득하다.

12. 개인기업인 서울상사의 당기에 세금 등 납부액은 다음과 같다. 세금과공과 계정에 기입되는 금액으로 옳은 것은? ★★★

가. 업무용 자동차에 대한 과태료	₩ 10,000
나. 사업주 소득세	100,000
다. 업무용 자동차세	50,000
라. 회사 건물에 대한 재산세	200,000

① ₩100,000   ② ₩160,000
③ ₩260,000   ④ ₩360,000

13. 무등상사의 다음 자료에 의하여 당기순손익을 계산하면 얼마인가? ★

기 초 자 산	₩ 92,000	기 초 부 채	₩ 62,000
기 말 자 산	168,000	기 말 부 채	102,000
추가출자액	15,000	인 출 액	20,000

① 순이익 ₩36,000   ② 순이익 ₩41,000
③ 순손실 ₩36,000   ④ 순손실 ₩41,000

14. 영업 활동에 사용하는 자동차에 대한 제2기분 자동차세를 현금으로 납부하였다. 어느 계정에 기입하는가? ★★★

① 차량운반구 ② 인출금
③ 세금과공과 ④ 예수금

15. 거래에 대한 분개 내용 중 틀린 것은?

① 현금 ₩1,000,000을 출자하여 영업을 개시하다.
  (차) 현　　금　1,000,000　　(대) 자본금　1,000,000
② 기업주가 개인용도로 현금 ₩500,000을 인출하다
  (차) 인 출 금　500,000　　(대) 현　　금　500,000
③ 회계 기간 말 당기순이익 ₩200,000을 자본금으로 대체하다.
  (차) 손　　익　200,000　　(대) 자 본 금　200,000
④ 기업주의 종합소득세 ₩100,000을 현금으로 지급하다.
  (차) 소득세비용　100,000　　(대) 현　　금　100,000

16. 다음 자료에 의하여 한국상사의 기말자본금을 계산하면 얼마인가?

기초자본금	₩ 380,000	추가출자액	₩ 50,000
점주인출액	60,000	총 수 익	120,000
총 비 용	85,000		

① ₩400,000　　② ₩405,000
③ ₩395,000　　④ ₩415,000

17. 다음 자료를 이용하여 제2기 기말자본금을 계산하면?

구 분	기초자본금	추가출자액	기업주인출액	당기순이익
제 1 기	100,000원	20,000원	10,000원	5,000원
제 2 기	(　　)	30,000원	20,000원	10,000원

① 105,000원　　② 115,000원
③ 125,000원　　④ 135,000원

14 주식회사의 자본

1 주식회사의 설립

주식회사의 설립은 1인 이상의 발기인이 상법의 규정에 따라 정관을 작성하고, 발행한 주식 대금을 전액 납입받아 법원에 등기함으로써 설립된다.

(1) 수권자본제도(authorized capital system)

회사가 발행할 주식의 총수를 정관에 정해 두고, 설립시 그 중 1/4이상을 발행하여 전액을 납입받아 등기를 하고, 잔여 주식은 회사가 설립 후, 이사회의 결의에 따라 언제든지 발행할 수 있는 제도를 말한다.

(2) 설립 시 최저 납입 자본

회사 설립 시에 필요한 납입 자본금은 발행주식수에 1주의 액면금액을 곱한 금액이며, 1주의 액면금액은 ₩100이상 균일금액이어야 한다.

$$자\ 본\ 금 = 발행주식\ 수 \times 1주의\ 액면금액$$

(3) 회사 설립 시 보통주식 발행하면

(차) 당좌예금   5,000   (대) 보통주자본금   5,000

2 주식회사의 자본 분류

개인기업의 자본금은 일반적으로 순자산액을 나타내지만, 주식회사의 자본금은 법정자본금을 뜻한다. 그러므로 주식회사의 순자산액은 법정자본금보다 더 많을 수가 있다. 이때 순자산액 중 법정자본금을 초과한 부분을 잉여금(surplus)이라 하며, 자본잉여금과 이익잉여금으로 구분한다.

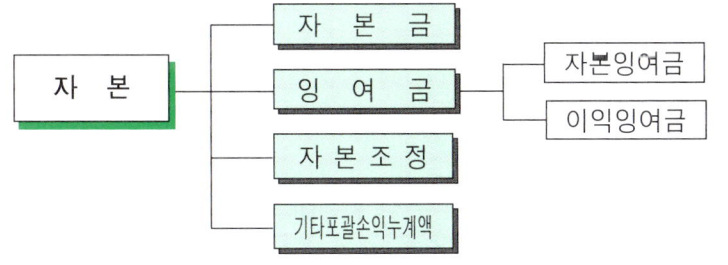

Note

- 2001. 7. 23 상법 개정 발기인 수 제한 없음.

= 주식 분할 발행제도

- 상법의 개정(2012. 4. 15)으로 종전에 설립 시 발행하는 주식 수의 제한(발행 예정 주식 총수의 1/4)은 폐지되었다.

- 단, 설립 시 최저 자본금제도는 폐지되었다.(상법 개정 2012. 4. 15)

- 순이익 = 잉여금
- 순손실 = 결손금
- 주식회사의 자본은 자본금, 자본잉여금, 자본조정, 기타포괄손익누계액, 이익잉여금으로 분류한다.

- 한국채택국제회계기준(K-IFRS)에서의 재무상태표의 자본 표시

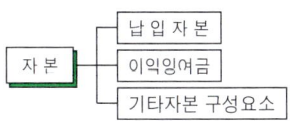

③ 자본잉여금(capital surplus)

주식의 발행, 증자, 감자 등과 같이 회사에 축적된 자본자체의 증감에 관한 자본거래의 결과 발생한 잉여금을 자본잉여금이라 한다.

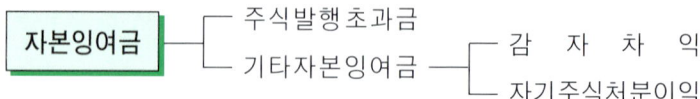

④ 이익잉여금(retained earnings)

이익잉여금이란 기업의 경상적인 영업 활동에 의한 손익거래에서 얻어진 이익을 회사 내에 유보한 것을 말한다.

• 이익준비금(상법개정 2012. 4. 15) : 매 결산기 이익배당액(금전+현물배당)의 1/10 이상을 자본금의 1/2까지 적립한다.

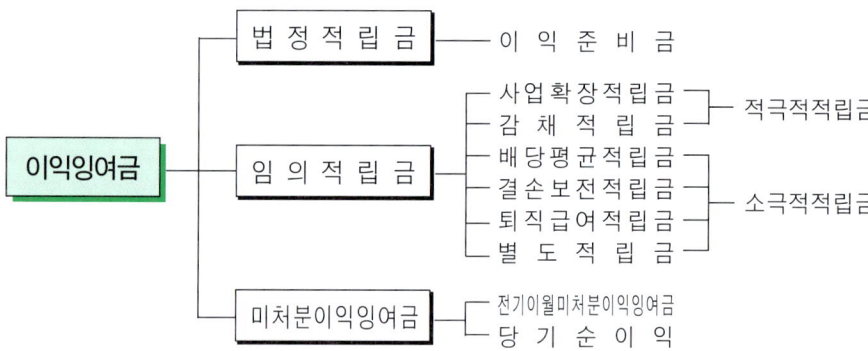

⑤ 자본조정(reguation of capital)

자본거래 등에서 발생하는 것으로 자본금과 자본잉여금에 속하지 아니하는 임시적인 자본의 가감항목으로 자기주식, 주식할인발행차금, 자기주식처분손실, 감자차손 등이 있다.

• 종전의 배당건설이자는 상법의 개정으로 삭제되었다.

⑥ 기타포괄손익누계액

기타포괄손익누계액은 주주와의 자본거래를 제외한 손익거래 중 손익계산서에 포함되지 않은 손익의 잔액(자본의 증감을 의미하는 것)으로서 매도가능증권평가손익, 자산재평가잉여금 등이 있다.

• 포괄손익(또는 포괄이익)은 일정기간 동안 주주와의 자본거래를 제외한 모든 거래나 사건에서 발생한 자본(순재산)의 변동을 말한다.

기본연습문제

1. 다음의 과목 중에서 자본잉여금에는 ○표, 이익잉여금에는 ×표를 하시오.

(1) 감 자 차 익 (　　) (2) 감 채 적 립 금 (　　)
(3) 미처분이익잉여금 (　　) (4) 주식발행초과금 (　　)
(5) 별 도 적 립 금 (　　) (6) 퇴직급여적립금 (　　)
(7) 이 익 준 비 금 (　　) (8) 사업확장적립금 (　　)
(9) 배당평균적립금 (　　) (10) 법 정 적 립 금 (　　)
(11) 결손보전적립금 (　　) (12) 자기주식처분이익 (　　)

2. 다음 보기에서 아래의 설명에 해당하는 과목의 기호를 (　　) 안에 써 넣으시오.

> 보기
> a. 사업확장적립금　　b. 자본잉여금　　c. 이익준비금
> d. 주식발행초과금　　e. 이익잉여금　　f. 감자차익
> g. 감채적립금　　　　h. 기타포괄손익누계액　i. 임의적립금
> j. 주식할인발행차금　k. 사채　　　　　l. 자본조정

(1) 자본금의 1/2에 달할 때까지 매 결산기 이익 배당액의 1/10이상을 적립하는 것 ……… (　　)

(2) 자본거래의 결과 발생하는 잉여금 ……………………………………………… (　　)

(3) 주식발행금액이 액면금액을 초과하는 금액 ………………………………… (　　)

(4) 기업의 경상적인 영업 활동에 의한 손익거래에서 얻어진 이익을 회사 내에 유보한 것 … (　　)

(5) 주식의 매입소각 금액이 감소하는 법정자본금 보다 적을 때 생기는 차액 ……………… (　　)

(6) 주식발행금액이 액면금액 이하인 경우의 차액 ……………………………… (　　)

(7) 장기차입금 등 거액의 비유동부채를 상환하기 위한 목적의 적립금 ……………… (　　)

(8) 주식회사의 납입된 자본금에 가감하는 성질을 가진 것으로 대표적으로 주식할인발행차금 등이 있다. ……………………………………………………………………… (　　)

적중예상문제

1. 주식회사의 설립요건에 관한 설명으로 옳은 것은? ★

   ① 주식회사의 설립 규정은 민법에 규정되어 있다.
   ② 수권주식의 2분의 1이상 발행하면 회사가 설립되는 제도가 수권자본제도이다.
   ③ 회사 설립 시 정관에 기재해야 할 사항은 회사가 발행할 주식 총수, 설립시 발행할 주식의 총수, 1주의 금액, 회사의 명칭 등이 있다.
   ④ 미발행주식은 회사의 설립 후 경영진의 결의에 의해서 추가로 발행할 수 있다.

2. 자본 및 자본금에 대한 설명으로 가장 적절하지 않은 것은? ★

   ① 개인기업의 자본금은 자산 총액에서 부채 총액을 차감한 순자산액을 의미한다.
   ② 주식회사의 자본금은 상법에 의한 법정자본금으로 발행주식의 발행금액으로 표시한다.
   ③ 잉여금이란 순자산액 중 법정자본금을 초과한 부분으로, 자본잉여금과 이익잉여금으로 구분된다.
   ④ 한국채택국제회계기준(K-IFRS)에서 자본은 재무상태표에 납입자본, 이익잉여금, 기타자본구성요소로 분류 표시한다.

3. 액면주식을 발행한 주식회사의 자본금을 계산하는 방법으로 옳은 것은? ★

   ① 주당 액면금액×수권주식 수   ② 주당 발행금액×수권주식 수
   ③ 주당 액면금액×발행주식 수   ④ 주당 발행금액×발행주식 수

4. 다음은 서울(주)의 주식발행과 관련된 거래이다. 이에 대한 설명 중 옳지 않은 것은? ★

   > 1주당 액면 ₩5,000의 보통주 주식 1,000주를 1주당 ₩5,500에 발행하고 대금은 현금으로 납입받다.

   ① 현금 ₩5,500,000이 증가한다.
   ② 자본금 ₩5,500,000이 증가한다.
   ③ 주식발행초과금 ₩500,000이 증가한다.
   ④ 액면금액보다 높은 금액으로 발행하므로 할증발행이다.

5. 자본잉여금에 해당하는 것은? ★
① 이익준비금　　　② 임의적립금
③ 감자차익　　　　④ 미처분이익잉여금

6. 자본잉여금에 속하지 않는 것은?
① 주식발행초과금　② 감자차익
③ 보험차익　　　　④ 자기주식처분이익

7. 자본조정 항목이 아닌 것은? ★★
① 감자차손　　　　② 주식발행초과금
③ 자기주식　　　　④ 주식할인발행차금

8. 이익잉여금에 속하지 않는 것은? ★★★
① 이익준비금　　　② 미처분이익잉여금
③ 주식발행초과금　④ 임의적립금

9. 주식회사의 자본 항목에 해당하지 않는 것은?
① 자본금　　　　　② 자본잉여금
③ 인출금　　　　　④ 이익잉여금

10. 주식회사의 주식 할증 발행에 대한 설명으로 옳은 것은? ★
① 발행금액과 액면금액이 같다.
② 주식 발행 결과 자본 총액이 증가한다.
③ 할증발행의 결과 자본조정이 변동된다.
④ 발행가액과 액면가액의 차액을 주식할인발행차금으로 처리한다.

15 거래와 사용 장부

1 장부(accounting book)의 분할

기업의 업종, 규모, 거래의 성질에 따라 장부의 수와 종류, 명칭, 양식 등이 다르다. 이것을 그 기능에 따라 구별하여 주요부와 보조부로 나눌 수 있다.

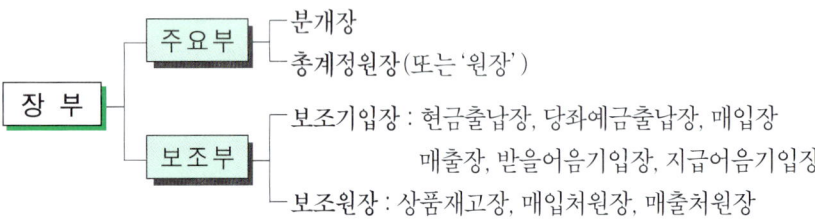

> **Note**
> • 주요부 = 총괄부
> 보조부 = 명세부

2 주요부(main book)

경영 활동에서 발생하는 모든 거래를 기록·계산·정리하는 장부이다.

(1) 분개장(general book)

모든 거래를 발생순서대로 분개하여 기입하는 장부이며, 총계정원장에 전기하는데 기초가 되는 장부이다.

(2) 총계정원장(general ledger)

모든 거래를 분개장으로부터 각 계정과목별로 정리하는 장부로서 일반적으로 원장(ledger book)이라고도 한다.

> • 분개장의 종류
> 병립식과 분할식이 있다.

> • 원장의 종류
> 표준식과 잔액식이 있으나 실무에서는 잔액식을 많이 사용하고 있다.

3 보조부(subsidiary book)

총계정원장의 특정 계정기록을 상세히 설명해 주는 장부로서 주요부 기록의 미비한 점들을 보완 역할을 하는 장부이다.

(1) 보조기입장(subsidiary entry book)

특정 계정 과목의 내용 명세를 일괄하여 기입하는 보조부로서 보조기입장의 잔액은 특정 계정의 잔액과 반드시 일치한다.

장부	기입내용	계정과목
현금출납장	현금의 수입액과 지출액에 관한 거래	현금계정
당좌예금출납장	당좌예금의 예입과 인출에 관한 거래	당좌예금계정
매입장	상품의 매입, 환출, 매입에누리·할인에 관한 거래	매입계정
매출장	상품의 매출, 환입, 매출에누리·할인에 관한 거래	매출계정
받을어음기입장	받을어음의 발생과 소멸에 관한 거래	받을어음계정
지급어음기입장	지급어음의 발생과 소멸에 관한 거래	지급어음계정

(2) 보조원장 (subsidiary ledger book)

특정 계정과목의 내용명세를 항목별로 계정계좌를 설정하여 기입하는 장부로서 각 항목별 계정계좌의 잔액을 합한 금액은 특정 계정의 잔액과 일치한다.

장 부	기 입 내 용	계정과목
상품재고장	상품의 종류별로 작성하며, 상품의 매입, 매출, 환출 및 매입에누리와 매입할인, 환입액을 기입하며, 매출에누리와 매출할인은 기입하지 않는다.	이월상품 매 입 } 상품 매 출 } 계정
매출처원장	외상매출금의 발생과 소멸에 관한 거래	외상매출금계정
매입처원장	외상매입금의 발생과 소멸에 관한 거래	외상매입금계정

기본연습문제

1. 다음 거래가 기입되는 보조부의 해당란에 금액을 기입하시오. 단, 환출·환입은 해당 장부에 기입 시 금액 앞에 △표를 하시오.

(1) 서울상사로 부터 상품 ₩200,000을 매입하고, 대금 중 ₩150,000은 수표발행 지급하고, 잔액은 외상으로 하다. 인수운임 ₩5,000은 현금 지급하다.

(2) 경기상사에 상품 ₩180,000(원가 ₩150,000)을 매출하고, 대금 중 ₩100,000은 동점발행 약속어음을 받고, 잔액은 외상으로 하다. 그리고, 발송운임 ₩5,000은 현금으로 지급하다.

(3) 서울상사에서 외상으로 매입한 상품 중 불량품 ₩12,000을 반품하다.

(4) 서울상사의 외상매입대금 ₩50,000을 조기 지급하게 되어 ₩2,000 할인받고, 잔액은 현금으로 지급하다.

(5) 경기상사에 외상매출한 상품 중 ₩36,000(원가 ₩30,000)이 불량품이므로 반품되어 오다.

(6) 경기상사의 외상매출금 중 ₩54,000을 조기회수하게 되어 ₩1,500을 할인해 주고, 잔액은 동점발행의 수표로 받아 곧 당좌예입하다.

(7) 마포상사에서 상품 ₩500,000을 매입하고, 대금 중 ₩300,000은 매출처 인천상사 앞 환어음을 발행하여 인수받아 교부하고, 잔액은 마포상사 앞 약속어음을 발행 지급하다.

번호	현금출납장	당좌예금출납장	매출처원장	매입처원장	매출장	매입장	상품재고장	받을어음기입장	지급어음기입장
(1)									
(2)									
(3)									
(4)									
(5)									
(6)									
(7)									

적중예상문제

1. 복식부기에서 가장 중요한 장부로서 모든 계정계좌가 정리되어 있으며, 재무제표 작성의 기초가 되는 장부는?

   ① 총계정원장 　　　　② 상품재고장
   ③ 분개장 　　　　　　④ 매출처원장

2. 기업체의 모든 거래를 기록하는 장부는?

   ① 매입장 　　　　　　② 현금출납장
   ③ 매출처원장 　　　　④ 분개장

3. 주요부에 해당하는 장부는? ★

   ① 현금출납장 　　　　② 상품재고장
   ③ 분개장 　　　　　　④ 매출처원장

4. 보조기입장이 아닌 것은?

   ① 매출장 　　　　　　② 당좌예금출납장
   ③ 상품재고장 　　　　④ 지급어음기입장

5. 통제계정과 보조원장을 작성하는 계정으로 옳은 것은? ★★

   ① 건물 　　　　　　　② 현금
   ③ 당좌예금 　　　　　④ 외상매출금

6. 다음 거래가 기입되어야 할 모든 보조부로 묶여진 것 중 옳은 것은? ★

   > 원가 ₩100,000의 상품을 ₩120,000에 매출하고, 대금 중 ₩80,000은 현금으로 받고, 잔액은 외상으로 하다.

   ① 현금출납장, 매출장, 매출처원장, 상품재고장
   ② 현금출납장, 매출장, 상품재고장
   ③ 현금출납장, 매출장, 매입처원장, 상품재고장
   ④ 현금출납장, 매출장, 매출처원장

7. 다음 설명에 해당하는 장부는? ★★★

> 거래가 발생하면 거래 내용을 분석하여 발생 순서대로 기입하는 장부이다. 이는 거래의 내용을 총계정원장의 각 계정 계좌에 전기하기 위한 준비 또는 매개 역할을 한다.

① 총계정원장　　　　　② 분개장
③ 매출처원장　　　　　④ 상품재고장

8. 다음 장부에 모두 기장되는 거래는?

> ㉠ 분 개 장　　㉡ 총계정원장　　㉢ 매 입 장
> ㉣ 상품재고장　㉤ 매출처원장　　㉥ 지급어음기입장

① 상품 ₩50,000을 매입하고, 대금 중 ₩30,000은 약속어음을 발행하여 지급하고, 잔액은 외상으로 하다.
② 상품 ₩80,000을 매출하고, 대금 중 반액은 당점발행의 약속어음으로 받고, 잔액은 외상으로 하다.
③ 상품 ₩60,000을 매입하고, 대금은 약속어음을 발행하여 지급하다.
④ 상품 ₩50,000을 매입하고, 대금 중 반액은 매출처앞 환어음을 발행하고, 잔액은 약속어음을 발행하여 지급하다.

9. 다음 거래를 보조부에 기록하고자 할 경우 기입할 수 없는 장부는? ★★

> (1) 당좌수표 ₩100,000을 현금으로 인출하다.
> (2) 외상매출한 갑상품 중 파손품이 있어 ₩20,000을 에누리 해 주다.

① 상품재고장　　　　　② 매출처원장
③ 현금출납장　　　　　④ 매출장

10. 장부의 성질을 잘못 나타낸 것은?

① 상품재고장의 잔액 : 기말재고액
② 매출장의 잔액 : 순매출액
③ 매입처원장의 잔액 : 당기말 순매입액
④ 매출처원장의 잔액 : 외상매출금의 기말잔액

일반 기업 회계 기준과 K-IFRS와의 비교

1. 금융자산의 분류

구 분	일반기업회계기준	K-IFRS(한국채택국제회계기준)
자산 인식 구분	보유 목적과 보유 능력에 따라 구분	계약상 현금 흐름과 사업 모형에 따라 구분
분류	단기매매증권	당기손익-공정가치측정금융자산
	매도가능증권	기타포괄손익-공정가치측정금융자산
	만기보유증권	상각후원가측정금융자산

▶ 1. 계약상 현금 흐름의 구분은 원금과 이자만으로 구성하는 채무 상품 및 대여금과 그렇지 않은 지분 상품으로 분류한다.
2. 사업 모형은 현금 흐름을 창출하기 위해 금융자산을 관리하는 방식이다. 사업 모형의 구분은 계약상 현금 흐름을 수취하는 형태와 계약상 현금 흐름의 수취와 매도를 목적으로 하는 형태 및 순수 매도 목적 등 3가지로 분류한다.

2. 손익 계산서 구성 요소

구 분	일반기업회계기준	K-IFRS(한국채택국제회계기준)
1	단기투자자산처분이익	당기손익-공정가치측정금융자산처분이익
2	단기투자자산처분손실	당기손익-공정가치측정금융자산처분손실
3	단기투자자산평가이익	당기손익-공정가치측정금융자산평가이익
4	단기투자자산평가손실	당기손익-공정가치측정금융자산평가손실

3. 재고 자산의 단위 원가 결정 방법

구 분	일반기업회계기준	K-IFRS(한국채택국제회계기준)
1	후입선출법 인정	후입선출법 불인정

4. 무형 자산의 회계 처리

구 분	일반기업회계기준	K-IFRS(한국채택국제회계기준)
영업권의 상각	20년 이내 상각	내용 연수를 비한정으로 인식하여 결산 시 상각하지 않고 '손상차손' 계상
기타 무형 자산의 상각	20년 이내 상각	경제적 요인과 법적 요인에 의해 결정된 기간 중 짧은 기간으로 정하고 상각

▶ 비한정이란 내용 연수가 매우 장기적이거나 한정할 수 없다는 것이며, 무한(infinite)을 의미하는 것이 아니다.

III 손익계산서 계정의 회계처리

1. 수익·비용의 개념과 회계 처리
2. (종업원)급여

- 니콜라스 메이스, [계정 관리인(The Account Keeper, 경리인)], 1656년, 세인트 루이스 미술관, 미국 미주리주
- 니콜라스 메이스는 추상화로 유명한 네덜란드 화가였다. 그림 속의 부인은 책상 위에 서 왼손으로 머리를 받치고 졸리는 듯한 모습을 보이고 있다. 오른손으로 펜을 들고 두 개의 큰 회계 장부 중 하나의 장부를 작성하고 있다.

기업의 가장 중심적인 영업 활동과 관련하여 발생하는 수익에는 상품의 매출액 등의 영업 수익과 주된 영업 활동 이외의 재무 및 투자 활동 등에서 발생하는 이자수익, 임대료수익, 배당금수익 등의 영업 외 수익이 있고, 반면 비용은 당기에 판매된 상품 등의 매출액에 대응하는 매출 원가와 상품의 판매와 기업의 관리 활동에서 발생하는 광고선전비, 임차료 등의 영업 비용(판매비와 관리비)과 영업 활동 이외의 활동과 관련하여 발생하는 이자비용 등과 같은 영업 외 비용으로 분류된다.

제3장에서는 수익과 비용의 뜻과 종류를 파악하고, 영업 손익과 영업 외 손익의 회계 처리를 학습하기로 한다.

이 단원의 주요 용어

◆ 알고 있는 용어에 체크해 보고, 주요 용어를 중심으로 이 단원을 학습해 보자.

- ☐ 수익의 인식
- ☐ 영업 외 수익
- ☐ 영업 외 비용
- ☐ 이자수익
- ☐ 이자비용
- ☐ 임차료
- ☐ 임대료
- ☐ 감가상각비
- ☐ 대손상각비
- ☐ 배당금수익
- ☐ 외환차익
- ☐ 유형자산처분이익
- ☐ 광고선전비
- ☐ 복리후생비
- ☐ 기업업무추진비

01 수익·비용의 개념과 회계 처리

1 수익의 뜻

수익이란 기업의 경영 활동과 관련된 재화의 판매 또는 용역의 제공 등에 대한 대가로 발생하는 자산의 유입 또는 부채의 감소이다. 수익은 기업의 경영 활동의 결과로서 발생하였거나 발생할 현금 유입액을 나타내며, 경영 활동의 종류와 당해 수익이 인식되는 방법에 따라 매출액, 이자수익, 배당금수익 및 임대료 등과 같이 다양하게 구분될 수 있다. 또한 수익을 더욱 넓게 보면 기업의 주요 경영 활동을 제외한 부수적인 거래(토지 처분 이익 등)의 결과로 발생하는 차익을 포함한다.

2 수익의 인식

수익은 경제적 효익이 유입됨으로써 자산이 증가하거나 부채가 감소하고 그 금액을 신뢰성 있게 측정할 수 있을 때 인식한다. 수익은 다음의 요건을 모두 충족하는 시점에서 인식된다.

(1) 수익은 실현되었거나 또는 실현 가능한 시점에서 인식한다. 수익은 상품 또는 기타 자산이 현금 또는 현금 청구권과 교환되는 시점에서 실현된다.

(2) 수익은 그 가득 과정이 완료되어야 인식한다. 기업의 수익 창출 활동은 재화의 생산 또는 인도, 용역의 제공 등으로 나타나며, 수익 창출에 따른 경제적 효익을 이용할 수 있다고 주장하기에 충분한 정도의 활동을 수행하였을 때 가득 과정이 완료되었다고 본다.

3 수익의 분류

수익은 영업과 직접 관련이 있는 영업수익과 영업 활동이 아닌 부수적 활동으로부터 발생하는 수익인 영업외 수익으로 구분한다. 한국채택국제회계기준에서는 영업외수익을 기타수익과 금융수익으로 구분하고 있다.

(1) 영업수익

영업수익이란 기업의 가장 중요한 영업 활동을 수행함으로써 재화 또는 용역을 제공함에 따라 얻어지는 수익을 말하는 것으로 백화점의 상품 매출액이나, 가구 제조업의 가구 판매액, 호텔업에서의 객실료, 병원 의료업에서의 진료비, 부동산 임대업의 임대료 등이 영업수익으로 분류된다.

(2) 영업외수익

영업외수익이란 기업의 주요 영업 활동과는 관련이 없으나 영업 활동의 결과 부수적으로 발생하는 수익을 말하는 것으로 단기대여금이나 은행예금에 대한 이자수익이나, 유형자산처분이익 등이 영업외수익으로 분류된다. 한국채택국제회계기준에서는 이자수익과 배당금수익을 금융수익으로 분류하고 나머지는 기타수익으로 규정하고 있다.

① **이자수익** : 금융 기관에 예치한 각종 은행 예금이나 단기대여금에 대한 이자를 받았을 때

② **배당금수익** : 투자 수익을 목적으로 보유하고 있는 단기매매증권이나 매도가능증권에 대하여 주주로서 배당금을 받았을 때

③ **임대료** : 토지, 건물 등을 임대하고 임대료를 받았을 때

④ **단기투자자산처분이익** : 단기매매증권을 장부금액 이상으로 처분하였을 때의 이익

⑤ **단기투자자산평가이익** : 단기매매증권을 결산 시 공정가치로 평가하였을 때의 평가이익

⑥ **유형자산처분이익** : 토지·건물 등을 장부금액 이상으로 처분하였을 때의 이익

▶ 한국채택국제회계기준(K-IFRS)에서는 단기매매증권처분(평가)이익을 당기손익-공정가치측정금융자산처분(평가)이익이라 한다.

4 비용의 뜻

비용이란 기업의 경영 활동과 관련된 재화의 판매 또는 용역의 제공 등에 따라 발생하는 자산의 유출이나 사용 또는 부채의 증가이다. 비용은 기업의 경영 활동의 결과로서 발생하였거나 발생할 현금 유출액을 나타내며, 경영 활동의 종류와 당해 비용이 인식되는 방법에 따라 매출원가, 급여, 감가상각비, 이자비용, 임차비용 등과 같이 다양하게 구분될 수 있다. 또한 비용을 더욱 넓게 보면 기업의 주요 경영 활동을 제외한 부수적인 거래(토지 처분 손실 등)의 결과로 발생하는 차손을 포함한다.

5 비용의 인식

비용의 인식이란 비용의 발생 시점에 관한 것으로 비용이 속하는 회계 기간을 결정하는 것을 말하는 것으로 비용도 수익과 마찬가지로 이를 신뢰성 있게 측정할 수 있을 때 당기의 손익계산에 포함할 수 있다. 비용은 수익이 인식된 시점에서 수익과 관련하여 비용을 인식하게 되는데 이를 수익·비용 대응의 원칙이라고 하고, 이 원칙은 비용의 인식기준이 된다. 수익에 대응하는 비용을 인식하는 방법에는 다음과 같은 두 가지 방법이 있다.

(1) 직접 대응

수익을 얻는 것을 수익의 획득이라고 한다. 직접 대응이란 수익 획득 시점에서 인과 관계가 성립하는 비용의 대응을 말하는 것으로 매출액에 대한 매출원가나 판매비(판매수수료, 운반비) 등이 이에 속한다.

(2) 간접 대응

간접 대응은 기간 대응이라고도 하며 어떤 지출이 수익 창출을 기대할 것이 확실하나 특정한 수익과 관련짓기가 어렵거나 혹은 수익 창출을 기대하기 어려울 것이 판단되면 발생 시점에 비용으로 인식하는데 이를 비용의 간접 대응이라 하고 급여, 광고선전비, 판매촉진비 등과 같은 판매비와관리비가 이에 속한다.

6 비용의 분류

(1) 매출원가

매출원가란 상품 매출액에 대응하는 상품의 매입원가를 말하는 것으로 기초상품재고액과 당기 순매입액의 합계액에서 당기에 판매되지 않은 기말상품재고액을 차감하여 산출한다.

(2) 판매비와관리비

판매비와관리비란 상품의 판매 활동과 기업의 관리 활동에서 발생하는 비용으로 매출 원가에 속하지 않는 모든 영업 비용을 말한다. 이를 세분하면 판매비는 판매 활동을 위해 지출한 마케팅 부서의 급여, 광고선전비, 판매수수료, 운반비 등의 비용이고, 관리비란 기업의 주된 영업 활동 중 관리 활동과 관련된 기획부, 경리부, 총무부, 관리부 등에서 기업의 유지, 관리를 위한 임차료, 소모품비, 복리후생비, 수도광열비, 보험료 등의 비용을 말한다. 단, 대손충당금환입은 판매비와관리비의 부(-)의 금액이다.

① **급여** : 판매 관리 활동 담당 종업원에 대한 급여, 임금 및 제수당을 지급한 경우
② **퇴직급여** : 판매 활동 담당 종업원의 퇴직 시 퇴직금을 지급한 경우와 결산 시 퇴직급여부채를 설정한 경우
③ **광고선전비** : 기업의 홍보를 위하여 신문, 방송, 잡지 등에 지급한 광고 비용
④ **기업업무추진비** : 영업과 관련한 거래처의 접대, 향응 등의 접대비와 기밀비, 사례금 등(일종의 마케팅 비용이다.) … 개정
⑤ **보관료** : 상품 등의 재고자산을 창고 회사에 보관하고 보관료를 지급한 경우
⑥ **운반비** : 상품을 매출하고 지급한 발송 비용
⑦ **판매수수료** : 상품을 판매 위탁하고 지급하는 수수료
⑧ **복리후생비** : 관리부 종업원의 복리·후생을 위한 의료, 경조비, 직장 체육 대회, 회식비, 휴양비, 야유회 비용 등과 회사가 부담하는 종업원의 산재 보험료, 고용 보험료, 건강 보험료 등
⑨ **통신비** : 관리 활동과 관련한 우편, 전신, 전화, 전보 요금 등
⑩ **수도광열비** : 관리 활동에 사용된 수도, 전기, 가스요금 및 난방 비용 등
⑪ **세금과공과** : 관리 활동과 관련된 종합토지세, 재산세, 자동차세, 도시계획세, 면허세 및 상공회의소 회비, 조합회비, 협회비, 적십자 회비, 회사가 부담하는 종업원의 국민연금, 과태료 등
⑫ **임차료** : 토지나 건물을 임차하고 지급하는 임차료를 지급한 경우
⑬ **보험료** : 영업용 건물, 기계장치 등의 화재 보험료를 지급한 경우
⑭ **수선비** : 영업용 건물·비품·기계장치 등의 현 상태 유지를 위한 수리비를 지급한 경우
⑮ **감가상각비** : 건물·기계장치 등의 유형자산에 대한 감가 상각액을 계상한 경우
⑯ **대손상각비** : 매출채권이 회수 불능되었을 때와 결산 시 대손충당금을 설정하는 경우

⑰ **소모품비** : 사무에 필요한 복사용지, 장부 등의 문방구용품을 사용한 경우

⑱ **잡비** : 그 발생 금액이 적거나 빈번하지 않은 비용

⑲ **차량유지비** : 영업용 차량에 대한 유류 비용, 엔진 오일 교체 비용, 교통 카드 충전 비용, 주차요금, 타이어 교체 비용, 세차 비용, 통행료 등의 유지 비용

⑳ **여비교통비** : 종업원이 영업상의 이유로 지출한 출장 경비인 교통비와 숙박비 등

㉑ **수수료비용** : 공인회계사 등에 지급하는 외부 감사 및 장부 기장 대행 수수료, 변호사 등에 지급하는 법률 자문 수수료, 받을어음 추심 수수료 등과 같이 기업의 외부관계자로부터 인적 용역을 제공받고 그 용역에 대한 대가를 지급한 경우

㉒ **교육훈련비** : 종업원의 직무 능력 향상을 위해 외부 전문 교육기관에 위탁 교육을 하여 교육훈련비를 지급한 경우

㉓ **도서인쇄비** : 업무에 필요한 서적 구입 비용, 신문 구독료, 명함 인쇄비 등을 지급한 경우

(3) 영업외비용

영업외비용이란 기업의 주요 영업 활동과는 관련이 없으나 영업 활동의 결과 부수적으로 발생하는 비용을 말하는 것으로 유형자산처분손실 등이 영업외비용으로 분류된다. 한국채택국제회계기준에서는 이자비용을 금융원가로 분류하고, 나머지는 기타비용으로 규정하고 있다.

① **이자비용** : 단기차입금에 대한 이자나 발행 사채에 대한 이자를 지급한 경우

② **기타의 대손상각비** : 매출채권 이외의 기타채권(단기대여금, 미수금 등)이 회수 불능되었을 때와 결산 시 기타 채권의 대손충당금을 설정하는 경우

③ **단기투자자산처분손실** : 단기매매증권을 장부금액 이하로 처분하였을 때의 손실

> **Note**
> ▶ 한국채택국제회계기준(K-IFRS)에서는 단기투자자산처분(평가)손실을 당기손익-공정가치측정금융자산처분(평가)손실이라 한다.

④ **단기투자자산평가손실** : 단기매매증권을 결산 시 공정가치로 평가하였을 때의 평가 손실

⑤ **유형자산처분손실** : 토지, 건물 등을 장부금액 이하로 처분하였을 때의 손실

⑥ **기부금** : 국가 또는 지방 자치 단체 및 공공 단체, 학교, 종교 단체 등에 아무런 대가를 받지 않고 무상으로 지급한 재화의 가치

⑦ **매출채권처분손실** : 받을어음의 어음 할인 시 할인료

⑧ **잡손실** : 현금의 도난 손실 또는 원인 불명의 현금 부족액 등

02 (종업원)급여

   (종업원)급여란 종업원이 제공한 근무 용역과 교환하여 기업이 제공하는 모든 종류의 대가를 말한다. 종업원에는 이사와 그 밖의 경영진까지 포함되며, 종업원뿐만 아니라 그 피부양자에게 제공하는 급여까지 포함한다. (종업원)급여는 다음 네 가지로 분류한다.

1 단기종업원급여

   종업원이 관련 근무 용역을 제공하는 회계 기간 말 이후 12개월 이전에 전부 결제될 것으로 예상되는 종업원급여[임금, 사회 보장 분담금(국민 연금), 유급 연차 휴가와 유급 병가 등의 단기 유급 휴가, 이익 분배금, 상여금, 비화폐성 급여(의료, 주택, 무상 또는 일부 보조로 제공되는 재화나 용역) 등]

2 퇴직급여

   퇴직 후 급여(퇴직 연금과 퇴직 일시금), 그 밖의 퇴직급여(퇴직 후 생명 보험, 퇴직 후 의료 급여 등)

3 기타장기종업원급여

   단기종업원급여, 퇴직급여 및 해고급여를 제외한 종업원급여[장기유급휴가(장기근속휴가, 안식년휴가), 그 밖의 장기근속급여, 장기장애급여 등]로 종업원이 관련 근무 용역을 제공한 회계 기간 말 부터 12개월이 지난 후에 지급될 이익분배금과 상여금

4 해고급여

   종업원을 해고하는 대가로 제공되는 종업원급여

기본연습문제

1. 다음 거래를 분개하시오.

(1) 상품 매출을 알선하고, 중개 수수료 ₩20,000을 현금으로 받다.

(2) 건물을 임대하고 2개월분의 임대료 ₩300,000을 현금으로 받다.

(3) 단기대여금에 대한 이자 ₩50,000을 현금으로 받다.

(4) 보유하고 있는 주식에 대한 배당금 영수증 ₩200,000을 받다.

(5) 창고에 보관 중이던 빈 박스 등 폐품을 ○○고물상에 매각처분하고 대금 ₩60,000을 현금으로 받다.

(6) 본사 창립기념일에 거래처로부터 창립기념 축하금 ₩500,000을 현금으로 받다.

No.	차변과목	금액	대변과목	금액
(1)				
(2)				
(3)				
(4)				
(5)				
(6)				

2. 다음 거래를 분개하시오.

(1) 전 종업원에 대한 독감예방접종을 서울병원에서 실시하고 접종비용 ₩2,000,000을 현금으로 지급하다.

(2) 고객들에게 제품 할인 판매 안내장을 마포우체국에서 등기 우편으로 발송하고, 등기 요금 ₩200,000을 현금으로 일괄지급하다.

(3) 영업 활동과 관련하여 거래처 직원과의 식사 대금 ₩53,000을 국민신용카드로 결제하였다.

No.	차변과목	금액	대변과목	금액
(1)				
(2)				
(3)				

(4) 조선일보 9월분 신문구독료를 현금으로 납부하다.

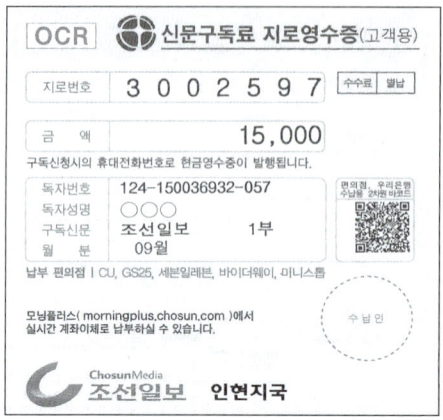

(5) 자동차세 ₩250,000과 재산세 ₩320,000을 현금으로 납부하다.

(6) 당사의 장부 기장을 의뢰하고 있는 파스칼회계법인에 장부 기장 수수료 ₩300,000을 인터넷뱅킹으로 보통예금 계좌에서 이체하여 지급하다.

(7) 새로 판매하는 상품을 지역신문사에 광고하고 대금 ₩300,000을 현금으로 지급하다.

(8) 영업용 승용차의 엔진오일을 보충하고 카센터에 현금 ₩50,000을 지급하다.

(9) 이달분 상·하수도 요금 ₩38,700을 공과금 자동납부기기(보통예금)를 통하여 납부하다.

(10) 당사 영업 사원의 부친 회갑연 축하 화환 ₩100,000, 거래처 직원 부친상 조문 화환 ₩100,000을 팔도꽃배달에 주문하고 화환 대금인 ₩200,000을 보통예금 통장에서 이체하다.

(11) 야근한 당사 직원의 야식비 ₩50,000 현금 지급한 것은 거래처 직원과의 식사 대금으로 잘못 처리한 것을 뒤늦게 판명하다.

(12) 사무실에서 사용할 A4 복사 용지를 ○○문구센터에서 구입하고, 대금은 현금으로 지급하고 영수증을 받다.

(13) 지진으로 인한 피해지역에 이재민 돕기 성금으로 동아일보사에 현금 ₩3,000,000을 기탁하다.

(14) 단기차입금 ₩800,000에 대한 이자 ₩5,000을 현금으로 지급하다.

(15) 금고에 보관중이던 현금 ₩620,000을 도난 당하다.

(16) 회사 홍보용 탁상용 달력을 제작하고 대금 ₩500,000을 보통예금에서 인터넷뱅킹으로 송금하여 지급하다.

No.	차 변 과 목	금 액	대 변 과 목	금 액
(4)				
(5)				
(6)				
(7)				
(8)				
(9)				
(10)				
(11)				
(12)				
(13)				
(14)				
(15)				
(16)				

적중예상문제

1. 수익과 비용에 대한 개념으로 틀린 내용은?

   ① 수익이란 기업의 경영활동과 관련된 재화의 판매 또는 용역의 제공 등에 대한 대가로 발생하는 자산의 유입 또는 부채의 감소이다.
   ② 수익은 실현되었거나 또는 실현 가능한 시점에서 인식한다.
   ③ 비용이란 기업의 경영 활동과 관련된 재화의 판매 또는 용역의 제공 등에 따라 발생하는 자산의 유출이나 사용 또는 부채의 증가이다.
   ④ 영업외비용이란 기업의 주요 영업 활동과는 관련이 없으나 영업 활동의 결과 부수적으로 발생하는 비용을 말하는 것으로 기업업무추진비와 단기차입금에 대한 이자비용이나, 유형자산처분손실 등이다.

2. 업종별 경영 활동 관련 내역이다. 각 회사의 입장에서 수익으로 인식되는 거래가 아닌 것은? ★

   ① 대한호텔은 고객으로부터 객실료를 현금으로 받다.
   ② 서울상사는 거래처로부터 외상매입금 전액을 면제받다.
   ③ 부동산임대업인 (주)미래부동산은 건물 임대료를 현금으로 받다.
   ④ 거래처와 상품 판매계약을 체결하고, 계약금액의 20%를 현금으로 먼저 받다.

3. 수익과 비용의 대응원칙에 따라 비용을 인식하는 방법 중 직접 대응에 해당하는 비용으로 옳은 것은? ★★★

   ① 임차료   ② 매출원가
   ③ 광고선전비   ④ 통신비

4. 어떤 지출이 수익 창출을 기대할 것이 확실하나 특정한 수익과 관련짓기가 어렵거나 혹은 수익 창출을 기대하기 어려울 것으로 판단되면 발생 시점에 비용으로 인식하는데 이를 비용의 간접 대응이라고 한다. 이에 대한 설명으로 옳지 않은 것은? ★

   ① 임원급여 등과 같은 관리비가 이에 해당된다.
   ② 일반적으로 취득과 동시에 혹은 취득 직후 소비되므로 취득 시점에 비용으로 인식된다.
   ③ 광고비, 판매촉진비 등과 같은 판매비가 이에 해당된다.
   ④ 상품을 판매할 때 비용인 매출원가가 이에 해당된다.

5. 상품매매업을 경영하는 (주)상공이 다음 항목 중 판매비와관리비로 분류할 수 없는 것은? ★

① 광고선전비　　　　　　② 매출채권에 대한 대손상각비
③ 업무용 건물에 대한 감가상각비　④ 단기투자자산평가손실

6. 거래에 따른 회계 처리 시 계정 과목과 그 연결이 옳지 않은 것은? ★

① 소모품 구입(비용 처리 시) – 소모품비
② 업무용차량의 주유비 지출 – 차량유지비
③ 거래처 직원의 결혼 축의금 지출 – 기업업무추진비
④ 직원의 회계업무 교육 강사비 지출 – 급여

7. 복리후생비에 속하지 않는 것은? ★

① 종업원 작업복 지급　　　② 직원 경조사비 지급
③ 사원 자녀학자금 지급　　④ 거래처 식사대 지급

8. 다음 자료에서 제시하고 있는 계정과목이 속한 비용의 분류 영역은? ★

> • 마케팅부서 종업원의 회식비용　• 영업사무실의 인터넷 사용 요금
> • 영업용 매장의 월세　　　　　　• 매출광고를 위한 전단지 제작 비용

① 매출원가　　　　　　② 판매비와관리비
③ 영업외비용　　　　　④ 중단사업비용

9. 다음은 (주)삼성전사의 금월 발생한 비용 지출 내역이다. 회계 처리 시 나타날 수 있는 계정과목으로 옳지 않은 것은? ★

> 가. 회사 전화요금　　　　나. 거래처 직원과 식사
> 다. 소모품 구입(비용처리)　라. 회사 홍보용 기념품 제작비

① 광고선전비　　　　　② 복리후생비
③ 통신비　　　　　　　④ 소모품비

10. (주)대한의 7월 중 일부 거래 내용이다. 다음 거래에서 계정과목으로 발생하지 않는 것은? ★

> 7월 9일   본사 영업부 사원 김회계의 결혼 축하금 ₩100,000을 현금으로 지급하다.
> 7월 16일 회사의 업무 수행을 위해 국내 출장을 다녀온 김사원으로부터 식대, 교통비, 숙박비 ₩250,000에 대한 증빙을 제출받아 처리하다.
> 7월 23일 공장 건물로 사용하고 있는 건물에 대한 사용료 ₩300,000을 현금으로 지급하다.

① 기업업무추진비 ② 복리후생비
③ 여비교통비   ④ 임차료

11. 본사 직원들의 사기 진작을 위하여 체육대회를 개최하고 상품비 등 ₩500,000을 현금으로 지출한 경우의 회계 처리 시 차변 계정과목으로 옳은 것은? ★

① 기부금   ② 기업업무추진비
③ 복리후생비   ④ 광고선전비

12. 매출할인에 대한 금액을 당기 총매출액에서 차감하지 않고 기타비용으로 처리할 경우 손익계산서상의 매출총이익과 당기순이익에 미치는 영향 중 옳은 것은? ★★★

① 매출총이익 : 과대 계상, 당기순이익 : 과대 계상
② 매출총이익 : 과대 계상, 당기순이익 : 불변
③ 매출총이익 : 과소 계상, 당기순이익 : 불변
④ 매출총이익 : 과소 계상, 당기순이익 : 과소 계상

13. 법인기업에서 종업원급여에 해당하지 않는 것은? ★

① 단기종업원급여   ② 퇴직급여
③ 해고급여   ④ 대표이사 가불금

일반 기업 회계 기준과 K-IFRS와의 비교

1. 수익과 비용의 개념

구 분	일반기업회계기준	K-IFRS(한국채택국제회계기준)
수익의 개념	기업의 경영 활동과 관련된 재화의 판매 또는 용역의 제공 등에 대한 대가로 발생하는 자산의 유입 또는 부채의 감소이다.	자산의 증가 또는 부채의 감소로서 자본의 증가를 가져오며, 자본청구권 보유자의 출자와 관련된 것을 제외한다.
비용의 개념	기업의 경영 활동과 관련된 재화의 판매 또는 용역의 제공 등에 따라 발생하는 자산의 유출이나 사용 또는 부채의 증가이다.	자산의 감소 또는 부채의 증가로서 자본의 감소를 가져오며, 자본청구권 보유자에 대한 분배와 관련된 것을 제외한다.

2. 수익의 인식

구 분	일반기업회계기준	K-IFRS(한국채택국제회계기준)
수익의 인식	1. 수익은 실현되었거나 또는 실현 가능한 시점에서 인식한다. 2. 수익은 그 가득 과정이 완료되어야 인식한다.	[수익 인식의 5단계] 1. 고객과의 계약을 식별 2. 수행 의무를 식별 3. 거래 가격의 산정 4. 거래 가격을 계약 내 수행 의무에 배분 5. 수행 의무를 이행할 때 수익의 인식

3. 단기매매증권 관련 영업 외 손익

구분	일반기업회계기준	K-IFRS(한국채택국제회계기준)
1	단기투자자산처분이익	당기손익-공정가치측정금융자산처분이익
2	단기투자자산처분손실	당기손익-공정가치측정금융자산처분손실
3	단기투자자산평가이익	당기손익-공정가치측정금융자산평가이익
4	단기투자자산평가손실	당기손익-공정가치측정금융자산평가손실

4. 매도가능증권 관련 영업 외 손익

구분	일반기업회계기준	K-IFRS(한국채택국제회계기준)
1	매도가능증권처분이익	기타포괄손익-공정가치측정금융자산처분이익
2	매도가능증권처분손실	기타포괄손익-공정가치측정금융자산처분손실
3	매도가능증권평가이익	기타포괄손익-공정가치측정금융자산평가이익
4	매도가능증권평가손실	기타포괄손익-공정가치측정금융자산평가손실

IV 결산 및 전표회계

1. 시산표
2. 손익의 정리
3. 결산 정리 사항의 수정(정산표)
4. 원장의 마감
5. 재무제표 작성
6. 전표회계

― 니콜라스 매소스(The Lacemaker : 레이스를 뜨는 여인) 1655, 캐나다 국립미술관
― 네덜란드 서남부의 상업 도시인 도르드레흐트(Dordrecht)에서 상인의 아들로 1634년 출생한 니콜라스 매소스는 17세기 네덜란드 황금기의 화가로 렘브란트의 가장 뛰어난 제자 중 한 명으로 모델의 차익소리한 포즈를 담은 초상화로 유명하다. 그림은 정물을 작성한 후에 뜨개질을 하며 유사한 것을 모사한 걸작이다.

대단원 미리보기

회계 순환 과정은 회계 거래의 기록에서부터 재무제표를 작성하기까지의 일련의 절차를 말한다. 이 과정에서 회계 담당자는 회계 기말에 총계정원장에 있는 계정의 잔액을 이용하여 그대로 재무제표를 작성하지는 않는다. 이는 결산 전 계정의 잔액에는 받아야 할 수익 금액을 못 받았거나 지급할 비용 금액을 지급하지 못하여 정확한 계정 잔액이라고 볼 수 없기 때문이며, 또한 관련된 자산, 부채 및 자본 계정의 잔액도 직접히 표시되지 않기 때문이다. 따라서 수정 전 잔액 시산표를 이용하여 곧바로 재무제표를 작성하지 않고, 장부상에 회계 거래가 적절히 반영되어 있는지를 확인하고 기말 시점에 필요한 결산 수정 절차, 즉 회계 장부에 결산 정리 사항을 수정 반영시키는 절차를 거친 후에 최종적으로 재무제표를 작성해야 한다.

제4장에서는 결산의 절차, 시산표의 작성, 자산과 부채, 손익에 관한 결산 수정 분개와 장부 마감 및 재무제표의 의미와 재무 상태표, 손익 계산서 등의 작성과 전표회계를 학습한다.

이 단원의 주요 용어

◆ 알고 있는 용어에 체크해 보고, 주요 용어를 중심으로 이 단원을 학습해 보자.

- ☐ 이월 시산표
- ☐ 결산
- ☐ 재무제표
- ☐ 결산 수정 분개
- ☐ 대손충당금
- ☐ 선급비용
- ☐ 미지급비용
- ☐ 자산 처리법
- ☐ 미수수익
- ☐ 수정 후 시산표
- ☐ 영업 이익
- ☐ 정산표
- ☐ 선수수익
- ☐ 장부 마감
- ☐ 판매비와 관리비

01 시산표

1 시산표(trial balance, T/B)

분개장에 기입된 모든 거래의 분개가 총계정원장에 정확하게 전기되었는 가를 알기 위하여 작성하는 것

2 시산표의 작성 목적
(1) 총계정 원장의 기록이 정확한가를 검증하기 위하여 작성한다.
(2) 합계 시산표를 통하여 거래 총액을 파악하기 위하여 작성한다.
(3) 결산의 예비절차로서 개략적인 재무상태와 재무성과를 파악하기 위하여 작성한다.

3 시산표의 종류 : 합계시산표, 잔액시산표, 합계잔액시산표

시산표 등식 … 기말자산＋총비용 ＝ 기말부채＋기초자본＋총수익

4 시산표 오류의 정정

(1) 시산표에서 발견할 수 있는 오류
① 분개의 차변·대변 중 어느 한쪽만을 전기한 경우
② 분개의 차변·대변을 둘 다 같은 쪽에 전기한 경우

(2) 시산표에서 발견할 수 없는 오류
① 거래 전체의 분개가 누락되거나 전기가 누락된 경우
② 한 거래를 이중으로 전기한 경우
③ 원장에 전기할 때 다른 계정과목의 같은 쪽에 기록한 경우
④ 차변과 대변의 계정과목을 반대로 전기한 경우
⑤ 두개의 잘못이 서로 우연히 상계된 경우
⑥ 분개나 전기에서 대·차 금액이 동일하게 틀린 경우

(3) 오류의 정정
① 계정과목의 혼동
　대체 분개에 의하여 틀린 계정과목을 수정 기입한다.

 ▶ 상품 ￦300,000을 현금 매출한 것이 외상매출금 회수로 잘못 기입되어 있음을 발견하다.

(차) 외상매출금　300,000　　(대) 매　　출　300,000

Note

⑤ 보충설명
: 어떤 계정 차변에 ￦5,000을 더 기록하고 후에 다른 계정 대변에 ￦5,000을 더 기록하여 금액이 우연히 상계된 경우이다.

「(차) 현금 (대) 매출」로 분개할 것을 「(차) 현금 (대) 외상매출금」으로 잘못 하였으므로 차변 현금은 수정이 필요 없고, 대변에 잘못 처리된 외상매출금을 차변으로 처리하고, 대변 매출을 새로이 분개한다.

② 금액의 착오

금액의 초과액은 반대 분개하여 차감하고, 금액의 부족액은 추가분개에 의하여 보충하여 수정기입한다.

 ▶ 전화요금 ₩50,000을 현금으로 납부한 것이 원장에는 ₩5,000으로 기장되었음을 발견하다.

(차) 통 신 비   45,000   (대) 현   금   45,000

> Note
> • ₩45,000을 추가로 분개한다.

③ 분개의 누락

누락된 거래를 추가로 분개하여 해당 원장에 전기한다.

 ▶ 신문 광고료 ₩500,000을 수표를 발행하여 지급한 것이 기장누락 되었음을 발견하다.

(차) 광고선전비   500,000   (대) 당좌예금   500,000

④ 분개의 중복

이중으로 분개된 거래를 대·차 반대로 분개하여 소멸시킨다.

 ▶ 보험료 ₩50,000을 현금으로 지급한 것이 장부상에는 ₩500,000으로 기입되어 있음을 발견하다.

(차) 현   금   450,000   (대) 보 험 료   450,000

> • (차) 보험료 (대) 현 금 분개를 ₩450,000만큼 반대 분개한다.

기본연습문제

1. 다음 사항 중 시산표에 의하여 발견할 수 있는 오류는 ○표, 발견할 수 없는 오류는 ×로 표시하라.

(1) 현금 계정의 차변에 전기할 것을 대변에 전기하였다. ……………………( )
(2) 어느 거래의 분개를 이중으로 전기한 경우 ……………………………( )
(3) 어떤 거래 전체를 분개하지 않은 경우 …………………………………( )
(4) 분개의 대·차 중 어느 한 쪽만을 전기한 경우 …………………………( )
(5) 두 개의 오류가 서로 상계되는 경우 ………………………………………( )
(6) 대차 쌍방을 반대 전기하는 경우 …………………………………………( )
(7) 대차 금액은 옳지만 틀린 계정과목에 전기한 경우 ……………………( )
(8) 분개장의 한 거래를 원장에 전기를 누락한 경우 ………………………( )

2. 다음의 오류를 정정하기 위한 수정분개를 하시오. 단, 상품계정은 3분법.

(1) 비품 ₩100,000을 외상으로 구입하고, 외상매입금계정 대변에 기입하였다.
(2) 보험료 ₩69,000을 현금으로 지급한 것을 장부에는 ₩96,000으로 잘못 기입하였다.
(3) 상품매매 중개수수료 ₩50,000을 현금으로 받은 것이 기장누락되었음을 발견하다.
(4) 외상매입금 ₩150,000을 현금으로 지급한 것을 이중으로 기입한 것을 발견하다.
(5) 광고선전비 ₩200,000을 현금으로 지급한 것을 장부에는 수표를 발행하여 지급한 것으로 기장되었음을 발견하다.
(6) 외상매출금 ₩50,000의 회수를 상품의 현금 매출액으로 잘못 기장되었음을 발견하다.
(7) 외상으로 매입한 상품 중 불량품 ₩20,000을 환출한 것이 이중으로 기장되었음을 발견하다.

No.	차 변 과 목	금 액	대 변 과 목	금 액
(1)				
(2)				
(3)				
(4)				
(5)				
(6)				
(7)				

3. 다음의 자료에 의하여 합계잔액시산표를 완성하시오.

(1) 현금출납장의 수입란 합계 　　　₩　520,000
(2) 상품재고장의 인수란 합계 　　　　2,700,000
(3) 받을어음 계정의 차변 합계 　　　1,000,000
(4) 지급어음기입장의 금액란 합계 　　600,000
(5) 매출처원장 내의 각 매출처의 차변 합계 1,280,000
(6) 매입처원장 내의 각 매입처의 대변 합계 460,000
(7) 분개장의 차변과 대변의 합계 　　9,000,000

합 계 잔 액 시 산 표

차 변		원면	계정과목	대 변	
잔 액	합 계			합 계	잔 액
120,000	( )		현　　　　　　　금	( )	
	1,080,000		당　좌　예　금	1,080,000	
( )	( )		외　상　매　출　금	( )	
( )	( )	(생략)	받　을　어　음	400,000	
( )	260,000		이　월　상　품		
( )	1,000,000		비　　　　　　　품		
	( )		외　상　매　입　금	( )	300,000
	400,000		지　급　어　음	( )	( )
			단　기　차　입　금	( )	120,000
			대　손　충　당　금	60,000	( )
			자　본　금	2,000,000	( )
			매　　　　　　　출	( )	3,600,000
( )	( )		매　　　　　　　입	80,000	
( )	780,000		판매비와관리비		
( )	( )			( )	( )

적중예상문제

1. 분개장에 분개된 거래가 총계정원장에 바르게 전기되었는지의 정확성 여부를 대차 평균의 원리에 따라 검증하기 위하여 작성하는 것은? ★

   ① 시산표 ② 손익계산서
   ③ 매출장 ④ 재무상태표

2. 시산표에 대한 설명으로 옳지 않은 것은? ★

   ① 시산표의 종류에는 합계시산표, 잔액시산표, 합계잔액시산표가 있다.
   ② 시산표 등식으로는 기말자산 + 총비용 = 기말부채 + 기초자본 + 총수익
   ③ 대차평균의 원리에 의해 오류를 찾아내는 자기검증의 기능을 가지고 있다.
   ④ 시산표 계정과목은 자산 → 부채 → 자본 → 비 용→ 수익 계정의 순으로 배열한다.

3. 시산표에 대한 설명으로 옳지 않은 것은? ★★★

   ① 시산표의 차변 금액 합계와 대변 금액 합계는 일치한다.
   ② 분개와 전기의 정확성을 검증할 목적으로 작성된다.
   ③ 결산 이전에 기업의 재무상태와 재무(경영)성과의 개요를 파악하는 데에도 이용된다.
   ④ 수정 전 잔액 시산표의 차변 금액 합계는 분개장의 대변 금액 합계와 일치한다.

4. 시산표를 작성하면 발견할 수 있는 오류는? ★★★

   ① 거래 자체를 분개하지 않은 오류
   ② 분개나 전기를 잘못된 계정과목으로 한 오류
   ③ 분개를 한 후 차변금액만 전기를 한 오류
   ④ 전기를 전혀 하지 않은 오류

5. 시산표를 통해 발견할 수 없는 오류는? ★★

   ① 현금 계정에 기록할 금액을 외상매출금으로 기록한 오류
   ② 현금 계정의 잔액이 틀린 오류
   ③ 자산의 증가를 자산의 감소로 기록한 오류
   ④ 부채의 감소를 부채의 증가로 기록한 오류

6. 시산표에서 발견할 수 있는 오류로 옳지 않은 것은? ★★

① 외상매입금 ₩1,000을 현금으로 지급한 거래 전체를 기장 누락하였다.
② 건물 화재보험료 ₩2,000을 현금으로 지급한 거래를 현금 계정, 보험료 계정 모두 차변에 기입하였다.
③ 소모품 ₩5,000을 외상으로 구입하고 대변에 미지급금은 기장하였으나 차변 소모품 계정 기장 누락하였다.
④ 상품 ₩50,000을 현금으로 구입한 거래를 상품 계정 차변에는 ₩50,000을 기입하였으나, 대변에 ₩5,000을 기입하였다.

7. 다음은 결산 전 총계정원장의 잔액이다. 이를 토대로 작성한 잔액시산표 차변 합계 금액은 얼마인가? ★★

가. 현금	₩100,000	나. 외상매출금	₩50,000
다. 이월상품	₩30,000	라. 외상매입금	₩50,000
마. 자본금	₩100,000	바. 매출	₩150,000
사. 매입	₩50,000	아. 급여	₩70,000

① ₩150,000 ② ₩180,000
③ ₩250,000 ④ ₩300,000

8. 잔액시산표상의 차·대변 총계가 각각 ₩6,000,000일 때 영업용 비품 ₩300,000을 현금 구입한 거래가 추가적으로 이루어 질 경우 잔액시산표의 차·대변 총계는 각각 얼마인가?

① ₩6,000,000 ② ₩6,300,000
③ ₩6,600,000 ④ ₩5,700,000

9. 시산표 중에서 그 작성시점이 다른 하나는? ★★

① 합계시산표 ② 잔액시산표
③ 이월시산표 ④ 합계잔액시산표

02 손익의 정리

1 손익의 정리

모든 회계기록은 현금의 수입과 지출에 따라 수익 및 비용을 기장한다. 그러나 수익과 비용 중에서 현금의 수입과 지출이 있다 하더라도 차기에 속하는 금액이 있다면 이를 차기로 이월하고, 현금의 수입과 지출이 없더라도 당기에 속하는 금액이 있다면 수익과 비용을 예상하여 당기의 손익계산에 포함하는 것을 손익의 정리라 한다.

손익의 이연
- 비용의 이연(선급비용) : 선급보험료 등 ……… **자산 계정**
- 수익의 이연(선수수익) : 선수이자 등 ………… **부채 계정**

손익의 예상
- 비용의 예상(미지급비용) : 미지급급여 등 …… **부채 계정**
- 수익의 예상(미수수익) : 미수임대료 등 ……… **자산 계정**

2 손익의 이연

(1) 비용의 이연

이미 지급한 비용 중 차기에 속하는 금액은 해당 비용계정의 대변에 기입하여 차감하고, 자산 계정인 선급비용 계정 차변에 기입하여 차기로 이월한다

No.	구 분	차 변	대 변
①	보험료 선급액 계상	선급보험료 ×××	보 험 료 ×××
②	당기 보험료 대체	손 익 ×××	보 험 료 ×××
③	차기의 재대체 분개	보 험 료 ×××	선급보험료 ×××

(2) 수익의 이연

당기의 받은 수익 중 차기에 속하는 금액은 해당 수익계정 차변에 기입하여 차감하고, 부채 계정인 선수수익 계정 대변에 기입하여 차기로 이연한다.

No.	구 분	차 변	대 변
①	임대료 선수액 계상	임 대 료 ×××	선수임대료 ×××
②	당기 임대료 대체	임 대 료 ×××	손 익 ×××
③	차기의 재대체 분개	선수임대료 ×××	임 대 료 ×××

Note

• 비용의 이연
(차) 선급보험료 ××× (대) 보 험 료 ×××
(차) 선급이자 ××× (대) 이자비용 ×××
(차) 선급임차료 ××× (대) 임 차 료 ×××

• 차기 최초의 일자로 행하는 재대체 분개는 결산정리분개(①)를 역분개 하면 된다.

• 수익의 이연
(차) 임 대 료 ××× (대) 선수임대료 ×××
(차) 이자수익 ××× (대) 선 수 이 자 ×××
(차) 수수료수익 ××× (대) 선수수수료 ×××

3 손익의 예상

(1) 비용의 예상

당기에 속하는 비용으로서 아직 지급되지 않은 금액은 해당 비용 계정 차변에 기입하여 가산하고, 부채 계정인 미지급비용 계정으로 처리한다.

No.	구 분	차 변	대 변
①	집세 미지급분 계상	임 차 료 ×××	미지급임차료 ×××
②	당기 임차료 대체	손 익 ×××	임 차 료 ×××
③	차기의 재대체 분개	미지급임차료 ×××	임 차 료 ×××

(2) 수익의 예상

당기에 속하는 수익으로서 아직 받지 않은 금액은 해당 수익 계정 대변에 기입하여 가산하고, 자산 계정인 미수수익 계정으로 처리한다.

No.	구 분	차 변	대 변
①	이자 미수분 계상	미수이자 ×××	이자수익 ×××
②	당기 이자수익 대체	이자수익 ×××	손 익 ×××
③	차기의 재대체 분개	이자수익 ×××	미수이자 ×××

4 소모품의 처리

사무용 장부, 볼펜 등의 소모품을 구입한 경우에는 비용 계정인 소모품비 계정으로 처리하는 방법과 자산 계정인 소모품 계정으로 처리하는 방법이 있다.

(1) 비용으로 처리하는 방법

No.	구 분	차 변	대 변
①	구입 시	소모품비 ×××	현 금 ×××
②	회계기간 말 미사용액 분개	소 모 품 ×××	소모품비 ×××
③	당기 소모품비 대체	손 익 ×××	소모품비 ×××
④	차기에 재대체 분개	소모품비 ×××	소 모 품 ×××

(2) 자산으로 처리하는 방법

No.	구 분	차 변	대 변
①	구입시	소 모 품 ×××	현 금 ×××
②	회계기간 말 사용액 분개	소모품비 ×××	소 모 품 ×××
③	당기 소모품비 대체	손 익 ×××	소모품비 ×××

Note

- 비용의 예상
  (차) 임 차 료 ××× (대) 미지급임차료 ×××
  (차) 이자비용 ××× (대) 미지급이자 ×××
  (차) 급 여 ××× (대) 미지급급여 ×××

- 수익의 예상
  (차) 미 수 이 자 ××× (대) 이 자 수 익 ×××
  (차) 미수수수료 ××× (대) 수수료수익 ×××
  (차) 미수임대료 ××× (대) 임 대 료 ×××

- 미사용액은 차기 최초의 날짜에 소모품비 계정에 재대체한다.

- 소모품의 결산정리분개
  비용처리법 ~ 미사용액 분개
  자산처리법 ~ 사용액 분개

기본연습문제

1. 다음 연속된 거래를 분개하여 보험료 계정과 선급보험료 계정에 기입 마감하시오.

　9월　1일　건물의 화재보험료 6개월분 ₩120,000을 현금으로 지급하다.
12월 31일　결산 시 보험료 선급분을 계상하고, 당기분 보험료를 손익 계정에 대체하다.
　1월　1일　선급보험료를 보험료 계정에 재대체하다.

월일	차 변 과 목	금　액	대 변 과 목	금　액
9/ 1				
12/31				
1/ 1				

　　　　보　험　료　　　　　　　　　선 급 보 험 료

2. 다음 연속된 거래를 분개하고, 임대료 계정과 선수임대료 계정에 기입하여 마감하시오.

　3월　1일　토지에 대한 임대료 1년분 ₩600,000을 현금으로 받다.
12월 31일　결산 시 임대료 선수분을 계상하고, 당기분 임대료는 손익 계정에 대체하다.
　1월　1일　선수임대료를 임대료 계정에 재대체하다.

월일	차 변 과 목	금　액	대 변 과 목	금　액
3/ 1				
12/31				
1/ 1				

　　　　임　대　료　　　　　　　　　선 수 임 대 료

3. 다음 연속된 거래를 분개하고, 임차료 계정과 미지급임차료 계정에 전기하여 마감하시오.

9월 1일 사무실 임차료 3개월분 ₩360,000을 현금으로 지급하다.
12월 31일 결산 시 임차료 미지급액을 계상하고, 당기분 임차료를 손익 계정에 대체하다.
1월 1일 미지급임차료를 임차료 계정에 재대체하다.

월일	차 변 과 목	금 액	대 변 과 목	금 액
9/ 1				
12/31				
1/ 1				

임 차 료

미 지 급 임 차 료

4. 다음 연속된 거래를 분개하고, 미수이자 계정과 이자수익 계정에 전기하여 마감하시오.

8월 1일 단기대여금에 대한 3개월분의 이자 ₩90,000을 현금으로 받다.
12월 31일 결산 시 이자미수액을 계상하고, 당기분 이자수익을 손익 계정에 대체하다.
1월 1일 미수이자를 이자수익 계정에 재대체하다.

월일	차 변 과 목	금 액	대 변 과 목	금 액
8/ 1				
12/31				
1/ 1				

이 자 수 익

미 수 이 자

5. 다음 저장품(소모품)에 대한 연속거래를 비용처리법과 자산처리법으로 각각 분개하고, 해당 계정에 기입하고, 마감하시오.

9월 10일   사무용 소모품 ₩50,000을 구입하고, 대금은 현금으로 지급하다.
12월 31일 회계 기간 말 소모품미사용액 ₩20,000을 계상하고, 당기분 소모품비를 손익 계정에 대체하다.
1월 1일   소모품을 소모품비 계정에 재대체하다.

【 비용처리법 】

월일	차 변 과 목	금 액	대 변 과 목	금 액
9/10				
12/31				
1/1				

소 모 품 비   소 모 품

【 자산처리법 】

월일	차 변 과 목	금 액	대 변 과 목	금 액
9/10				
12/31				
1/1	분 개 없 음			

소 모 품   소 모 품 비

알고갑시다! ○ 보험료 지급 시 자산계정으로 처리하는 경우

※ 다음 연속된 거래를 분개하여 선급보험료 계정과 보험료 계정에 기입 마감하시오.

10월 1일 건물의 화재보험료 1년분 ₩120,000을 현금으로 지급하다.

12월 31일 결산 시 보험료 경과분을 계상하고, 당기분 보험료를 손익 계정에 대체하다.

월일	차 변 과 목	금 액	대 변 과 목	금 액
10/ 1				
12/31				
1/ 1	재대체 분개 필요 없음			

선 급 보 험 료   보 험 료

전산회계 필기 예상 문제

※ 20×1년 11월 1일에 6개월 분 보험료 ₩180,000을 선급하고 이를 자산(선급보험료)으로 기록하였다. 결산일인 20×1년 12월 31일에 보험료와 관련하여 해야 할 결산 정리 분개는?

① (차) 보 험 료   60,000   (대) 선 급 보 험 료   60,000
② (차) 선 급 보 험 료 60,000   (대) 보 험 료   60,000
③ (차) 보 험 료   120,000   (대) 선 급 보 험 료 120,000
④ (차) 선 급 보 험 료 120,000   (대) 보 험 료   120,000

적중예상문제

1. 다음은 (주)한국의 20×1년 12월 31일 결산 정리 분개의 일부이다. 손익의 이연과 예상 중에서 아래의 분개에 해당하는 것으로 옳은 것은? ★

> (차) 선급보험료   30,000   (대) 보 험 료   30,000

① 비용의 예상   ② 수익의 예상
③ 비용의 이연   ④ 수익의 이연

2. 20×1년 9월 1일 건물 화재보험료 1년분 ₩12,000을 현금으로 지급한 경우 회계 기간 말 선급보험료에 해당하는 금액은 얼마인가?(단, 월할계산 할 것) ★★★

① ₩3,000   ② ₩ 4,000
③ ₩8,000   ④ ₩12,000

3. 손익의 이연과 관련되는 것은? ★★

① 미수임대료   ② 미지급임차료
③ 미수이자   ④ 선급보험료

4. 서울상사는 보험료를 다음과 같이 회계처리하였다. 결산 기말에 보험료의 미경과분을 계상하는 경우 당기순이익은 어떻게 변화하는가?

> 6월 1일 : 1년분 보험료 ₩360,000을 현금으로 납부하다.
> 12월 31일 : 결산 기말에 보험료 미경과분을 계상하지 않았다.

① 미경과분을 계상하면 당기순이익이 ₩210,000 증가한다.
② 미경과분을 계상하면 당기순이익이 ₩210,000 감소한다.
③ 미경과분을 계상하면 당기순이익이 ₩150,000 증가한다.
④ 미경과분을 계상하면 당기순이익이 ₩150,000 감소한다.

5. 20×1년 11월 1일에 6개월 분 보험료 ₩180,000을 현금으로 지급하고 이를 비용(보험료)으로 기록하였다. 회계기간 말인 20×1년 12월 31일에 보험료와 관련하여 해야 할 결산정리분개는? ★★★

① (차) 보 험 료   60,000   (대) 선급보험료   60,000
② (차) 선급보험료   60,000   (대) 보 험 료   60,000
③ (차) 보 험 료 120,000   (대) 선급보험료 120,000
④ (차) 선급보험료 120,000   (대) 보 험 료 120,000

6. 건물에 대한 1년분(20×1. 10. 1. ~ 20×2. 9. 30.) 임대료 ₩60,000을 20×1년 10월 1일에 현금으로 받고 다음과 같이 분개하였다. 회계 기간 말인 12월 31일 임대료에 대한 정리 분개로 옳은 것은? ★

| 10/1 (차) 현 금 60,000   (대) 임 대 료 60,000 |

① (차) 선수임대료   15,000   (대) 임 대 료   15,000
② (차) 임 대 료   15,000   (대) 선수임대료   15,000
③ (차) 선수임대료   45,000   (대) 임 대 료   45,000
④ (차) 임 대 료   45,000   (대) 선수임대료   45,000

7. 12월 결산법인인 (주)대한은 10월 1일 새로운 건물을 임차하였다. 임차료는 매 6개월마다 후급하기로 하였다. 12월 말 결산을 할 때 거래의 요소에 어떤 변경을 가져오는가? ★★

① 자산의 감소와 비용의 발생   ② 자산의 증가와 부채의 증가
③ 비용의 발생과 부채의 증가   ④ 자본의 증가와 비용의 발생

8. ₩100,000의 비용이 발생하였으나 결산일까지 지급하지 않았으므로, 이와 관련된 아무런 분개도 하지 않았다. 재무제표에 어떤 영향을 미치겠는가? ★★★

① 시산표상의 차변합계와 대변합계의 불일치
② ₩100,000만큼의 비용 계정의 과소 계상
③ ₩100,000만큼의 미지급비용 계정 과대 계상
④ ₩100,000만큼의 미수수익 계정 과소 계상

9. 한국상사는 건물의 일부를 20×1년 12월 1일에 임대해 주고 1년분 임대료 120,000을 20×2년 1월 10일에 받기로 하였다. 이 임대료와 관련하여 한국상사의 20×1년 재무제표(결산일 12월 31일)에 어떻게 계상되어야 하는가? ★

① ₩120,000을 자산으로 계상해야 한다.
② ₩120,000을 부채로 계상해야 한다.
③ ₩10,000을 자산으로 계상해야 한다.
④ ₩10,000을 부채로 계상해야 한다.

10. 다음은 서울상사의 건물 임차와 관련된 거래이다. 결산 시 재무제표에 미치는 영향으로 옳은 것은? ★

> 10월 1일 건물을 2년간 임차하기로 계약하고, 임차보증금 ₩1,000,000과 임차료 12개월분 ₩240,000을 현금으로 지급하다.

① 당기 순이익 ₩60,000이 증가한다.
② 임차료 선급분 ₩180,000은 유동자산으로 처리한다.
③ 임차보증금 ₩1,000,000은 비유동부채로 처리한다.
④ 당기분 손익계산서에 비용으로 처리되는 금액은 ₩240,000이다.

11. 경기상사는 20×1년 12월 31일 다음과 같은 결산 정리 분개를 하였다. 경기상사는 20×1년도 중 소모품 ₩350,000을 현금 구입하였으며, 당기 초에 소모품의 재고는 보유하지 않았다. 당기말의 소모품 재고액은 얼마인가? ★★★

> 20×1년 12월 31일 (차) 소모품 200,000 (대) 소모품비 200,000

① ₩550,000   ② ₩350,000
③ ₩200,000   ④ ₩150,000

12. 다음은 소모품에 대한 회계 처리 분개이다. 분개에 대한 설명으로 옳은 것은? ★

> 10월 12일 (차) 소 모 품 100,000 (대) 현 금 100,000
> 12월 31일 (차) 소모품비 60,000 (대) 소 모 품 60,000

① 10월 12일 소모품 매입 시 비용처리법으로 처리하였다.
② 당기분 소모품 사용액은 ₩40,000이다.
③ 결산 시 소모품 재고액은 ₩60,000이다.
④ 손익계산서에 기입될 소모품비는 ₩60,000이다.

13. 결산 결과 당기순이익 ₩20,000이 산출되었으나 다음과 같은 사항이 누락되었음을 발견하였다. 수정 후의 당기순이익은? ★★★

> 보험료 선급분 ₩2,000   이자 미지급분 ₩1,000

① ₩19,000
② ₩21,000
③ ₩22,000
④ ₩23,000

14. 다음 임대료 계정을 통해 알 수 있는 내용으로 옳은 것은? ★

```
              임     대     료
12/31 선수임대료 180,000 | 10/1 현    금 240,000
12/31 손    익   60,000 |
              240,000 |          240,000
```

① 임대료 차기분은 ₩180,000이다.
② 재무상태표에 기입될 선수임대료는 ₩60,000이다.
③ 손익계산서에 기입될 임대료는 ₩240,000이다.
④ 임대료 당기분을 차기로 이월하는 것을 수익의 예상이라 한다.

15. 대한(주)는 결산 시 미수된 이자수익에 대한 수정분개를 하지 않았다. 이 영향으로 옳은 것은? ★★

① 자산, 자본, 당기순이익이 과대 계상된다.
② 자산, 자본, 당기순이익이 과소 계상된다.
③ 자산, 자본, 당기순이익에는 아무런 영향이 없다.
④ 부채는 과소 계상되고 자본과 당기순이익이 과대 계상된다.

16. 다음은 (주)선일의 20×1년 12월 31일 결산일 현재 <결산 전 총계정원장 계정 잔액>의 일부와 <결산 정리 사항>이다. 결산 정리 분개로 옳지 않은 것은? ★

<결산 전 총계정원장 계정 잔액>
  가. 선급보험료 ₩800,000   나. 소 모 품 비 ₩400,000
  다. 임 대 료   840,000

<결산 정리 사항>
  가. 선급보험료는 20×1년 10월 1일에 6개월분 화재보험료를 현금으로 지급하면서 계상한 것이다.
  나. 결산일 현재 미사용한 소모품은 ₩100,000이다.
  다. 임대료는 20×1년 10월 1일에 1년분을 현금으로 받으면서 계상한 것이다.
  라. 차량운반구에 대한 감가상각비는 ₩550,000으로 계산되었다.

① (차) 보 험 료   400,000   (대) 선 급 보 험 료   400,000
② (차) 소 모 품   100,000   (대) 소 모 품 비   100,000
③ (차) 임 대 료   210,000   (대) 선 수 임 대 료   210,000
④ (차) 감 가 상 각 비 550,000   (대) 감가상각누계액   550,000

03 결산정리사항의 수정(정산표)

1 결산정리사항의 수정

(1) 상품의 기말재고 조사액
(2) 단기매매증권의 평가
(3) 매출채권에 대한 대손충당금 설정
(4) 유형자산의 감가상각
(5) 현금과부족의 정리
(6) 소모품의 미사용액 계상
(7) 인출금의 정리
(8) 가수금과 가지급금의 정리
(9) 선수수익과 선급비용의 차감
(10) 미수수익과 미지급비용의 계상

Note
- 결산 정리를 위한 분개를 '정리 분개'라 한다.
- 각 계정의 금액을 수정 기입하는 것을 '정리 기입'이라 한다.

2 상품 계정의 정리

 예제1

```
              잔액시산표
  이월상품   50,000  │  매   출 1,200,000    • 기말상품재고액 ₩60,000
  매   입  800,000  │
```

(차) { 매   입   50,000   (대) { 이 월 상 품   50,000
      이 월 상 품   60,000   매   입   60,000

3 단기매매증권 계정의 평가

 예제2

```
              잔액시산표
  단 기 매 매 증 권   200,000  │
```

(1) 단기매매증권 신평가액 ₩180,000
(2) 단기매매증권 신평가액 ₩240,000
(3) 단기투자자산평가손실 ₩15,000계상
(4) 단기투자자산평가이익 ₩25,000계상

(1) (차) 단기투자자산자산평가손실 20,000   (대) 단 기 매 매 증 권   20,000
(2) (차) 단 기 매 매 증 권   40,000   (대) 단기투자자산자산평가이익 40,000
(3) (차) 단기투자자산자산평가손실 15,000   (대) 단 기 매 매 증 권   15,000
(4) (차) 단 기 매 매 증 권   25,000   (대) 단기투자자산자산평가이익 25,000

(1) 200,000 > 180,000
(2) 200,000 < 240,000

4 매출채권 계정의 정리

예제3

잔액시산표	
외상매출금 500,000	대손충당금 6,000

(1) 외상매출금 잔액에 2% 대손예상
(2) 외상매출금 잔액에 1% 대손예상

(1) (차) 대손상각비 4,000 (대) 대손충당금 4,000
(2) (차) 대손충당금 1,000 (대) 대손충당금환입 1,000

① 500,000 × 0.02 = 10,000
　10,000 − 6,000 = 4,000
② 500,000 × 0.01 = 5,000
　5,000 < 6,000 = 1,000

예제4

잔액시산표	
외상매출금 300,000	대손충당금 8,000
받을어음 500,000	

(1) 매출채권 잔액에 2% 대손 설정
(2) 매출채권 잔액에 1% 대손 설정

(1) (차) 대손상각비 8,000 (대) 대손충당금 8,000
(2) (차) 분 개 없 음

① (300,000 + 500,000) × 0.02
　= 16,000 − 8,000 = 8,000
② (300,000 + 500,000) × 0.01
　= 8,000 − 8,000 = 0

예제5

잔액시산표	
외상매출금 300,000	가 수 금 50,000
	대손충당금 1,000

① 가수금은 외상매출금 회수로 판명되다. 외상매출금 잔액에 2% 대손예상
② 가수금은 상품 주문 계약금으로 판명되다.
　외상매출금 잔액에 2% 대손 예상

① (차) { 가 수 금 50,000　(대) { 외상매출금 50,000
　　　　대손상각비 4,000　　　　대손충당금 4,000
② (차) { 가 수 금 50,000　(대) { 선 수 금 50,000
　　　　대손상각비 5,000　　　　대손충당금 5,000

① (300,000 − 50,000) × 0.02
　= 5,000 − 1,000 = 4,000

② 300,000 × 0.02
　= 6,000 − 1,000 = 5,000

5 유형자산 계정의 정리

(1) 잔액시산표 (결산 연 1회)

| 건 물 | 1,000,000 | 건물감가상각누계액 | 200,000 |
| 비 품 | 500,000 | | |

① 건물 감가상각은 내용연수 10년, 잔존가치는 ₩0 (정액법)
② 비품 감가상각 10% (직접법)

(2) 잔액시산표 (결산 연 2회)

| 건 물 | 1,000,000 | 건물감가상각누계액 | 400,000 |
| 비 품 | 300,000 | 비품감가상각누계액 | 50,000 |

① 감가상각 내역
건 물 : 취득원가에 연 10%
비 품 : 취득원가에 5%

(1) ① (차) 감가상각비 100,000   (대) 건물감가상각누계액 100,000
    ② (차) 감가상각비   50,000   (대) 비   품   50,000
(2) ① (차) 감가상각비   65,000   (대) { 건물감가상각누계액 50,000
                                        비품감가상각누계액 15,000

Note

(1)
① 1,000,000 ÷ 10 = 100,000
② 500,000 × 0.1 = 50,000

(2)
① 건물 : 1,000,000 × 0.1
       = 100,000 ÷ 2 = 50,000
   비품 : 300,000 × 0.05 = 15,000

• 건물은 연 10%이므로 ÷2를 하였고, 비품은 그냥 5%로 주어졌으므로 결산 연 2회 6개월에 5%로 보아야 한다.

6 현금과부족, 가지급금, 인출금 계정의 정리

잔액시산표

| 현금과부족 | 2,000 | 자본금 | 1,000,000 |
| 인 출 금 | 50,000 | | |

① 현금과부족은 정리한다.
② 인출금은 정리한다.

① (차) 잡 손 실   2,000   (대) 현금과부족   2,000
② (차) 자 본 금   50,000   (대) 인 출 금   50,000

• 현금과부족 차변 잔액 : 잡손실
  현금과부족 대변 잔액 : 잡이익

• 인출금 계정 차변 잔액은 자본금 계정으로 대체한다.

잔액시산표

| 가지급금 | 50,000 | 현금과부족 | 3,000 |

① 가지급금은 전액 여비로 판명되다.
② 현금과부족은 정리한다.

① (차) 여비교통비   50,000   (대) 가 지 급 금   50,000
② (차) 현금과부족   3,000   (대) 잡 이 익   3,000

예제 9

잔액시산표	
현 금 100,000	① 현금의 실제액 ₩98,000
	② 현금의 시재액 ₩103,000

① (차) 잡 손 실　　2,000　　(대) 현　　　　금　　2,000
② (차) 현　　　　금　　3,000　　(대) 잡 이 익　　3,000

• 현금과부족 계정은 설정하지 않는다.

7 손익의 정리

예제 10

잔액시산표	
소모품비 20,000	① 소모품 미사용액 ₩5,000
	② 소모품 사용액 ₩15,000

① (차) 소 모 품　　5,000　　(대) 소 모 품 비　　5,000
② (차) 소 모 품　　5,000　　(대) 소 모 품 비　　5,000

• 소모품에 관한 문제는 시산표에 주어지는 과목에 따라 분개하여야 한다.

예제 11

잔액시산표	
소 모 품 50,000	① 소모품 사용액 ₩42,000
	② 기말소모품 재고액 ₩8,000

① (차) 소 모 품 비　　42,000　　(대) 소 모 품　　42,000
② (차) 소 모 품 비　　42,000　　(대) 소 모 품　　42,000

• 소모품 미사용액을 기말소모품재고액으로 출제될 수도 있다.

예제 12

잔액시산표	
보 험 료 8,000 　임 대 료 30,000	① 보험료 미경과액 ₩3,000
이자비용 20,000 　수수료수익 15,000	② 이자 미지급액 ₩2,000
	③ 임대료 선수분 ₩4,000
	④ 수수료 미수액 ₩5,000

① (차) 선급보험료　　3,000　　(대) 보 험 료　　3,000
② (차) 이 자 비 용　　2,000　　(대) 미지급이자　　2,000
③ (차) 임 대 료　　4,000　　(대) 선수임대료　　4,000
④ (차) 미수수수료　　5,000　　(대) 수수료수익　　5,000

8 정산표

(1) 정산표의 개념

정산표(精算表: working sheet W/S)는 결산 전 잔액 시산표를 토대로 하여 결산 정리 사항을 가감함으로 손익계산서와 재무상태표를 작성하는 과정을 하나의 표에 일목요연하게 나타내는 가결산 보고서이다. 정산표는 공식적인 회계 장부나 재무제표에 속하지는 않지만 정산표를 이용하면 좀 더 쉽게 결산 내용과 과정을 한눈에 볼 수 있다는 장점이 있다. 정산표는 금액란의 수에 따라 6위식, 8위식, 10위식 등이 있는데 일반적으로 8위식 정산표를 많이 사용한다.

(2) 정산표의 작성 방법

① 시산표 : 총계정원장의 계정 잔액을 그대로 옮겨 기록한다.

② 정리 기입 : 결산 정리 사항을 분개하여 정리 기입란에 기입한다. 이때 결산 정리 시 새로 설정되는 계정 과목인 대손상각비와 감가상각비 등은 하단의 계정 과목란에 추가로 기입하여 대차를 평균하여 마감한다.

③ 손익계산서 : 시산표란과 정리 기입란의 수익과 비용 계정의 금액을 손익계산서로 옮긴다. 이때에 정리 기입란 금액을 시산표란의 금액과 같은 변이면 가산하고, 다른 변이면 차감하여 차액을 금액이 큰 변에 기입한다.

④ 재무상태표 : 시산표란과 정리 기입란의 자산, 부채, 자본 계정의 금액을 재무 상태표로 옮긴다. 옮기는 방법은 손익계산서와 동일하다.

⑤ 정산표의 마감 손익계산서와 재무상태표의 차변과 대변의 금액을 합계하여 차액을 합계액이 적은 쪽에 당기순이익 또는 당기순손실이라고 기입하고 마감한다.

기본연습문제

1. 다음 결산 정리 사항에 의하여 8위식 정산표를 작성하시오.

   [결산 정리 사항]
   1. 기말 상품 재고액 ₩568,000
   2. 대손충당금은 외상매출금 잔액의 2% 설정
   3. 비품 감가상각은 취득 원가의 10%
   4. 단기매매증권 평가액 ₩150,000
   5. 보험료 미경과분 ₩6,000
   6. 이자 미지급분 ₩3,000
   7. 소모품 미사용액 ₩6,000

No.	차변과목	금 액	대변과목	금 액
(1)				
(2)				
(3)				
(4)				
(5)				
(6)				
(7)				

정 산 표

계정 과목	시산표		정리기입		손익계산서		재무상태표	
	차 변	대 변	차 변	대 변	차 변	대 변	차 변	대 변
현 금	100,000							
외 상 매 출 금	300,000							
단 기 매 매 증 권	156,000							
이 월 상 품	460,000							
비 품	200,000							
외 상 매 입 금		368,000						
단 기 차 입 금		100,000						
대 손 충 당 금		4,000						
비품감가상각누계액		60,000						
자 본 금		600,000						
매 출		1,464,000						
수 수 료 수 익		4,000						
매 입	1,280,000							
급 여	40,000							
보 험 료	36,000							
소 모 품 비	20,000							
이 자 비 용	2,000							
	2,600,000	2,600,000						

적중예상문제

1. 당기에 발생하였으나, 회계 기간 말 현재 지불되지 않은 이자를 회계처리하기 위한 분개로 옳은 것은?

① 분개 필요없음.
② (차) 이 자 비 용   ×××   (대) 미 지 급 이 자   ×××
③ (차) 미 지 급 이 자   ×××   (대) 이 자 비 용   ×××
④ (차) 미 수 이 자   ×××   (대) 이 자 수 익   ×××

2. 결산 수정 사항에 대한 내용으로 적절하지 않은 것은? ★★

① 광고선전비 ₩100,000을 현금으로 지급하고 장부에 계상하다.
② 원인을 알 수 없는 현금 부족액 ₩10,000이 발생하다.
③ 매출채권에 대하여 ₩50,000을 대손금액으로 추정하다.
④ 단기매매를 목적으로 보유 중인 주식 100주(장부금액 @₩5,000)를 @₩6,000으로 평가하다.

3. 회계 기간 말의 결산 정리 분개 대상이 아닌 것은? ★★

① 유형자산에 대한 감가상각비의 계상
② 미지급비용의 계상
③ 기간 미경과 보험료의 선급비용 계상
④ 단기매매증권처분손익의 계상

4. 회계 순환 과정 중 회계담당자의 판단이 요구되어 컴퓨터로는 자동적으로 수행하기 어려운 절차는?

① 보조장부의 마감
② 원장 계정 잔액의 수정을 위한 수정 분개
③ 손익 항목의 마감
④ 원장 잔액으로부터 시산표 작성

5. 선수수익을 기장누락한 경우 재무제표에 미치는 영향은? ★★

① 자산이 과소 계상된다.   ② 부채가 과대 계상된다.
③ 수익이 과소 계상된다.   ④ 수익이 과대 계상된다.

6. 결산 정리 사항으로서 당기순이익을 증가시키는 것은?

① 임차료의 미지급액 계상　　② 이자수익의 미수액 계상
③ 건물의 감가상각비 계상　　④ 임대료의 선수액 계상

7. 결산 절차 중 수정 전 시산표 작성과 동일한 결산 절차에서 이루어지는 내용으로 옳은 것은? ★★

① 분개장의 마감　　② 이월시산표 작성
③ 재무상태표 작성　　④ 결산 정리 사항 수정

8. 대한상사는 회계 기간 말에 종업원의 급여 미지급분 ₩150,000과 보험료 선급분 ₩120,000을 누락하고, 장부를 마감한 경우 동 오류가 순이익에 미치는 영향 중 옳은 것은?

① 순이익 ₩30,000 과다 표시　　② 순이익 ₩30,000 과소 표시
③ 순이익 ₩270,000 과다 표시　　④ 순이익 ₩270,000 과소 표시

9. 다음은 개인기업인 서울상사의 결산절차이다. (가) 절차에 해당하는 내용으로 옳은 것을 <보기>에서 모두 고른 것은? ★★

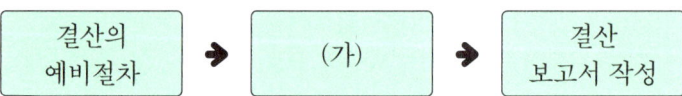

― <보기> ―
ㄱ. 주요부와 각종 보조부의 마감
ㄴ. 재무상태표 및 손익계산서 작성
ㄷ. 손익 계정의 대변 잔액을 자본금 계정 대변에 대체
ㄹ. 정확한 당기 순손익 파악을 위하여 결산수정사항 정리

① ㄱ, ㄴ　　② ㄱ, ㄷ
③ ㄴ, ㄹ　　④ ㄷ, ㄹ

10. 다음 중 결산 절차에 속하지 않는 것은? ★

> (가) 총계정원장에의 전기   (나) 재무상태표의 작성
> (다) 분개장의 작성   (라) 합계잔액시산표의 작성
> (마) 이월시산표의 작성   (바) 총계정원장의 마감

① (가), (다)
② (가), (다), (라)
③ (나), (라), (마), (바)
④ (가), (다), (마)

11. (주)한국이 결산일인 20×1년 12월 31일에 행한 다음과 같은 회계기간 말 결산분개 중 옳은 것은? ★

① 차입금에 대한 이자 ₩90,000을 지급하지 못하였다.
 (차) 이 자 비 용 90,000 (대) 미수이자 90,000
② 20×1년 7월 1일 비용처리한 건물에 대한 화재보험료 1년분 ₩500,000 중 미경과분을 계상하다.
 (차) 선 급 비 용 250,000 (대) 보 험 료 250,000
③ 대여금에 대한 이자 ₩50,000을 아직 받지 못하였다.
 (차) 미지급비용 50,000 (대) 이자수익 50,000
④ 사무실 임차료 ₩100,000을 아직 지급하지 못하였다.
 (차) 미지급비용 100,000 (대) 임 차 료 100,000

12. 다음 중 결산 절차의 순서로 옳은 것은? ★

> 가. 수정 후 시산표 작성   나. 수정 전 시산표 작성
> 다. 재무제표 작성   라. 결산 정리와 정리 기입

① 나 → 가 → 다 → 라
② 라 → 다 → 나 → 가
③ 나 → 가 → 라 → 다
④ 나 → 라 → 가 → 다

13. 다음 중 정산표를 이용할 때의 장점으로 보기 어려운 것은?

① 결산의 흐름을 파악할 수 있다.
② 기업의 대표적인 결산 보고서이다.
③ 재무상태표와 손익계산서의 작성을 용이하게 한다.
④ 잔액시산표를 토대로 총계정원장의 대·차 합계가 일치하는지를 검증할 수 있다.

04 원장의 마감

1 총계정원장의 마감(영미식)

(1) 집합 계정인 손익 계정을 설정하여 수익·비용 계정을 대체하고 마감한다.
(2) 당기순손익을 산출하여 자본금 계정에 대체한다.
(3) 자산·부채·자본금 계정을 차기이월로 마감하고, 전기이월로 개시 기입한다.
(4) 이월시산표를 작성한다.

기본연습문제

1. 서울상사의 총계정원장과 결산 정리 사항에 의하여 영미식 결산법으로 마감하고, 결산에 필요한 분개도 표시하시오.

【 결산 정리 사항 】

(1) 기말상품재고액 ₩305,000
(2) 대손충당금은 외상매출금 잔액의 2%
(3) 건물 감가상각 : 취득원가의 10%
(4) 보험료 미경과액   ₩5,000
(5) 종업원급여 미지급액 ₩15,000

No.	차 변	대 변	No.	차 변	대 변
(1)	매 입 ( ) 이월상품 ( )	이월상품 ( ) 매 입 ( )	(3)	감가상각비 ( )	건물감가상각누계액 ( )
(2)	대손상각비 ( )	대손충당금 ( )	(4)	선급보험료 ( )	보 험 료 ( )
			(5)	급 여 ( )	미지급급여 ( )

```
         현         금         (1)              외  상  매  출  금      (2)
      1,000,000        950,000                520,000         490,000



         이   월   상   품     (3)                   건         물        (4)
        255,000                                  200,000



                                              건 물 감 가 상 각 누 계 액   (6)
                                                                 20,000

         외   상   매   입   금   (5)
       1,107,000      1,155,000
```

자 본 금 (7)		매 출 (8)	
	300,000	60,000	1,560,000

이 자 수 익 (9)		매 입 (10)	
	20,000	1,080,000	

급 여 (11)		보 험 료 (12)	
150,000		123,000	

대 손 상 각 비 (13)	감 가 상 각 비 (14)

대 손 충 당 금 (15)	선 급 보 험 료 (16)

미 지 급 급 여 (17)	이 월 시 산 표

손 익 (18)	

No.	구 분	차변과목	금 액	대변과목	금 액
(1)	수익대체분개				
(2)	비용대체분개				
(3)	순이익대체분개				

적중예상문제

1. 다음 계정 기입면에 대한 설명으로 틀린 것은?

```
          손          익
총 비 용   230,000 │ 총 수 익   480,000

          자  본  금
                   │ 제  좌   1,000,000
```

① 기초자본금은 ₩1,000,000이다.
② 기말자본금은 ₩1,250,000이다.
③ 당기순이익의 대체 분개는 다음과 같다.
　　(차) 자 본 금　250,000　　(대) 손 익　250,000
④ 당기순이익은 ₩250,000이다.

2. 다음은 (주)서울의 보험료와 외상매입금 계정의 장부 마감 전 계정별 원장이다. 영미식으로 장부 마감 시 각 계정별 원장에 기입할 내용으로 옳은 것은?

```
      보  험  료                    외 상 매 입 금
현 금 50,000 │ 선급비용 40,000                │ 상 품 80,000
```

① 보험료 계정 원장의 대변에 차기이월 ₩10,000으로 마감한다.
② 보험료 계정 원장의 대변에 집합손익 ₩10,000으로 마감한다.
③ 외상매입금 계정 원장의 대변에 차기이월 ₩80,000으로 마감한다.
④ 외상매입금 계정 원장의 차변에 집합손익 ₩80,000으로 마감한다.

3. 계정에서 마감이 옳은 것은?

```
①       매 출 채 권              ②       단기차입금
   제 좌 8,000 │ 손 익 8,000        손 익 4,000 │ 제 좌 4,000

③         이자수익               ④         급     여
   차기이월 2,300 │ 현 금 2,300      현 금 2,000 │ 손 익 2,000
```

4. 다음 중 장부 마감의 순서로 옳은 것은? ★

> 가. 수익 계정과 비용 계정의 잔액을 손익 계정에 대체한다.
> 나. 이월시산표를 작성하여 마감의 정확성을 알아본다.
> 다. 자산과 부채 계정의 잔액은 차기이월한다.
> 라. 손익 계정의 잔액을 자본금 계정에 대체한다.

① 가 → 나 → 다 → 라   ② 가 → 다 → 라 → 나
③ 가 → 라 → 다 → 나   ④ 가 → 다 → 나 → 라

5. 다음은 회계 순환 과정을 나타낸 것이다. (가)~(라)에 들어갈 용어로 옳은 것은? ★★★

(분개) (전기)
거래 → (가) → (나) → (다) → 결산정리 분개, 기입 → 장부 마감 → (라)

	(가)	(나)	(다)	(라)
①	분개장	총계정원장	시산표	재무제표
②	분개장	시산표	총계정원장	재무제표
③	총계정원장	분개장	시산표	재무제표
④	시산표	재무제표	분개장	총계정원장

6. 결산의 본절차에 해당하는 것은? ★★★

① 재고조사표의 작성   ② 총계정원장의 마감
③ 재무상태표의 작성   ④ 수정 전 시산표의 작성

7. 이월시산표와 관련된 내용이다. 해당하지 않는 것은? ★

① 결산의 본절차 과정에서 작성한다.
② 영미식으로 마감하였을 때 검증하는 절차이다.
③ 재무상태표를 작성하는 기초자료가 된다.
④ 자산·부채·자본·수익·비용 순으로 작성한다.

05 재무제표 작성

【 NCS 연결고리 】

능력 단위	재무제표 작성 (0203020111_20v2)	능력 단위 요소 (수준)	재무 상태표 작성하기(0203020111_20v2.1) (3수준)
			손익 계산서 작성하기(0203020111_20v2.2) (3수준)
			자본 변동표 작성하기(0203020111_20v2.3) (3수준)
			현금 흐름표 작성하기(0203020111_20v2.4) (3수준)
			주석 작성하기(0203020111_20v2.5) (3수준)
단원과의 관계	Ⅵ. 결산 및 재무제표 2. 재무제표 작성 단원에 대한 학습을 바탕으로 기업 실무에 적용되는 회계 관련 규정과 계정 과목에 대한 지식 및 재무제표의 상호 연계성을 파악하고 재무제표를 작성하는 데 도움이 될 것이다.		

1 재무제표(financial statement F/S)의 뜻과 종류

기말 결산 시 정확한 재무 상태와 경영 성과를 기업의 회계 정보 이용자인 투자자, 채권자, 거래처, 세무 관서 등에게 기업의 경영 활동에 대한 유용한 회계 정보를 제공하기 위한 자료로 재무상의 보고를 작성하게 되는데, 이것을 결산 보고서 또는 재무제표라 하고 그 종류는 다음과 같다.

(1) 재무상태표

재무상태표는 일정 시점 현재 기업이 보유하고 있는 경제적 자원인 자산과 경제적 의무인 부채, 그리고 자본의 재무 상태에 관한 정보를 제공하는 재무보고서로서, 정보 이용자들이 기업의 재무 구조, 유동성과 지급 능력 등을 평가하는 데 유용한 정보를 제공한다.

(2) 손익계산서

손익계산서는 일정 기간 동안 기업의 경영 성과에 대한 정보를 제공하기 위해 그 회계 기간에 속하는 모든 수익과 비용을 적정하게 표시하는 재무제표이다.

(3) 자본변동표

자본변동표란 일정 기간 기업의 자본금, 자본잉여금, 자본조정, 기타포괄손익누계액, 이익잉여금(또는 결손금)의 크기와 그 변동에 관한 정보를 포괄적으로 제공하기 위한 재무제표를 말한다.

(4) 현금흐름표

현금흐름표란 기업의 재무 상태의 변동 원인을 파악하기 위하여 일정 기간 동안의 현금 흐름을 분석하여 현금의 유입과 유출에 대한 정보를 제공해 주는 보고서를 말한다. 즉 일정 기간 동안에 현금이 어디에서 조달(현금의 유입)되었고, 현금을 어디에다 사용(현금의 유출)하여 그 결과 기말 현금이 기초 현금보다 얼마만큼 증가 또는 감소하였는지에 대한 정보를 제공해 주는 재무제표이다.

(5) 주석

재무제표 상의 해당 과목 또는 금액에 기호를 붙이고 별지에 동일한 기호를 표시하여 그 내용을 간단·명료하게 표시하는 방법이다.

2 재무제표의 작성 목적

재무제표의 작성 목적은 광범위한 정보 이용자의 경제적 의사 결정에 유용한 기업의 재무 상태, 경영 성과 및 재무 상태 변동에 관한 정보를 제공하는 것이다. 또한 위탁받은 자원에 대한 경영진의 수탁 책임이나 회계 책임의 결과를 보여주기 위한 것이다.

3 재무상태표(statement of financial position)

재무상태표는 일정 시점 현재 기업이 보유하고 있는 경제적 자원인 자산과 경제적 의무인 부채, 그리고 자본에 대한 정보를 제공하는 재무 보고서로서, 정보 이용자들이 기업의 유동성, 재무적 탄력성, 수익성과 위험 등을 평가하는 데 유용한 정보를 제공한다.

재무상태표 작성 기준

(1) 재무상태표의 기본 구조(구분 표시)

재무상태표의 구성 요소인 자산·부채·자본은 각각 다음과 같이 구분한다.

① 자산은 유동자산과 비유동자산으로 구분한다. 유동자산은 당좌자산과 재고자산으로 구분하고, 비유동자산은 투자자산, 유형자산, 무형자산, 기타 비유동자산으로 구분한다.
② 부채는 유동부채와 비유동부채로 구분한다.
③ 자본은 자본금, 자본잉여금, 자본조정, 기타포괄손익누계액 및 이익잉여금(또는 결손금)으로 구분한다.
▶ 이 경우 자산과 부채는 유동성이 큰 항목부터 배열하는 것을 원칙으로 한다.

(2) 자산과 부채의 유동성과 비유동성 구분

자산은 1년을 기준으로 유동자산과 비유동자산으로 분류하고, 부채 또한, 자산과 마찬가지로 1년을 기준으로 유동부채와 비유동부채로 분류한다.

(3) 자본의 분류

자본은 자본금, 자본잉여금, 자본조정, 기타포괄손익누계액, 이익잉여금(또는 결손금)으로 분류한다.

(4) 재무상태표 항목의 구분과 통합 표시

자산·부채·자본 중 중요한 항목은 재무상태표 본문에 별도 항목으로 구분하여 표시한다. 중요하지 않은 항목은 성격 또는 기능이 유사한 항목에 통합하여 표시할 수 있으며, 통합할 적절한 항목이 없는 경우에는 기타 항목으로 통합할 수 있다. 이 경우 세부 내용은 주석으로 기재한다.

(5) 자산과 부채의 총액 표시

자산과 부채는 원칙적으로 상계하여 표시하지 않는다. 다만, 매출채권에 대한 대손충당금 등은 해당 자산에서 직접 가감하여 표시할 수 있으며, 이는 상계에 해당하지 아니한다.

4 일반기업회계기준의 손익계산서 (profit and loss statement, P/L 또는 income statement, I/S)

손익계산서는 일정 기간 동안 기업의 경영성과에 대한 정보를 제공하는 재무보고서이다. 손익계산서는 당해 회계 기간의 경영성과를 나타낼 뿐만 아니라 기업의 미래현금흐름과 수익창출능력 등의 예측에 유용한 정보를 제공한다.

▶ **손익계산서의 작성 기준**

(1) 구분 표시

손익계산서는 매출총손익, 영업손익, 법인세비용차감전계속사업손익, 계속사업손익, 중단사업손익, 당기순손익으로 구분하여 표시한다. 다만, 제조업, 판매업 및 건설업 외의 업종에 속하는 기업은 매출총손익의 구분 표시를 생략할 수 있다.

(2) 수익과 비용의 총액 표시

수익과 비용은 각각 총액으로 보고하는 것을 원칙으로 한다. 다만, 수익과 비용을 상계하도록 요구하는 경우에는 상계하여 표시하고, 허용하는 경우에는 상계하여 표시할 수 있다.

5 수익, 비용의 분류

(1) 판매비와관리비

상품 등의 판매활동과 기업의 관리활동에서 발생하는 비용으로서 매출원가에 속하지 아니하는 모든 영업비용을 포함한다. 급여, 퇴직급여, 수수료비용, 복리후생비, 교육훈련비, 여비교통비, 통신비, 창업비, 개업비, 소모품비, 수도광열비, 세금과공과, 임차료, 감가상각비, 수선비, 차량유지비, 도서인쇄비, 보험료, 기업업무추진비, 광고선전비, 보관료, 견본비, 포장비, 운반비, 대손상각비, 잡비 등(단, 대손충당금환입은 차감표시한다.)

(2) 영업외수익

기업의 주된 영업활동이 아닌 활동으로부터 발생한 수익과 차익으로서 중단사업손익에 해당하지 않는 것으로 한다. 이자수익, 배당금수익, 임대료, 수수료수익, 단기투자자산처분이익, 단기투자자산평가이익, 유형자산처분이익, 잡이익, 자산수증이익, 채무조정(면제)이익, 보험금수익 등

(3) 영업외비용

기업의 주된 영업활동이 아닌 활동으로부터 발생한 비용과 차손으로서 중단사업손익에 해당하지 않는 것으로 한다. 이자비용, 단기투자자산처분손실, 단기투자자산평가손실, 기부금, 유형자산처분손실, 잡손실, 자산손상차손 등

(4) 법인세비용

법인기업(주식회사)의 사업소득에 부과되는 세금이다.

6 일반기업회계기준의 손익계산서 양식

손 익 계 산 서

한국상사   20×1년 1월 1일부터 12월 31일까지   단위:원

과 목	제2(당)기 금액	제1(전)기 금액
매 출 액	10,000	(생 략)
매 출 원 가	(5,500)	
기 초 상 품 재 고 액 1,500		
당 기 매 입 액 5,000		
기 말 상 품 재 고 액 (1,000)		
매 출 총 이 익	4,500	
판 매 비 와 관 리 비	(1,300)	
영 업 이 익	3,200	
영 업 외 수 익	400	
영 업 외 비 용	(600)	
법인세비용차감전순이익	3,000	
법 인 세 비 용	(700)	
당 기 순 이 익	2,300	

7 현금흐름표(cash flow ststement)

(1) 현금흐름표의 개념

현금흐름표란 기업의 재무 상태의 변동 원인을 파악하기 위하여 일정 기간 동안 현금 흐름을 분석하여 현금의 유입과 유출에 대한 정보를 제공해 주는 보고서를 말한다. 즉 일정 기간 동안 현금이 어디에서 조달(현금의 유입)되었고, 현금을 어디에다 사용(현금의 유출)하여 그 결과 기말 현금이 기초 현금보다 얼마만큼 증가 또는 감소하였는지에 대한 정보를 제공해 주는 재무제표이다.

(2) 현금흐름표의 작성 목적

일정 기간 동안 기업의 현금 흐름(cash flow)을 영업 활동, 투자 활동, 재무 활동으로 구분하여 현금의 유입과 유출을 표시함으로써 기업의 영업, 투자 및 재무 활동에 관한 정보를 제공하는 것이 현금 흐름표의 작성 목적이다.

(3) 현금흐름표의 양식

현금흐름표는 기업의 활동을 영업 활동, 투자 활동과 재무 활동으로 분류하여 이와 관련된 활동에서의 현금 유입과 유출을 구분하여 표시하도록 하고 있다.

```
                    현금 흐름표 양식 요약
    영업 활동 현금 흐름                              10,000
    투자 활동 현금 흐름                               1,500
        1. 투자 활동 현금 유입액            2,000
        2. 투자 활동 현금 유출액          (   500 )
    재무 활동 현금 흐름                               1,000
        1. 재무 활동 현금 유입액            3,000
        2. 재무 활동 현금 유출액          ( 2,000 )
    현금및현금성자산의 환율 변동 효과                    500
    현금및현금성자산의 증가(감소)                     13,000
    기초의 현금및현금성자산                           2,000
    기말의 현금및현금성자산                          15,000
```

8 자본변동표 (statement of changes in equity)

(1) 자본변동표의 개념

자본변동표란 기업의 자본금, 자본잉여금, 자본조정, 기타포괄손익누계액, 이익잉여금(또는 결손금)의 크기와 그 변동에 관한 정보를 포괄적으로 제공하기 위한 재무제표를 말한다.

(2) 자본변동표의 양식

자 본 변 동 표

××회사　　20×1년 1월 1일부터 20×1년 12월 31일까지　　단위: 원

과 목	자본금	자본잉여금	자본조정	기타포괄손익누계액	이익잉여금	총 계
20×1년 1월 1일	10,000	2,000	1,000	1,000	3,000	17,000
회계정책변경누적효과					500	500
전기오류수정					1,000	1,000
수정후이익잉여금					4,500	18,500
연차배당					(500)	(500)
기타이익잉여금처분액					(3,000)	(3,000)
처분후이익잉여금					1,000	15,000
중간배당					(300)	(300)
유상증자(감자)	3,000	400				3,400
당기순이익(손실)					1,600	1,600
자기주식취득			(200)			(200)
매도가능증권평가손익 등				(300)		(300)
20×1년 12월 31일	13,000	2,400	800	700	2,300	19,200

9 주석(footnotes)

(1) 주석의 개념

주석이란 재무제표상 금액에 대한 상세한 설명이나 내역으로 재무제표의 일부이다. 주석은 재무제표 본문에 표시되는 항목에 대한 설명이나 금액의 세부 내역뿐만 아니라 우발 상황이나 약정 사항과 같이 재무제표에 나타나지 않는 항목에 대한 추가적인 정보를 포함하여야 한다.

(2) 주석의 대상

일주석은 일반적으로 회계 정보 이용자가 재무제표를 이해하고 다른 기업의 재무제표와 비교하는데 도움이 될 수 있도록 다음과 같은 사항은 반드시 표시해야 한다.
① 재무제표 작성 기준 및 유의적인 거래와 회계 사건의 회계 처리에 적용한 회계 정책
② 일반기업회계기준에서 주석 공시를 요구하는 사항
③ 재무상태표, 손익계산서, 현금흐름표 및 자본변동표의 본문에 표시되지 않는 사항으로서 재무제표를 이해하는데 필요한 정보

(3) 주석의 표시

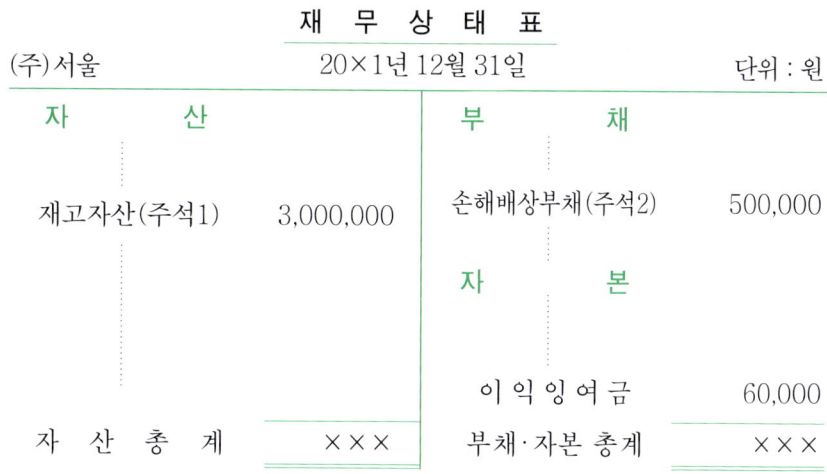

■ 재무상태표 주석(별지)
(1) 재무상태표는 일반 기업 회계 기준에 따라 작성되었다.
(2) 상품의 단위원가 결정 방법은 선입선출법을 적용하고 있음.
(3) 당사는 (주)한국과의 상표권 침해로 인한 소송에서 패소할 가능성이 확실하며, 그 손해 배상액은 ₩500,000일 것으로 예상함.

부 속 명 세 서

1. 재고자산명세서

품명	규격	금액	비고
컴퓨터	냉장고	1,000,000	
	세탁기	2,000,000	
합계		3,000,000	

기본연습문제

1. 한강상사의 제2기의 계정잔액에 의하여 일반기업회계기준에 의한 재무상태표를 작성하시오.

현 금	1,250,000	당 좌 예 금	620,000
단 기 매 매 증 권	434,000	매 출 채 권	1,200,000
상 품	138,000	건 물	2,000,000
단 기 차 입 금	450,000	매 입 채 무	1,150,000
대 손 충 당 금	24,000	감가상각누계액	118,000
자 본 금	3,650,000	당 기 순 이 익	250,000

재 무 상 태 표

한강상사   제2기 20×1년 12월 31일 현재   단위:원

과　　　　　　목	금　　　　　　액
자　　　　　　　　　　　　　산	
유　동　자　산	
당　좌　자　산	
현금및현금성자산	
단　기　투　자　자　산	
매　출　채　권	
재　고　자　산	
상　　　　　품	
비　유　동　자　산	
유　형　자　산	
건　　　　　물	
감　가　상　각　누　계　액 ( )	
자　　산　　총　　계	
부　　　　　　　　　　　　　채	
유　동　부　채	
단　기　차　입　금	
매　입　채　무	
부　　채　　총　　계	
자　　　　　　　　　　　　　본	
자　　본　　금	
당　기　순　이　익	
자　　본　　총　　계	
부　채　와　자　본　총　계	

2. (주)서울상사의 제2기의 다음 자료에 의하여 일반기업회계기준에 의한 손익계산서를 작성하시오.

매 출 액	7,000,000	매 입 액	5,400,000
기초상품재고액	450,000	기말상품재고액	500,000
급 여	380,000	세 금 과 공 과	130,000
소 모 품 비	100,000	대 손 상 각 비	80,000
감 가 상 각 비	70,000	이 자 비 용	30,000
임 대 료	60,000		

손 익 계 산 서

(주)서울상사   제2기 20×1년 1월 1일부터 12월 31일 까지   단위:원

과 목	금	액
매 출 액		
매 출 원 가	( )	
[ ]		
[ ]		
[ ]	( )	
매 출 총 이 익		
판 매 비 와 관 리 비	( )	
급 여		
[ ]		
[ ]		
[ ]		
[ ]		
영 업 이 익		
영 업 외 수 익		
[ ]		
영 업 외 비 용	( )	
이 자 비 용		
법인세비용차감전순이익		
법 인 세 비 용	(120,000)	
당 기 순 이 익		

5. 다음 잔액시산표와 기말 정리 사항에 의하여 재무상태표와 약식손익계산서(2구분)를 작성하시오.

잔 액 시 산 표

차변		대변	
현　　　　금	400,000	외상매입금	540,000
당 좌 예 금	300,000	지 급 어 음	220,000
단 기 대 여 금	240,000	대손충당금	4,000
받 을 어 음	400,000	건물감가상각누계액	140,000
외상매출금	360,000	자 본 금	2,000,000
이 월 상 품	460,000	매　　　　출	2,080,000
건　　　　물	800,000	이 자 수 익	16,000
매　　　　입	1,840,000		
급　　　　여	106,000		
보 험 료	24,000		
소 모 품 비	34,000		
이 자 비 용	36,000		
	5,000,000		5,000,000

【 기말정리사항 】

(1) 기말상품 재고액　₩ 600,000
(2) 대손충당금은 매출채권 기말 잔액의 2%를 설정
(3) 건물 감가상각비 취득원가의 5%
(4) 보험료 미경과분　　2,400
(5) 소모품 미사용액　　12,000
(6) 이자선수분　　　　3,000

【 기말정리사항 분개 】

No.	차변과목	금 액	대변과목	금 액
(1)				
(2)				
(3)				
(4)				
(5)				
(6)				

손 익 계 산 서

비 용	금 액	수 익	금 액
기초상품재고액		매 출 액	
당기매입액			
계			
기말상품재고액			
매 출 원 가			
매출총이익			
급　　　여		매출총이익	
보 험 료		이 자 수 익	
소 모 품 비			
[　　　]			
[　　　]			
이 자 비 용			
당기순이익			

재 무 상 태 표

자 산	금 액	부채·자본	금 액
현금및현금성자산		매 입 채 무	
단기금융자산		기 타 채 무	
매 출 채 권		납 입 자 본	
기 타 채 권		당기순이익	
재 고 자 산			
유 형 자 산			

적중예상문제

1. 재무제표의 작성 목적으로 볼 수 없는 것은? ★★★

① 일정 기간의 기업의 재무성과 파악
② 일정 시점의 기업의 재무상태 파악
③ 일정 기간의 기업의 현금흐름 파악
④ 일정 시점의 기업의 거래처 파악

2. 재무제표로부터 직접적으로 제공되는 정보가 아닌 것은? ★★

① 기업의 재무상태　　　② 기업의 재무성과
③ 기업의 현금흐름 변동　④ 기업의 재고량

3. 기업회계기준상의 재무제표가 아닌 것은? ★★★

① 재무상태표　　② 현금흐름표
③ 손익계산서　　④ 시산표

4. 계정과목 중 기업의 재무성과 측정과 직접적인 관계가 없는 항목은? ★★

① 매출액　　② 매입채무
③ 감가상각비　④ 급여

5. 유동자산에 속하지 않는 것은? ★

① 현금및현금성자산　② 상품
③ 비품　　　　　　　④ 매출채권

6. 제조업을 영위하는 (주)파스칼전자의 영업이익이 증가할 수 있는 요인으로 옳은 것은? ★★

① 매출액의 증가　　　② 기업업무추진비의 증가
③ 매출원가의 증가　　④ 배당금수익의 증가

7. 손익 계산서의 구분 이익 중 가장 먼저 표시되는 이익으로 적절한 것은?

① 영업이익 ② 당기순이익
③ 매출총이익 ④ 법인세비용차감전순이익

8. 기부금을 관리 부서 직원의 복리후생비로 회계 처리한 경우 나타나는 현상으로 옳지 않은 것은? ★

① 매출원가는 불변이다.
② 영업이익은 불변이다.
③ 매출총이익은 불변이다.
④ 법인세차감전순이익은 불변이다.

9. 다음 계정 중 영업 손익 계산에서 제외되어야 할 것만을 연결한 것은?

| ㄱ. 감가상각비 | ㄴ. 급여 | ㄷ. 대손상각비 |
| ㄹ. 기부금 | ㅁ. 이자비용 | ㅂ. 광고선전비 |

① ㄱ, ㄴ, ㄷ ② ㄱ, ㄹ, ㅁ
③ ㄴ, ㄹ, ㅁ ④ ㄹ, ㅁ

10. 다음 중 유동자산으로 분류되는 것이 아닌 것은?

① 선급금 ② 미수수익
③ 현금성자산 ④ 건물

11. 다음의 계정과목 중 기업의 재무상태 파악과 직접적인 관계가 없는 항목은?

① 자본금 ② 단기대여금
③ 매입채무 ④ 매출액

12. 다음 중 판매비와관리비에 속하지 않는 것은?

① 복리후생비 ② 세금과공과
③ 이자비용 ④ 기업업무추진비

13. 비유동부채로 분류되는 계정과목으로 짝지어진 것은? ★★★

① 사채, 단기차입금 ② 사채, 장기차입금
③ 장기차입금, 외상매입금 ④ 지급어음, 미지급금

14. 자산 계정을 재무상태표에 배열할 때 가장 먼저 배열되는 것은 어느 것인가? ★★

① 재고자산 ② 건물
③ 산업재산권 ④ 단기대여금

15. 금융자산에 해당하는 것은? ★

① 재고자산 ② 선급비용
③ 선급금 ④ 매출채권

16. 다음 자료에서 금융부채의 합계액을 계산하면 얼마인가? ★

| 가. 선 수 금 ₩50,000 | 나. 미 지 급 금 ₩60,000 |
| 다. 외상매입금 100,000 | |

① ₩110,000 ② ₩150,000
③ ₩160,000 ④ ₩210,000

17. 재무상태표가 정보이용자에게 제공하는 정보가 아닌 것은? ★

① 기업의 권리(자산), 의무(부채), 순자산(자본)에 관한 정보를 제공한다.
② 회계 실체의 한 회계 기간 동안의 재무성과(영업성과)를 나타낸다.
③ 결산 시점에 회계 실체의 재무상태를 나타내 준다.
④ 기업의 자기자본과 타인자본에 관한 정보를 제공한다.

18. 다음 중 재무상태표에 표시될 수 없는 계정과목으로 옳은 것은? ★

　ㄱ. 선급금　　ㄴ. 가수금　　ㄷ. 미지급금　　ㄹ. 현금과부족

① ㄱ, ㄷ　　　　　　② ㄴ, ㄷ
③ ㄴ, ㄹ　　　　　　④ ㄷ, ㄹ

19. 다음 항목 중 판매비와관리비에 해당하지 않는 것은?

① 거래처 직원의 식사대
② 매출채권에 대한 대손상각비
③ 업무용 건물에 대한 감가상각비
④ 단기투자자산평가손실

20. 일반기업회계기준에 따른 손익계산서에서 영업이익을 계산하는 방법으로 옳은 것은?

① 순매출액 - 매출원가
② 매출총이익 - 판매비와관리비
③ 법인세비용차감전순이익 - 법인세비용
④ 매출총이익 + 영업외수익 - 영업외비용

21. 상품 도매업을 영위하는 한국상사의 당기순이익은 얼마인가? ★

가. 매 출 액	120,000원	나. 매출원가	55,000원
다. 급　　여	10,000원	라. 임 차 료	5,000원

① 50,000원　　　　　② 55,000원
③ 65,000원　　　　　④ 120,000원

22. 금융자산 및 금융부채에 대한 설명이 옳지 않은 것은? ★★

① 재고자산은 금융자산이 될 수 없다.
② 선급금은 화폐를 미리 지불한 것이므로 금융자산이다.
③ 선수금은 미래에 재화나 용역을 제공해야 할 의무이므로 금융부채가 아니다.
④ 특허권은 무형자산이므로 금융자산이 아니다.

23. 다음 손익계산서의 (㉠)과 (㉡)에 알맞은 금액은 얼마인가?

손 익 계 산 서

과 목	금	액
매 출 액		1,640,000
매 출 원 가		(㉡)
기 초 상 품 재 고 액	300,000	
당 기 매 입 액	(㉠)	
기 말 상 품 재 고 액	440,000	
매 출 총 이 익		240,000

① ㉠ ₩1,540,000, ㉡ ₩1,400,000
② ㉠ ₩1,400,000, ㉡ ₩1,540,000
③ ㉠ ₩2,020,000, ㉡ ₩1,880,000
④ ㉠ ₩1,260,000, ㉡ ₩1,400,000

24. 다음 설명의 (가), (나)의 내용으로 옳은 것은?

> 전자제품 판매점에서 세탁기 판매액은 (가)이며, 세탁기를 운반하는데 사용하는 화물차를 처분하면서 얻은 이익은 (나)이다.

① (가) 영업수익   (나) 영업외수익
② (가) 영업외수익   (나) 영업수익
③ (가) 영업비용   (나) 영업외수익
④ (가) 영업외수익   (나) 영업비용

25. 부채를 발생시키는 거래로 옳지 않은 것은? ★★
① 화재보험에 가입하면서 2년간의 보험료로 현금 ₩20,000을 지급하다.
② 상품 매출을 계약하고 계약금으로 ₩200,000을 자기앞수표로 받다.
③ 거래처에 현금 ₩200,000을 2년간 대여하면서 2년간 이자 ₩20,000을 미리 받다.
④ 은행으로부터 현금 ₩200,000을 대출받다.

06 전표회계

【 NCS 연결고리 】

능력 단위	전표 관리 (0203020101_20v4)	능력 단위 요소 (수준)	전표 작성하기(0203020101_20v4.2)(2수준)
영역과의 관계	회계상 거래를 인식하고, 분개를 통한 전표를 작성하고 관리하는데 도움이 될 것이다.		

1 전표(Slip)회계

전표란 거래를 최초로 기록하고 또 관련부서에 전달할 수 있도록 일정한 양식을 갖춘 용지를 말한다. 따라서 전표는 분개장의 대용으로 원장에 전기하는 것으로, 다음과 같은 장점이 있다.

【 전표회계의 장점 】

(1) 기장사무의 분담을 촉진한다.
(2) 분개장의 대용으로 장부조직을 간소화할 수 있다.
(3) 장부 검사의 수단으로 이용할 수 있다.
(4) 기록에 대한 책임소재가 명확하여진다.
(5) 거래내용을 신속하게 전달할 수 있다.

2 전표의 종류

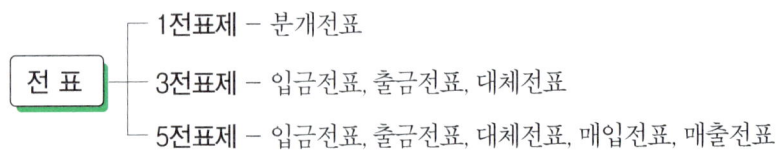

• 출제기준에는 3전표제만 인정하고 있다.

3 전표의 집계와 원장 전기

기본연습문제

1. 서울상사의 5월 1일 거래에 의하여 약식전표(입금, 출금, 대체전표)와 일계표를 작성하고, 아래 계정에 전기하시오. 단, 상품에 관한 거래는 2분법(상품매입 시는 상품계정, 매출 시에는 상품매출계정)으로 처리한다.

(1) 한강상사에 상품 ₩300,000을 매출하고, 대금은 현금으로 받다.
(2) 영업용 컴퓨터 1대 ₩120,000을 구입하고, 대금은 현금으로 지급하다.
(3) 명륜상사에서 상품 ₩350,000을 매입하고, 대금 중 ₩100,000은 현금으로 지급하고, 잔액은 외상으로 하다.
(4) 경북상사에 상품 ₩400,000을 매출하고, 대금은 외상으로 하다.
(5) 당월분 종업원급여 ₩30,000을 현금으로 지급하다.

입 금 전 표		출 금 전 표	

출 금 전 표		출 금 전 표	

대 체 전 표		대 체 전 표	

일 계 표
20×1년 5월 1일

차 변	원면	계정과목	대 변
		현 금	
		외 상 매 출 금	
		상 품	
		비 품	
		외 상 매 입 금	
		상 품 매 출	
		급 여	

현   금
5/1 전기이월 50,000

외 상 매 입 금
5/1 전기이월 30,000

2. 부산상사의 8월에 발생된 거래 중 이미 작성된 전표와 미작성된 아래 거래를 약식전표에 기입하고, 분개집계표를 작성하여 아래 계정에 전기하시오.

8월 16일 삼성상사에 상품 ₩1,200,000을 매출하고, 대금은 동점발행수표로 받다.

19일 삼일상사에서 상품 ₩500,000을 매입하고, 대금 중 ₩200,000은 받아두었던 자기앞수표로 지급하고, 잔액은 월말에 지급하기로 하다.

23일 부영상사의 외상매출금 ₩230,000을 현금으로 회수하다.

25일 사무용 컴퓨터 ₩2,000,000을 구입하고, 대금 중 ₩1,000,000은 수표를 발행하여 지급하고, 나머지는 1개월 후에 지급하기로 하다.

30일 당월분 판매비와관리비 ₩320,000을 현금으로 지급하다.

입 금 전 표	출 금 전 표
외상매출금 ₩150,000	외상매입금 ₩150,000

입 금 전 표	출 금 전 표
상 품 매 출 ₩200,000	상 품 ₩200,000

입 금 전 표	출 금 전 표
당 좌 예 금 ₩320,000	지 급 어 음 ₩150,000

( ) 전 표	( ) 전 표

( ) 전 표	( ) 전 표

대 체 전 표	대 체 전 표
외상매출금 ₩250,000 │ 상품매출 ₩250,000	외상매입금 ₩300,000 │ 외상매출금 ₩300,000

( ) 전 표	( ) 전 표

(   ) 전 표

분 개 집 계 표
20×1년 8월 31일

차 변	원면	매수	계정과목	매수	대 변
	(생략)		현　　　　　금		
			당　좌　예　금		
			외 상 매 출 금		
			상　　　　　품		
			비　　　　　품		
			외 상 매 입 금		
			지　급　어　음		
			미　지　급　금		
			상　품　매　출		
			판매비와관리비		

```
       현          금              (1)            외 상 매 출 금           (3)
────────────────────────            ────────────────────────
8/1 전월이월 650,000                 8/1 전월이월 850,000


      외 상 매 입 금              (8)
────────────────────────
         8/1 전월이월 350,000
```

적중예상문제

1. 전표제도의 장점을 설명한 것으로 옳지 않은 것은? ★★★

   ① 총계정원장을 대신해서 사용할 수 있으므로 장부조직을 간소화 할 수 있다.
   ② 책임소재를 명확히 하고 거래의 발생사실을 증명할 수 있다.
   ③ 거래를 다른 부서에 쉽게 전달할 수 있어 분과제도를 용이하게 한다.
   ④ 각 부서별로 기장 사무를 분담할 수 있다.

2. 분개장 및 전표에 대한 설명으로 잘못된 것은? ★★★

   ① 거래의 발생순서대로 분개장에 기록한다.
   ② 총계정원장에 전기하기 위한 이전단계로 분개장에 분개를 한다.
   ③ 분개장 대신에 전표를 사용하기도 한다.
   ④ 3전표제에서 3전표란 입금전표, 매출전표, 대체전표를 말한다.

3. 전표회계의 특징으로 타당하지 않은 것은?

   ① 기장사무의 분담을 촉진한다.
   ② 분개장의 역할을 대신할 수 있다.
   ③ 보존이 편리한 반면에 기록에 대한 책임소재가 불명확하다.
   ④ 거래 내용을 신속하게 전달할 수 있다.

4. 다음 입금전표를 바르게 분개한 것은? ★

입 금 전 표	
외 상 매 출 금	50,000

   ① (차) 외상매출금 50,000   (대) 상 품 매 출 50,000
   ② (차) 현   금 50,000   (대) 상 품 매 출 50,000
   ③ (차) 현   금 50,000   (대) 외상매출금 50,000
   ④ (차) 당 좌 예 금 50,000   (대) 외상매출금 50,000

5. 외상매입금을 지급함에 있어 ₩50,000은 현금으로 지급하고, 잔액 ₩100,000 은 소지하고 있던 자기앞수표로 지급한 경우 작성되는 전표는? 단, 3전표제에 의한다.

① 입금전표
② 출금전표
③ 입금전표, 매입전표
④ 출금전표, 대체전표

6. (주)서울의 총계정원장 각 계정에 전기한 내용 중 출금전표에 기입되었던 내용으로 옳은 것은?(단, 3전표제에 의한다.) ★

① 현　　　금		② 보 통 예 금	
미수금 50,000			현　금 300,000

③ 임　대　료		④ 이 자 비 용	
	현　금 700,000	현　금 20,000	

7. "상품 ₩100,000을 매입하고, 대금 중 ₩80,000은 당좌수표를 발행하여 지급하고, 잔액은 외상으로 하다"의 거래를 3전표제로 기입할 대 사용되는 전표는?

① 대체전표
② 출금전표
③ 출금전표, 대체전표
④ 입금전표, 대체전표

8. 다음 전표에 의해 일계표를 작성한다면 차변 합계액은 얼마인가? ★★

입　금　전　표		입　금　전　표	
상품매출	20,000	외상매출금	5,000

출　금　전　표		대　체　전　표	
이 자 비 용	1,000	외상매출금 10,000	상품매출 10,000

① ₩36,000
② ₩35,000
③ ₩25,000
④ ₩20,000

9. 3전표 제도에서 입금전표에 기입될 거래로 옳은 것은? ★★

① 전화요금 ₩10,000을 현금으로 지급하다.
② 보통예금에서 현금 ₩500,000을 인출하다.
③ 외상매입대금 ₩2,000,000은 어음을 발행하여 지급하다.
④ 업무용 선풍기를 ₩70,000에 구입하고 대금은 신용카드로 결제하다.

10. 다음 거래를 전표에 기표할 때 전표의 종류와 계정과목으로 옳은 것은? 단, 상품매매는 3분법, 전표제도는 3전표제에 의한다. ★

> 청량상점에 상품 100개(@₩2,000)를 매출하고, 대금은 동점 발행 당좌수표로 받다.

① 입금전표, 상품매출　　　　② 입금전표, 상품
③ 출금전표, 상품매출　　　　④ 대체전표, 상품매출

11. (주)대한의 10월 거래를 전표에 기입한 내용은 다음과 같다. 이 전표를 통해서 알 수 있는 내용이 아닌 것은? ★

> • 입금전표　　상 품 매 출　　₩100,000
> • 입금전표　　외상매출금　　₩20,000
> • 출금전표　　급　　　여　　₩30,000
> • 대체전표　　(차) 토지　500,000　(대) 미지급금　500,000

① 현금 계정의 증가액은 ₩90,000이다.
② 거래의 발생건수는 4건이다.
③ 입금전표 외상매출금 ₩20,000의 의미는 '상품 ₩20,000을 매출하고 대금을 외상으로 하다' 이다.
④ 토지를 ₩500,000에 구입하고 대금을 아직 지급하지 않았다.

12. 종업원의 작업복 ₩50,000을 구입하고 대금은 신용카드를 사용하다. 거래가 기입되어야 할 전표로 옳은 것은? ★

① 출금전표　　　　　　　　② 입금전표
③ 매입전표　　　　　　　　④ 대체전표

Chapter 04 · 해답편

➡ 해답을 참고하여도 이해할 수 없는 문제는 도서출판 파스칼 홈페이지(www.pascal25.com)의 고객센터-[질문과 답변] 코너를 활용하시기 바랍니다.

정답 및 해설

제1장 • 회계와 순환 과정

01 회계의 기초

 기본연습문제

1. (1) 회계정보   (2) 재무회계, 관리회계
   (3) 단식부기, 복식부기, 영리부기, 비영리부기
   (4) 회계단위, 회계기간, 회계연도
   (5) 1494, 루카파치올리   (6) 배분, 수탁

2. (1) ○   (2) ×   (3) ○   (4) ×   (5) ○   (6) ×   (7) ○
   (8) ○   (9) ×   (10) ○

3. (1) 영   (2) 영   (3) 비   (4) 영   (5) 비   (6) 비   (7) 영
   (8) 비   (9) 영

4. (1) c   (2) g   (3) h   (4) i   (5) d   (6) f
   (7) e   (8) l   (9) j   (10) n   (11) m   (12) a
   (13) b   (14) k

적중예상문제
1. ③   2. ④   3. ④   4. ①   5. ①
6. ④   7. ④   8. ④

02 기업의 재무상태

 기본연습문제

1. (1) 자산, 부채
   (2) 차변, 대변
   (3) 자산총액, 부채총액
   (4) 재무상태표
   (5) 자산, 운용, 부채, 자본, 원천
   (6) 자산 - 부채 = 자본
   (7) 자산 = 부채 + 자본
   (8) ① 기말자본 - 기초자본, ② 기초자본 - 기말자본

2. (1) A   (2) L   (3) A   (4) A   (5) L   (6) A
   (7) C   (8) A   (9) A   (10) A   (11) L   (12) L
   (13) A   (14) A   (15) L   (16) A   (17) L   (18) L
   (19) A   (20) A   (21) A

3. ① 400,000   ② 500,000   ③ 100,000   ④ 650,000
   ⑤ 400,000   ⑥ △50,000

4.
재무상태표

제주상사		20×1년 1월 1일 현재		단위 : 원
자 산	금 액	부채·자본		금 액
현금및현금성자산	400,000	매 입 채 무		650,000
단 기 투 자 자 산	400,000	단 기 차 입 금		350,000
매 출 채 권	300,000	자 본 금		1,000,000
상 품	200,000			
건 물	700,000			
	2,000,000			2,000,000

▶ 한국채택국제회계기준(K-IFRS)에서는 단기투자자산을 단기금융자산이라 한다.

5.
재무상태표

서울상사		20×1년 1월 1일 현재		단위 : 원
자 산	금 액	부채·자본		금 액
현금및현금성자산	500,000	매 입 채 무		500,000
단 기 투 자 자 산	350,000	단 기 차 입 금		400,000
매 출 채 권	450,000	자 본 금		1,500,000
상 품	300,000			
건 물	800,000			
	2,400,000			2,400,000

6.
재무상태표

한국상사		20×1년 1월 1일		
자 산	금 액	부채·자본		금 액
현금및현금성자산	700,000	매 입 채 무		250,000
매 출 채 권	300,000	단 기 차 입 금		150,000
상 품	200,000	자 본 금		800,000
	1,200,000			1,200,000

재무상태표

한국상사		20×1년 12월 31일		
자 산	금 액	부채·자본		금 액
현금및현금성자산	800,000	매 입 채 무		650,000
단 기 투 자 자 산	200,000	단 기 차 입 금		350,000
매 출 채 권	400,000	자 본 금		800,000
상 품	300,000	당 기 순 이 익		400,000
건 물	500,000			
	2,200,000			2,200,000

적중예상문제
1. ④   2. ③   3. ①   4. ④   5. ④
6. ③   7. ③   8. ③   9. ④   10. ①

03 기업의 손익계산

1. (1) 수익, 비용
   (2) 당기순이익, 증가
   (3) 당기순손실, 감소
   (4) 손익계산서
   (5) 총비용 + (당기순이익) = (총수익)
       총비용 = (총수익) + (당기순손실)

2. (1) R   (2) E   (3) R   (4) E   (5) R   (6) E
   (7) E   (8) R   (9) E   (10) R   (11) E   (12) E
   (13) E   (14) E   (15) E   (16) R   (17) E   (18) E
   (19) E   (20) E   (21) E

3. (1) 재무상태 - 재무상태표, 기초자본, 기말자본
   (2) 재무(경영)성과 - 손익계산서, 총비용, 총수익

Chapter Five

4.

손 익 계 산 서
한강상사　20×1년 1월 1일부터 12월 31일까지　단위 : 원

비　용	금　액	수　익	금　액
급　　　　여	240,000	상품매출이익	350,000
통　신　비	20,000	이 자 수 익	30,000
보　험　료	30,000	임　대　료	50,000
여비교통비	40,000	수수료수익	70,000
광고선전비	50,000		
당기순이익	120,000		
	500,000		500,000

5.

손 익 계 산 서
마포상사　20×1년 1월 1일부터 12월 31일까지　단위 : 원

비　용	금　액	수　익	금　액
급　　　　여	185,000	상품매출이익	250,000
보　험　료	25,000	이 자 수 익	30,000
수도광열비	35,000	임　대　료	20,000
임　차　료	40,000	당기순손실	20,000
소모품비	20,000		
잡　손　실	15,000		
	320,000		320,000

6.

재 무 상 태 표 (기 초)
대한상사　20×1년 1월 1일　단위 : 원

자　산	금　액	부채·자본	금　액
현금및현금성자산	400,000	매 입 채 무	500,000
단기투자자산	800,000	단기차입금	300,000
매 출 채 권	300,000	자　본　금	2,000,000
상　　품	900,000		
토　　지	400,000		
	2,800,000		2,800,000

재 무 상 태 표 (기 말)
대한상사　20×1년 12월 31일　단위 : 원

자　산	금　액	부채·자본	금　액
현금및현금성자산	560,000	매 입 채 무	400,000
단기투자자산	800,000	단기차입금	200,000
매 출 채 권	640,000	자　본　금	2,000,000
상　　품	600,000	당기순이익	400,000
토　　지	400,000		
	3,000,000		3,000,000

손 익 계 산 서
대한상사　20×1년 1월 1일부터 12월 31일까지　단위 : 원

비　용	금　액	수　익	금　액
급　　　여	240,000	상품매출이익	900,000
보　험　료	60,000	이 자 수 익	100,000
광고선전비	30,000		
통　신　비	80,000		
임　차　료	150,000		
이 자 비 용	40,000		
당기순이익	400,000		
	1,000,000		1,000,000

【물음】　(1) ₩2,000,000　(2) ₩3,000,000　(3) ₩2,400,000
　　　　 (4) ₩600,000　(5) ₩400,000

7.

재 무 상 태 표
종로상사　20×1년 12월 31일　단위 : 원

자　산	차　변	부채·자본	대　변
현금및현금성자산	60,000	매 입 채 무	186,000
단기투자자산	118,000	단기차입금	140,000
매 출 채 권	470,000	자　본　금	532,000
상　　품	168,000	당기순이익	48,000
건　　물	90,000		
	906,000		906,000

손 익 계 산 서
종로상사　20×1년 1월 1일부터 12월 31일까지　단위 : 원

비　용	차　변	수　익	대　변
급　　　　여	120,000	상품매출이익	282,000
광고선전비	70,000	이 자 수 익	38,000
보　험　료	8,000		
여비교통비	20,000		
임　차　료	50,000		
잡　　　비	4,000		
당기순이익	48,000		
	320,000		320,000

8.

① 20,000　② 30,000　③ 10,000　④ 100,000　⑤ 140,000
⑥ 50,000　⑦ 40,000　⑧ 350,000　⑨ 300,000　⑩ 185,000
⑪ −15,000　⑫ 130,000　⑬ 80,000　⑭ 100,000　⑮ 20,000
⑯ 30,000　⑰ 200,000　⑱ 210,000　⑲ 110,000

적중예상문제

1. ③　2. ③　3. ③　4. ②　5. ①　6. ①
7. ①　8. ④　9. ②　10. ③　11. ②　12. ①
13. ④　14. ①　15. ②　16. ①　17. ③

[해설]

11　㉠ 2,800,000 − 2,300,000 = 500,000(순이익)
　　　㉡ (3,000,000 − 500,000) − 500,000 = 2,000,000

12　• 당기순이익 : ₩70,000
　　　• 기말자본 : ₩1,540,000
　　　• 기초자본 : ₩1,470,000
　　　∴ 2,150,000 − 1,470,000 = 680,000(기초부채)

13　• (200,000+120,000) − (100,000−40,000) = 260,000

14　• 9,000,000 − 7,000,000 = 2,000,000
　　　• 4,000,000 + 2,000,000 = 6,000,000

17　남도상사 : 기말자본 − 기초자본 = 230,000(당기순이익)
　　　총비용 + 당기순이익 = 350,000(총수익)

04 거 래

1. ㉠ 상품을 매입하고, 대금은 현금으로 지급하다.
㉡ 상품을 매입하고, 대금은 외상으로 하다.
㉢ 현금을 출자하여 영업을 개시하다.
㉣ 이자를 현금으로 받다.
㉤ 외상매입금을 현금으로 지급하다.
㉥ 채무를 면제받다.
㉦ 점주가 개인적으로 현금을 가져가다.
㉧ 집세를 현금으로 지급하다.

2. (1) ○ (2) × (3) ○ (4) ○ (5) ○
(6) × (7) ○ (8) ○ (9) ○ (10) ○

3.

No.	차변요소	대변요소	거래의 종류
(1)	자산의 증가	부채의 증가	교 환 거 래
(2)	자산의 증가	자본의 증가	교 환 거 래
(3)	자산의 증가	자산의 감소	교 환 거 래
(4)	자산의 증가	부채의 증가	교 환 거 래
(5)	자산의 증가	자산의 감소	교 환 거 래
(6)	자산의 증가	자산의 감소 부채의 증가	교 환 거 래
(7)	부채의 감소	자산의 감소	교 환 거 래
(8)	자본의 감소	자산의 감소	교 환 거 래
(9)	자산의 증가	자산의 감소	교 환 거 래
(10)	자산의 증가	부채의 증가	교 환 거 래
(11)	자산의 증가	자본의 증가	교 환 거 래
(12)	자산의 증가	자산의 감소	교 환 거 래
(13)	부채의 감소	자산의 감소	교 환 거 래
(14)	자산의 증가	자산의 감소	교 환 거 래
(15)	자산의 증가	자산의 감소	교 환 거 래

4.

No.	차변요소	대변요소	거래의 종류
(1)	자산의 증가	수익의 발생	손 익 거 래
(2)	비용의 발생	자산의 감소	손 익 거 래
(3)	자산의 증가	수익의 발생	손 익 거 래
(4)	비용의 발생	자산의 감소	손 익 거 래
(5)	비용의 발생	자산의 감소	손 익 거 래
(6)	자산의 증가	수익의 발생	손 익 거 래
(7)	비용의 발생	자산의 감소	손 익 거 래
(8)	자산의 증가	자산의 감소 수익의 발생	혼 합 거 래
(9)	자산의 증가	자산의 감소 수익의 발생	혼 합 거 래
(10)	부채의 감소 비용의 발생	자산의 감소	혼 합 거 래

1. ③ 2. ① 3. ③ 4. ② 5. ③
6. ② 7. ① 8. ② 9. ① 10. ②
11. ③ 12. ④ 13. ③

05 계 정

1. (1) 계정, 계정과목, 계정계좌
(2) 이중성, 대차평균
(3) 자산, 부채, 자본, 수익, 비용
(4) 차변, 대변

2. (1) 차 (2) 차 (3) 대 (4) 차 (5) 대 (6) 대 (7) 대
(8) 차 (9) 차 (10) 차 (11) 차 (12) 대 (13) 차 (14) 대
(15) 차 (16) 차 (17) 차 (18) 대 (19) 대 (20) 차 (21) 차

적중예상문제
1. ① 2. ② 3. ② 4. ④ 5. ③
6. ① 7. ③ 8. ④

06 분개와 전기

기본연습문제

1. (1) 보조부, 분개장, 총계정원장, 보조기입장, 보조원장
(2) 분개, 분개장, 병립식
(3) 총계정원장, 표준식, 잔액식
(4) 전기

Chapter Five

2.

No.	차변과목	금액	대변과목	금액
(1)	현 금	1,000,000	자 본 금	1,000,000
(2)	현 금	500,000	단기차입금	500,000
(3)	현 금	300,000	상 품	300,000
(4)	현 금	60,000	수수료수익	60,000
(5)	현 금	150,000	외상매출금	150,000
(6)	현 금	500,000	상 품 상품매출이익	470,000 30,000
(7)	현 금	206,000	단기대여금 이 자 수 익	200,000 6,000
(8)	현 금	8,000	이 자 수 익	8,000

3.

No.	차변과목	금액	대변과목	금액
(1)	상 품	500,000	현 금	500,000
(2)	비 품	1,000,000	현 금	1,000,000
(3)	임 차 료	300,000	현 금	300,000
(4)	외상매입금	120,000	현 금	120,000
(5)	단기차입금 이 자 비 용	500,000 20,000	현 금	520,000
(6)	이 자 비 용	6,000	현 금	6,000
(7)	당 좌 예 금	450,000	현 금	450,000

4.

No.	차변과목	금액	대변과목	금액
(1)	상 품	200,000	현 금 외상매입금	150,000 50,000
(2)	상 품	350,000	당 좌 예 금	350,000
(3)	상 품	500,000	지 급 어 음	500,000
(4)	비 품	800,000	현 금 미 지 급 금	500,000 300,000
(5)	현 금 외상매출금	150,000 100,000	상 품	250,000
(6)	당 좌 예 금	300,000	상 품	300,000
(7)	현 금 외상매출금	250,000 250,000	상 품 상품매출이익	470,000 30,000

5.

분 개 장 (1)

날짜	적요	원면	차변	대변
6 1	(현 금) 　　(자본금) 현금출자 영업개시	1 7	1,000,000	1,000,000
3	(비 품) 　　(현 금) 영업용 책상, 의자 구입	4 1	150,000	150,000
8	(상 품) 제 좌 　　(현 금) 　　(외상매입금) 상품 매입	3 1 5	500,000	300,000 200,000
10	(현 금) 　　(단기차입금) 차입하다	1 6	800,000	800,000
15	(현 금) 200,000 (외상매출금) 180,000 제 좌 제 좌 (상 품) 　　(상품매출이익) 상품 매출	1 2 3 8	200,000 180,000	300,000 80,000
18	(외상매입금) 　　(현 금) 외상매입금 지급 다음면에	5 1	100,000 2,930,000	100,000 2,930,000

분 개 장 (2)

날짜	적요	원면	차변	대변
6 20	앞면에서 (현 금) 　　(외상매출금) 외상매출금 회수	1 2	2,930,000 150,000	2,930,000 150,000
23	제 좌 (현 금) (단기차입금) (이자비용) 단기차입금과 이자 지급	1 6 10	500,000 10,000	510,000
25	(급 여) 　　(현 금) 종업원 월급 지급	9 1	80,000 3,670,000	80,000 3,670,000

총 계 정 원 장

현 금 (1)

6/1 자 본 금	1,000,000	6/3 비 품	150,000
10 단기차입금	800,000	8 상 품	300,000
15 제 좌	200,000	18 외상매입금	100,000
20 외상매출금	150,000	23 제 좌	510,000
		25 급 여	80,000

외 상 매 출 금 (2)

| 6/15 제 좌 | 180,000 | 6/20 현 금 | 150,000 |

상 품 (3)

| 6/8 제 좌 | 500,000 | 6/15 제 좌 | 300,000 |

비 품 (4)

| 6/3 현 금 | 150,000 | | |

외 상 매 입 금 (5)

| 6/18 현 금 | 100,000 | 6/8 상 품 | 200,000 |

단 기 차 입 금 (6)

| 6/23 현 금 | 500,000 | 6/10 현 금 | 800,000 |

자 본 금 (7)

| | | 6/1 현 금 | 1,000,000 |

상 품 매 출 이 익 (8)

| | | 6/15 제 좌 | 80,000 |

급 여 (9)

| 6/25 현 금 | 80,000 | | |

이 자 비 용 (10)

| 6/23 현 금 | 10,000 | | |

6.

No.	차변과목	금 액	대변과목	금 액
(1)	보통예금	500,000	현 금	500,000
(2)	상 품	305,000	현 금	305,000
(3)	소 모 품 비	14,650	현 금	14,650
(4)	차량운반구	1,000,000	당 좌 예 금	1,000,000
(5)	차 량 유 지 비	10,000	현 금	10,000
(6)	분 개 없 음			
(7)	당 좌 예 금	200,000	외 상 매 출 금	200,000
(8)	복 리 후 생 비	34,000	현 금	34,000
(9)	현 금	20,000	잡 이 익	20,000
(10)	수 도 광 열 비	60,000	현 금	60,000
(11)	도 서 인 쇄 비	15,000	보 통 예 금	15,000
(12)	외 상 매 출 금 운 반 비	500,000 15,000	상 품 상품매출이익 현 금	380,000 120,000 15,000
(13)	현 금	20,000	이 자 수 익	20,000
(14)	단 기 대 여 금	500,000	현 금	500,000
(15)	보 관 료	8,000	현 금	8,000

7.

No.	차변과목	금 액	대변과목	금 액
4/1	현 금	2,000,000	자 본 금	2,000,000
3	비 품	300,000	현 금	300,000
6	상 품	450,000	현 금 외 상 매 입 금	250,000 200,000
10	현 금	800,000	단 기 차 입 금	800,000
12	외 상 매 입 금	100,000	현 금	100,000
15	외 상 매 출 금	380,000	상 품 상품매출이익	300,000 80,000
23	현 금	200,000	외 상 매 출 금	200,000
25	급 여	350,000	현 금	350,000

현 금
4/ 1 자 본 금	2,000,000	4/ 3 비 품	300,000
10 단기차입금	800,000	6 상 품	250,000
23 외상매출금	200,000	12 외상매입금	100,000
		25 급 여	350,000

외 상 매 출 금
4/15 제 좌	380,000	4/23 현 금	200,000

상 품
4/ 6 제 좌	450,000	4/15 외상매출금	300,000

비 품
4/ 3 현 금	300,000		

외 상 매 입 금
4/12 현 금	100,000	4/ 6 상 품	200,000

단 기 차 입 금
		4/10 현 금	800,000

자 본 금
	4/ 1 현 금	2,000,000

상 품 매 출 이 익
	4/15 외상매출금	80,000

급 여
4/25 현 금	350,000		

8.

월일	차변과목	금 액	대변과목	금 액
4/1	현 금	800,000	자 본 금	800,000
6	상 품	300,000	현 금 외 상 매 입 금	200,000 100,000
10	외 상 매 출 금	350,000	상 품 상품매출이익	300,000 50,000
15	외 상 매 입 금	50,000	현 금	50,000
20	현 금	300,000	외 상 매 출 금	300,000

9.

No.	거 래 추 정
(1)	현금 ₩700,000을 출자하여 영업을 개시하다.
(2)	영업용 비품 ₩50,000을 현금으로 구입하다.
(3)	상품 ₩200,000을 외상으로 매입하다.
(4)	상품 ₩500,000을 매입하고, 대금 중 ₩300,000은 현금으로 지급하고, 잔액은 외상으로 하다.
(5)	현금 ₩200,000을 차입하다.
(6)	외상매입금 ₩150,000을 현금으로 지급하다.
(7)	상품 ₩420,000(원가 ₩300,000)을 외상매출하다.
(8)	외상매출금 ₩80,000을 현금으로 회수하다.

적중예상문제

1. ③   2. ①   3. ③   4. ③   5. ①
6. ④   7. ④   8. ①   9. ③   10. ③
11. ①   12. ②

07 시산표와 정산표

Chapter Five

1.

합 계 시 산 표

차 변	원면	계정과목	대 변
670,000	1	현　　　　금	370,000
380,000	2	외 상 매 출 금	130,000
350,000	3	상　　　　품	250,000
130,000	4	외 상 매 입 금	250,000
	5	단 기 차 입 금	100,000
	6	자 본 금	400,000
	7	상품매출이익	100,000
60,000	8	급　　　　여	
10,000	9	이 자 비 용	
1,600,000			1,600,000

잔 액 시 산 표

차 변	원면	계정과목	대 변
300,000	1	현　　　　금	
250,000	2	외 상 매 출 금	
100,000	3	상　　　　품	
	4	외 상 매 입 금	120,000
	5	단 기 차 입 금	100,000
	6	자 본 금	400,000
	7	상품매출이익	100,000
60,000	8	급　　　　여	
10,000	9	이 자 비 용	
720,000			720,000

합 계 잔 액 시 산 표

차 변		원면	계정과목	대 변	
잔 액	합 계			합 계	잔 액
300,000	670,000	1	현　　　　금	370,000	
250,000	380,000	2	외 상 매 출 금	130,000	
100,000	350,000	3	상　　　　품	250,000	
	130,000	4	외 상 매 입 금	250,000	120,000
		5	단 기 차 입 금	100,000	100,000
		6	자 본 금	400,000	400,000
		7	상품매출이익	100,000	100,000
60,000	60,000	8	급　　　　여		
10,000	10,000	9	이 자 비 용		
720,000	1,600,000			1,600,000	720,000

2.

잔 액 시 산 표

차 변	원면	계정과목	대 변
150,000	1	현금및현금성자산	
80,000	2	단 기 대 여 금	
170,000	3	외 상 매 출 금	
200,000	4	상　　　　품	
100,000	5	비　　　　품	
	6	외 상 매 입 금	130,000
	7	단 기 차 입 금	50,000
	8	자 본 금	500,000
	9	상품매출이익	80,000
	10	이 자 수 익	20,000
68,000	11	급　　　　여	
12,000	12	보 험 료	
780,000			780,000

3.

합 계 잔 액 시 산 표

차 변		원면	계정과목	대 변	
잔 액	합 계			합 계	잔 액
(150,000)	200,000	1	현금및현금성자산	50,000	
200,000	(300,000)	2	매 출 채 권	100,000	
120,000	250,000	3	상　　　　품	(130,000)	
80,000	(80,000)	4	비　　　　품		
	80,000	5	매 입 채 무	230,000	(150,000)
		6	단 기 차 입 금	(70,000)	70,000
		7	자 본 금	(300,000)	(300,000)
		8	상품매출이익	150,000	(150,000)
		9	수 수 료 수 익	(10,000)	10,000
90,000	(90,000)	10	급　　　　여		
(30,000)	30,000	11	임 차 료		
(10,000)	10,000	12	이 자 비 용		
(680,000)	1,040,000			1,040,000	(680,000)

4.

정 산 표

계정과목	잔액시산표		손익계산서		재무상태표	
	차 변	대 변	차 변	대 변	차 변	대 변
현　　　금	250,000				(250,000)	
단 기 대 여 금	150,000				(150,000)	
외 상 매 출 금	200,000				(200,000)	
단 기 대 여 금	100,000				(100,000)	
상　　　품	400,000				(400,000)	
비　　　품	50,000				(50,000)	
외상매입금		250,000				(250,000)
단기차입금		400,000				(400,000)
자 본 금		450,000				(450,000)
상품매출이익		75,000		(75,000)		
급　　　여	20,000		(20,000)			
이 자 비 용	5,000		(5,000)			
당기순이익			(50,000)			(50,000)
	1,175,000	1,175,000	(75,000)	(75,000)	(1,150,000)	(1,150,000)

5.

정 산 표

계정과목	잔액시산표		손익계산서		재무상태표	
	차 변	대 변	차 변	대 변	차 변	대 변
현금및현금성자산	300,000				(300,000)	
단 기 대 여 금	120,000				(120,000)	
매 출 채 권	200,000				(200,000)	
상　　　품	130,000				(130,000)	
매 입 채 무		230,000				(230,000)
단기차입금		120,000				(120,000)
미 지 급 금		80,000				(80,000)
자 본 금		(400,000)				(400,000)
상품매출이익		150,000		(150,000)		
이 자 수 익		70,000		(70,000)		
급　　　여	255,000		(255,000)			
이 자 비 용	45,000		(45,000)			
당기순손실				(80,000)	(80,000)	
	(1,050,000)	(1,050,000)	(300,000)	(300,000)	(830,000)	(830,000)

적중예상문제

1. ③　　2. ④　　3. ③　　4. ①　　5. ④

08 결산

기본연습문제

1. (1) 4 (2) 2 (3) 1 (4) 6 (5) 7
   (6) 3 (7) 8 (8) 5

2.

자 본 금		상품매출이익	
	750,000	손 익 130,000	40,000
손 익 46,000			50,000
			40,000
		130,000	130,000

수 수 료 수 익	
손 익 5,000	5,000

급 여		손 익	
50,000	손 익 50,000	종업원급여 50,000	상품매출이익 130,000
		임 차 료 35,000	수수료수익 5,000
임 차 료		이자비용 4,000	
35,000	손 익 35,000	자 본 금 46,000	
		135,000	135,000

이 자 비 용	
4,000	손 익 4,000

No.	구 분	차변과목	금 액	대변과목	금 액
(1)	수익 계정 대체 분개	상품매출이익 수수료수익	130,000 5,000	손 익	135,000
(2)	비용 계정 대체 분개	손 익	89,000	급 여 임 차 료 이자비용	50,000 35,000 4,000
(3)	당기순이익 대체 분개	손 익	46,000	자 본 금	46,000

3.

현 금 (1)		상 품 (2)	
700,000	300,000	960,000	200,000
	차기이월 400,000		차기이월 760,000
700,000	700,000	960,000	960,000
전기이월 400,000		전기이월 760,000	

외 상 매 입 금 (3)		자 본 금 (4)	
80,000	240,000	차기이월 1,000,000	900,000
차기이월 160,000			손 익 100,000
240,000	240,000	1,000,000	1,000,000
	전기이월 160,000		전기이월 1,000,000

이 월 시 산 표
20×1년 12월 31일

차 변	원면	계정과목	대 변
400,000	1	현 금	
760,000	2	상 품	
	3	외 상 매 입 금	160,000
	4	자 본 금	1,000,000
1,160,000			1,160,000

4.

현 금 (1)		상 품 (2)	
460,000	250,000	375,000	185,000
	차기이월 210,000		차기이월 190,000
460,000	460,000	375,000	375,000
전기이월 210,000		전기이월 190,000	

외 상 매 입 금 (3)		자 본 금 (4)	
차기이월 130,000	130,000	차기이월 270,000	250,000
	전기이월 130,000		손 익 20,000
		270,000	270,000
			전기이월 270,000

이 월 시 산 표
20×1년 12월 31일

차 변	원면	계정과목	대 변
210,000	1	현 금	
190,000	2	상 품	
	3	외 상 매 입 금	130,000
	4	자 본 금	270,000
400,000			400,000

5.

총 계 정 원 장

현 금 (1)		당 좌 예 금 (2)	
290,000	210,000	140,000	100,000
	차기이월 80,000		차기이월 40,000
290,000	290,000	140,000	140,000
전기이월 80,000		전기이월 40,000	

단 기 대 여 금 (3)		외 상 매 출 금 (4)	
50,000	차기이월 50,000	240,000	130,000
전기이월 50,000			차기이월 110,000
		240,000	240,000
		전기이월 110,000	

상 품 (5)		토 지 (6)	
225,000	165,000	40,000	차기이월 40,000
	차기이월 60,000	전기이월 40,000	
225,000	225,000		
전기이월 60,000			

외 상 매 입 금 (7)		지 급 어 음 (8)	
125,000	175,000	35,000	50,000
차기이월 50,000		차기이월 15,000	
175,000	175,000	50,000	50,000
	전기이월 50,000		전기이월 15,000

자 본 금 (9)		상품매출이익 (10)	
차기이월 315,000	300,000	손 익 35,000	35,000
	손 익 15,000		
315,000	315,000	수 수 료 수 익 (11)	
	전기이월 315,000	손 익 1,000	1,000

Chapter Five

```
        급      여  (12)              이 자 수 익    (13)
   10,000 │ 손   익 10,000     손   익  4,000 │       4,000

        임  차  료  (14)              보  험  료    (15)
    4,000 │ 손   익  4,000     5,000 │ 손   익  5,000

        광 고 선 전 비 (16)            세 금 과 공 과 (17)
    2,000 │ 손   익  2,000     4,000 │ 손   익  4,000
```

```
                     손           익           (18)
   급      여    10,000   상품매출이익   35,000
   임  차  료     4,000   수 수 료 수 익  1,000
   보  험  료     5,000   이 자 수 익    4,000
   광 고 선 전 비  2,000
   세 금 과 공 과  4,000
   자  본  금    15,000
                40,000                    40,000
```

이 월 시 산 표
20×1년 12월 31일

차 변	원면	계 정 과 목	대 변
80,000	1	현 금	
40,000	2	당 좌 예 금	
110,000	3	외 상 매 출 금	
50,000	4	단 기 대 여 금	
60,000	5	상 품	
40,000	6	토 지	
	7	외 상 매 입 금	50,000
	8	지 급 어 음	15,000
	9	자 본 금	315,000
380,000			380,000

구 분	차변과목	금 액	대변과목	금 액
수익 계정 대체 분개	상품매출이익 수수료수익 이 자 수 익	35,000 1,000 4,000	손 익	40,000
비용 계정 대체 분개	손 익	25,000	급 여 임 차 료 보 험 료 광고선전비 세금과공과	10,000 4,000 5,000 2,000 4,000
당기순손익 대체 분개	손 익	15,000	자 본 금	15,000

재 무 상 태 표
한국상사   20×1년 12월 31일   단위:원

자 산	차 변	부채·자본	대 변
현금및현금성자산	120,000	매 입 채 무	65,000
단 기 투 자 자 산	50,000	자 본 금	300,000
매 출 채 권	110,000	당 기 순 이 익	15,000
상 품	60,000		
토 지	40,000		
	380,000		380,000

손 익 계 산 서
한국상사   20×1년 1월 1일부터 12월 31일까지   단위:원

비 용	차 변	수 익	대 변
급 여	10,000	상품매출이익	35,000
임 차 료	4,000	수 수 료 수 익	1,000
보 험 료	5,000	이 자 수 익	4,000
광 고 선 전 비	2,000		
세 금 과 공 과	4,000		
당기순이익	15,000		
	40,000		40,000

적중예상문제

1. ①   2. ③   3. ②   4. ③

제2장 · 재무상태표 계정의 회계처리

01 현금및현금성자산(1)

 기본연습문제

1. (1), (2), (4), (5), (6), (9), (11)

2.

No.	차변과목	금 액	대변과목	금 액
(1)	현 금	450,000	상 품 상품매출이익	400,000 50,000
(2)	상 품	800,000	현 금 외상매입금	450,000 350,000
(3)	현 금	280,000	상 품 상품매출이익	200,000 80,000
(4)	상 품	300,000	현 금 외상매입금	120,000 180,000
(5)	분 개 없 음			
(6)	현금성자산	800,000	현 금	800,000

3.

No.	차변과목	금 액	대변과목	금 액
(1)	현금과부족	10,000	현 금	10,000
(2)	수도광열비	8,000	현금과부족	8,000
(3)	잡 손 실	2,000	현금과부족	2,000
(4)	잡 손 실	6,000	현 금	6,000

4.

No.	차변과목	금 액	대변과목	금 액
(1)	현 금	8,000	현금과부족	8,000
(2)	현금과부족	5,000	이 자 수 익	5,000
(3)	현금과부족	3,000	잡 이 익	3,000
(4)	현 금	15,000	잡 이 익	15,000

5.

No.	차변과목	금 액	대변과목	금 액
7/2	현 금	400,000	단기차입금	400,000
5	비 품	200,000	현 금	200,000
12	상 품	500,000	현 금 외상매입금	300,000 200,000
16	현 금 외상매출금	500,000 200,000	상 품	700,000
19	외상매입금	150,000	현 금	150,000
23	분 개 없 음			
25	현 금	200,000	외상매출금	200,000
27	급 여	150,000	현 금	150,000

현금출납장

날짜	적 요	수 입	지 출	잔 액
7 1	전 월 이 월	1,000,000		1,000,000
2	차 입 금	400,000		1,400,000
5	비품구입대금지급		200,000	1,200,000
12	매입대금지급		300,000	900,000
16	상품매출대금 입금	500,000		1,400,000
19	외상매입금지급		150,000	1,250,000
25	외상매출금회수	200,000		1,450,000
27	종업원급여지급		150,000	1,300,000
31	차 월 이 월		1,300,000	
		2,100,000	2,100,000	
8 1	전 월 이 월	1,300,000		1,300,000

적중예상문제

1. ④ 2. ② 3. ② 4. ① 5. ③ 6. ④
7. ③ 8. ② 9. ③ 10. ④ 11. ④

02 현금및현금성자산(2)

 기본연습문제

1. (1) 현금, 당좌예금 (2) 당좌차월 (3) 현금및현금성자산

2.

No.	차변과목	금 액	대변과목	금 액
(1)	당 좌 예 금	3,000,000	현 금	3,000,000
(2)	상 품	2,000,000	당 좌 예 금	2,000,000
(3)	당 좌 예 금	900,000	상 품 상품매출이익	750,000 150,000
(4)	현 금 당 좌 예 금	290,000 60,000	외상매출금	350,000
(5)	현 금	500,000	당 좌 예 금	500,000
(6)	외상매입금	80,000	현 금	80,000

3.

No.	차변과목	금 액	대변과목	금 액
7/1	당 좌 예 금	1,000,000	현 금	1,000,000
3	상 품	1,500,000	당 좌 예 금 당 좌 차 월	1,000,000 500,000
4	당 좌 차 월	350,000	외상매출금	350,000
6	외상매입금	300,000	당 좌 차 월	300,000
8	당 좌 차 월 당 좌 예 금	450,000 350,000	상 품 상품매출이익	600,000 200,000

4.

No.	차변과목	금 액	대변과목	금 액
(1)	보 통 예 금	500,000	현 금	500,000
(2)	보 통 예 금	3,000	이 자 수 익	3,000
(3)	현 금	250,000	보 통 예 금	250,000
(4)	급 여	300,000	보 통 예 금	300,000

Chapter Five

5.

No.	차변과목	금 액	대변과목	금 액
6/1	당 좌 예 금	500,000	현 금	500,000
7	상 품	300,000	당 좌 예 금	150,000
			외 상 매 입 금	150,000
12	당 좌 예 금	350,000	상 품	500,000
	외 상 매 출 금	150,000		
13	현 금	200,000	당 좌 예 금	200,000
18	외 상 매 입 금	150,000	당 좌 예 금	150,000
22	당 좌 예 금	120,000	외 상 매 출 금	120,000
28	임 차 료	300,000	당 좌 예 금	300,000

당 좌 예 금 출 납 장

날짜	적 요	예 입	인 출	잔 액
6 1	현 금 예 입	500,000		500,000
7	매 입 대 금 지 급		150,000	350,000
12	매 출 대 금 입 금	350,000		700,000
13	현 금 인 출		200,000	500,000
18	외상매입금지급		150,000	350,000
23	외상매출금입금	120,000		470,000
28	사무실임차료지급		300,000	170,000
30	차 월 이 월		170,000	
		970,000	970,000	
7 1	전 월 이 월	170,000		170,000

6.

No.	차변과목	금 액	대변과목	금 액
(1)	소 액 현 금	60,000	당 좌 예 금	60,000
(2)	소 모 품 비	20,000	소 액 현 금	56,000
	통 신 비	12,000		
	여 비 교 통 비	24,000		
(3)	소 액 현 금	56,000	당 좌 예 금	56,000

7.

No.	차변과목	금 액	대변과목	금 액
(1)	소 액 현 금	100,000	당 좌 예 금	100,000
(2)	통 신 비	30,000	당 좌 예 금	95,000
	소 모 품 비	40,000		
	잡 비	25,000		

8. 소 액 현 금 출 납 장

수입액	날짜	적 요	지급액	소모품비	여비교통비	통신비	잡비	잔액
150,000	7 1	수 표 수 입 액						150,000
	3	볼펜및팩스용지구입	8,000	8,000				142,000
	12	택 시 요 금	30,000		30,000			112,000
	13	신 문 구 독 료	15,000			15,000		97,000
	16	우표및엽서구입	20,000			20,000		77,000
	25	손님접대다과대	32,000				32,000	45,000
	31	지 급 합 계	105,000	8,000	30,000	20,000	47,000	
	〃	차 월 이 월	45,000					
150,000			150,000					
45,000	8 1	전 월 이 월						45,000
105,000	〃	수 표 수 입 액						150,000

【 회계과에서 행할 분개 】

월일	차변과목	금 액	대변과목	금 액
5/1	소 액 현 금	150,000	당 좌 예 금	150,000
5/31	소 모 품 비	8,000	소 액 현 금	105,000
	여 비 교 통 비	30,000		
	통 신 비	20,000		
	잡 비	47,000		
6/1	소 액 현 금	105,000	당 좌 예 금	105,000

9. 소 액 현 금 출 납 장

수입액	날짜	적 요	지급액	소모품비	여비교통비	통신비	잡비	잔액
300,000	8 1	수 표 수 입 액						300,000
	3	사무용품구입	45,000	45,000				255,000
	12	인터넷사용료	50,000			50,000		205,000
	16	신 문 구 독 료	30,000				30,000	175,000
	20	교통카드충전대금	60,000		60,000			115,000
	24	전 화 요 금	75,000			75,000		40,000
	31	지 급 합 계	260,000	45,000	60,000	125,000	30,000	
260,000	〃	수 표 수 입 액						300,000
	〃	차 월 이 월	300,000					
560,000			560,000					
300,000	9 1	전 월 이 월						300,000

【 회계과에서 행할 분개 】

월일	차변과목	금 액	대변과목	금 액
8/1	소 액 현 금	300,000	당 좌 예 금	300,000
8/31	소 모 품 비	45,000	당 좌 예 금	260,000
	여 비 교 통 비	60,000		
	통 신 비	125,000		
	잡 비	30,000		

적중예상문제

1. ①	2. ③	3. ③	4. ②	5. ①
6. ③	7. ①	8. ④	9. ③	10. ④
11. ③	12. ④	13. ④	14. ③	15. ④
16. ④				

03 단기예금(단기금융상품)

1. (1) 은행예금 중 저축성예금(정기예금, 정기적금 등)
(2) 기타 정형화된 금융상품(양도성예금증서 등)

2.

No.	차변과목	금 액	대변과목	금 액
(1)	정 기 예 금	4,000,000	현　　　　금	4,000,000
(2)	현 금 성 자 산	2,000,000	현　　　　금	2,000,000
(3)	정 기 적 금	600,000	현　　　　금	600,000
(4)	당 좌 예 금	2,080,000	정 기 예 금 이 자 수 익	2,000,000 80,000
(5)	단 기 예 금	3,000,000	현　　　　금	3,000,000
(6)	단 기 예 금	4,000,000	현　　　　금	4,000,000
(7)	단 기 예 금	80,000	이 자 수 익	80,000
(8)	보 통 예 금	3,150,000	단 기 예 금 이 자 수 익	3,000,000 150,000

3. (1) ㉢　(2) ㉡　(3) ㉧　(4) ㉣　(5) ㉠
　　(6) ㉥　(7) ㉦　(8) ㉤　(9) ㉨

┌─ 적중예상문제 ──────────────┐
1. ②　**2.** ④　**3.** ④　**4.** ②　**5.** ③　**6.** ④
7. ③　**8.** ②　**9.** ③
└──────────────────────────┘

04 금융자산(단기매매증권)

 기본연습문제

1.

No.	차변과목	금 액	대변과목	금 액
(1)	단 기 매 매 증 권	650,000	당 좌 예 금	650,000
(2)	현　　　　금	450,000	단 기 매 매 증 권 단기투자자산처분이익	390,000 60,000
(3)	단기투자자산평가손실	20,000	단 기 매 매 증 권	20,000
(4)	단 기 매 매 증 권 수 수 료 비 용	3,800,000 50,000	당 좌 예 금	3,850,000
(5)	현　　　　금	280,000	배 당 금 수 익	280,000
(6)	현　　　　금	350,000	이 자 수 익	350,000

▶ 한국채택국제회계기준(K-IFRS)에서는 단기매매증권을 당기손익-공정가치측정금융자산이라 한다.

2.

No.	차변과목	금 액	대변과목	금 액
(1)	현　　　　금	870,000	단 기 매 매 증 권 단기투자자산처분이익	700,000 170,000
(2)	만 기 보 유 증 권	4,900,000	현　　　　금	4,900,000
(3)	매 도 가 능 증 권	6,200,000	당 좌 예 금	6,200,000

(1) 금융자산의 처분 시 거래수수료 및 증권거래세는 처분이익에서 차감하고, 처분손실에는 가산한다.

3.

월일	차변과목	금액	대변과목	금액
4/10	단 기 매 매 증 권 수 수 료 비 용	750,000 10,000	당 좌 예 금	760,000
6/30	단기투자자산평가손실 손　　　　익	50,000 50,000	단 기 매 매 증 권 단기투자자산평가손실	50,000 50,000
12/31	단 기 매 매 증 권 단기투자자산평가이익	300,000 300,000	단기투자자산평가이익 손　　　　익	300,000 300,000
3/5	현　　　　금	1,250,000	단 기 매 매 증 권 단기투자자산처분이익	1,000,000 250,000

```
            단 기 매 매 증 권
4/10 당 좌 예 금  750,000 │ 6/30 단기투자자산평가손실   50,000
                         │  "   차 기 이 월        700,000
                 760,000 │                        750,000
7/ 1 전 기 이 월  700,000 │ 12/31 차 기 이 월     1,000,000
12/31 단기투자자산평가이익 300,000 │
               1,000,000 │                      1,000,000
1/ 1 전 기 이 월 1,000,000 │ 3/ 5 현       금     1,000,000

         단 기 투 자 자 산 평 가 손 실
6/30 단기매증권   50,000 │ 6/30 손       익        50,000

         단 기 투 자 자 산 평 가 이 익
12/31 손    익  300,000 │ 12/31 단기매매증권      300,000

         단 기 투 자 자 산 처 분 이 익
                         │ 3/ 5 현       금       250,000
```

┌─ 적중예상문제 ──────────────────────────┐
1. ③　**2.** ②　**3.** ③　**4.** ②　**5.** ③　**6.** ③
7. ②　**8.** ②　**9.** ①　**10.** ①　**11.** ③　**12.** ③
└──────────────────────────────────────┘

05 재고자산(상품)

 **기본연습문제**

1. (1) 순수, 혼합　(2) 환출　(3) 매입에누리　(4) 매입할인
　(5) 차감　(6) 환입　(7) 매출에누리　(8) 매출할인
　(9) 차감　(10) ① 순매입액, ② 매출원가
　(11) 순매입액　(12) 매출원가

Chapter Five

2.

No.	차변과목	금액	대변과목	금액
6/8	상　　　품	205,000	외상매입금 현　　　금	200,000 5,000
15	외상매출금 운　반　비	240,000 8,000	상　　　품 상품매출이익 현　　　금	150,000 90,000 8,000
30	상품매출이익	90,000	손　　　익	90,000

```
             상           품
6/1 전 기 이 월  50,000  6/15 외상매출금  150,000
  8 제    좌    205,000   30 차 기 이 월  105,000
                255,000                   255,000
7/1 전 기 이 월 105,000
```

```
           상 품 매 출 이 익
6/30 손    익   90,000  6/15 외상매출금   90,000
```

3.

No.	차변과목	금액	대변과목	금액
3/10	상　　　품	500,000	외상매입금	500,000
20	외상매출금	600,000	상　　　품	600,000
31	상　　　품 상품매출이익	200,000 200,000	상품매출이익 손　　　익	200,000 200,000

```
              상           품
3/ 1 전 기 이 월   50,000  3/20 외상매출금  600,000
  10 외상매입금   500,000    31 차 기 이 월  150,000
  31 상품매출이익 200,000
                 750,000                    750,000
```

```
           상 품 매 출 이 익
3/31 손    익  200,000  3/31 상       품  200,000
```

```
                손           익
                        3/31 상품매출이익  200,000
```

4.

```
               상           품
전 기 이 월    20,000   외 상 매 출 금   650,000
외 상 매 입 금 500,000   외 상 매 입 금     8,000
현       금     4,000   외 상 매 입 금     2,000
외 상 매 출 금  10,000   외 상 매 출 금     6,000
외 상 매 출 금   5,000   차 기 이 월     40,000
외 상 매 출 금   4,000
상품매출이익  163,000
              706,000                    706,000
전 기 이 월    40,000
```

```
           상 품 매 출 이 익
손       익  163,000   상       품   163,000
```

```
                손           익
                         상품매출이익   163,000
```

5.

```
              상                          품
전 기 이 월    50,000    외 상 매 출 금  1,050,000
외 상 매 입 금 800,000   외 상 매 출 금     15,000
현       금    20,000   외 상 매 입 금     10,000
외 상 매 출 금  25,000   외 상 매 입 금      4,000
외 상 매 출 금   8,000   차 기 이 월     65,000
외 상 매 출 금  12,000
상품매출이익  229,000
            1,144,000                   1,144,000
전 기 이 월    65,000
```

```
           상 품 매 출 이 익
손       익  229,000   상       품   229,000
```

```
                손           익
                         상품매출이익   229,000
```

6. ① 1,250　② 4,300　③ 9,380　④ 9,400
　　⑤ 8,370　⑥ 7,440

[해설]

A상사: ① 먼저 상품 계정을 이용하여 기말상품재고액을 구한다.

```
        상        품
         800           50
       4,800        4,970
          70      ( 1,250)
         600
```

② 매출원가는 2가지 방법이 있다.
　㉠ 800 + (4,800−50) − 1,250 = 4,300
　㉡ (4,970−70) − 600 = 4,300

B상사: ③
```
        상        품
       1,000       10,840
     ( 9,380)          80
         100          900
       1,340
```
④ 1,000+(9,380−80) − 900 = 9,400

C상사: ⑤
```
        상        품
         600           60
       7,700      ( 8,370)
          30          800
         900
```
⑥ 600+(7,700−60) − 800 = 7,440

7.

No.	차변과목	금액	대변과목	금액
(1)	매　　　입	308,000	외상매입금 현　　　금	350,000 8,000
(2)	외상매입금	25,000	매　　　입	25,000
(3)	외상매입금	12,000	매　　　입	12,000
(4)	외상매입금	300,000	현　　　금 매　　　입	294,000 6,000
(5)	외상매출금 운　반　비	600,000 4,000	매　　　출 현　　　금	600,000 4,000
(6)	매　　　출	50,000	외상매출금	50,000
(7)	매　　　출	20,000	외상매출금	20,000
(8)	현　　　금 매　　　출	490,000 10,000	외상매출금	500,000

8.

No.	차변과목	금액	대변과목	금액
(2)	매 입	80,000	외상매입금	80,000
(3)	현 금	62,000	매 출	62,000
(4)	외상매입금	3,000	매 입	3,000
(5)	매 입	260,000	당 좌 예 금	260,000
(6)	외상매출금	200,000	매 출	200,000
(7)	매 출	25,000	외상매출금	25,000

이 월 상 품		매 입	
전기이월 75,000	매 입 75,000	외상매입금 80,000	외상매입금 3,000
매 입 250,000	차 기 이 월 250,000	당 좌 예 금 260,000	이 월 상 품 250,000
325,000	325,000	이 월 상 품 75,000	손 익 162,000
전기이월 250,000		415,000	415,000

매 출		손 익	
외상매출금 25,000	현 금 62,000	매 입 162,000	매 출 237,000
손 익 237,000	외상매출금 200,000		
262,000	262,000		

【 대체 분개 】

No.	구 분	차변과목	금액	대변과목	금액
(1)	기초상품재고액	매 입	75,000	이 월 상 품	75,000
(2)	기말상품재고액	이 월 상 품	250,000	매 입	250,000
(3)	매 출 원 가	손 익	162,000	매 입	162,000
(4)	순 매 출 액	매 출	237,000	손 익	237,000

9.

No.	차변과목	금액	대변과목	금액
(1)	매 입	350,000	현 금	350,000
(2)	현 금	460,000	매 출	460,000
(3)	매 입	165,000	외상매입금	162,000
			현 금	3,000
(4)	외상매입금	54,000	매 입	54,000
(5)	외상매출금	360,000	매 출	360,000
	운 반 비	3,000	현 금	3,000
(6)	매 출	20,000	외상매출금	20,000

이 월 상 품		매 입	
전기이월 135,000	매 입 135,000	현 금 350,000	외상매입금 54,000
매 입 200,000	차 기 이 월 200,000	제 좌 165,000	이 월 상 품 200,000
335,000	335,000	이 월 상 품 135,000	매 출 396,000
전기이월 200,000		650,000	650,000

매 출		손 익	
외상매출금 20,000	현 금 460,000		매 출 404,000
매 입 396,000	외상매출금 360,000		
손 익 404,000			
820,000	820,000		

【 대체 분개 】

No.	구 분	차변과목	금액	대변과목	금액
(1)	기초상품재고액	매 입	135,000	이 월 상 품	135,000
(2)	기말상품재고액	이 월 상 품	200,000	매 입	200,000
(3)	매 출 원 가	매 입	396,000	매 입	396,000
(4)	매 출 총 이 익	매 출	404,000	손 익	404,000

적중예상문제

1. ② 2. ② 3. ① 4. ④ 5. ① 6. ③
7. ③ 8. ④ 9. ① 10. ① 11. ③ 12. ②
13. ④ 14. ③ 15. ① 16. ② 17. ③ 18. ③
19. ④ 20. ④ 21. ② 22. ④ 23. ② 24. ①
25. ④ 26. ① 27. ④ 28. ④ 29. ④ 30. ③
31. ①

[해설]

5 판매가능상품 = 매출원가 + 기말상품 = 기초상품 + 순매입액

6

상	품
17,000	350,000
260,000	15,000
(88,000)	

7 보기 4번은 매출채권 계정이므로 당좌자산에 속한다.

8 보기4번은 토지 계정으로 비유동자산(유형자산)에 속한다.

9 10,000 − (1,200+500+600) = 7,700

10

상	품	**11**	상	품
45,000	38,000		20,000	100,000
393,000	1,900,000		80,000	(30,000)
(1,500,000)			30,000	

12 ㉠ 제1기의 기말재고액은 제2기의 기초재고액이다.
㉡ 매출원가 : 6,000 + 50,000 − 9,000 = 47,000
㉢ 매출총이익 : 90,000 − 47,000 = 43,000

13 보기4번은 접대비 계정으로 당기 비용으로 처리한다.

14 매출(수익)의 인식은 상품의 인도(판매)가 있는 날이다.

15 의류의 원가 : (5×50,000)+5,000 = 255,000
따라서 450,000− 255,000−60,000 = 135,000

16 판매를 목적으로 외부에서 구입한 물품은 상품이고, 생산 중에 있는 물품은 재공품, 생산이 완료된 물품은 제품이다.

17 공장 건물은 상품이 아닌 유형자산으로서 매각하고 발생하는 채권은 미수금 계정으로 처리한다.

18 ㉠ 판매가능액 = 기초재고액 + 순매입액 = 매출원가 + 기말재고액
㉡ 250,000−72,000 = 178,000

19 • 매출원가 : 260,000 − 50,000 = 210,000
• 판매가능액 : 90,000 + 210,000 = 300,000
• 기초상품 : 300,000 − 130,000 = 170,000

21 상품 매출의 수익인식시기는 상품을 판매(발송, 인도)한 날이다.

22 기초상품재고액은 알 수 없다.

23 분개를 추정하면 (차) 외상매입금 100,000 (대) 매입 100,000으로서 환출 및 매입에누리에 관한 거래이다.

25 상품 계정을 순수 계정(분기법)으로 처리할 경우 매출에누리는 상품매출이익의 감소로 처리한다. 만약 문제에서 혼합 계정(총기법)으로 제시하면 차변에 상품 계정이 기록되고, 3분법으로 제시하면 차변에 매출 계정을 기록해야 한다.

26 환입거래는 외상매출분개를 반대로 한다.

27 ㉠은 매출원가이므로 ㉡은 순매출액이므로

매	입	매	출
682,000	30,000	42,000	954,000
20,000	105,000	15,000	
80,000	(647,000)	(897,000)	

Chapter Five

28 순매출액 - [월초상품+(총매입액-환출액)-월말상품] = 2,000,000
29 매입할인액은 매입 계정 대변에 기록하여 직접 차감한다.
30 나-다-라-마+바 = 440,000
31 매입에누리는 외상매입 시 분개를 반대로 한다.

06 상품계정의 보조부

1.

매 입 장

날짜		적 요		대 변
6	3	(명동상사) 외 상		
		갑상품 300개 @₩600	180,000	
		인수운임 현금 지급	12,000	192,000
	8	(명동상사) 환 출		
		갑상품 50개 @₩600		30,000
	12	(종로상사) 수표 및 외상		
		갑상품 200개 @₩700	140,000	
		을상품 100개 @₩600	60,000	200,000
	18	(종로상사) 에 누 리		
		파손품에 대하여		5,000
	23	(을지상사) 외 상		
		갑상품 400개 @₩600	240,000	
		을상품 200개 @₩800	160,000	400,000
	25	(을지상사) 할 인		
		약정 기일전 지급에 대하여		20,000
	30	총 매 입 액		792,000
	〃	매입에누리 및 환출액		55,000
	〃	순 매 입 액		737,000

2.

매 출 장

날짜		적 요		대 변
9	5	(부산상사) 외 상		
		갑상품 200개 @₩500	100,000	
		을상품 200개 @₩800	160,000	260,000
	7	(부산상사) 환 입		
		갑상품 5개 @₩500		2,500
	15	(목포상사) 현금및외상		
		갑상품 300개 @₩700		210,000
	20	(목포상사) 에 누 리		
		파손품에 대하여		20,000
	28	(인천상사) 할 인		
		약정 기일전 회수에 대하여		3,000
	30	총 매 출 액		470,000
	〃	매출에누리·할인 및 환입액		25,500
	〃	순 매 출 액		444,500

【해 설】
• 상품 매출시 발송운임(배달료)은 매출장에 기록하지 않는다.

3.

상 품 재 고 장
품명 : 갑상품 (선입선출법)

날짜		적요	인 수			인 도			잔 액		
			수량	단가	금액	수량	단가	금액	수량	단가	금액
6	1	전월이월	400	2,300	920,000				400	2,300	920,000
	5	매 입	200	2,600	520,000				{400	2,300	920,000
									200	2,600	520,000
	13	매 출				{400	2,300	920,000			
						100	2,600	260,000	100	2,600	260,000
	24	매 입	300	2,800	840,000				{100	2,600	260,000
									300	2,800	840,000
	27	매 출				{100	2,600	260,000			
						100	2,800	280,000	200	2,800	560,000
	30	차월이월				200	2,800	560,000			
			900	—	2,280,000	900	—	2,280,000			
7	1	전월이월	200	2,800	560,000				200	2,800	560,000

상 품 재 고 장
품명 : 갑상품 (후입선출법)

날짜		적요	인 수			인 도			잔 액		
			수량	단가	금액	수량	단가	금액	수량	단가	금액
6	1	전월이월	400	2,300	920,000				400	2,300	920,000
	5	매 입	200	2,600	520,000				{400	2,300	920,000
									200	2,600	520,000
	13	매 출				{200	2,600	520,000			
						300	2,300	690,000	100	2,300	230,000
	24	매 입	300	2,800	840,000				{100	2,300	230,000
									300	2,800	840,000
	27	매 출				200	2,800	560,000	{100	2,300	230,000
									100	2,800	280,000
	30	차월이월				{100	2,800	230,000			
						100	2,800	280,000			
			900	—	2,280,000	900	—	2,280,000			
7	1	전월이월	{100	2,300	230,000				{100	2,300	230,000
			100	2,800	280,000				100	2,800	280,000

상 품 재 고 장
품명 : 갑상품 (이동평균법)

날짜		적요	인 수			인 도			잔 액		
			수량	단가	금액	수량	단가	금액	수량	단가	금액
6	1	전월이월	400	2,300	920,000				400	2,300	920,000
	5	매 입	200	2,600	520,000				600	2,400	1,440,000
	13	매 출				500	2,400	1,200,000	100	2,400	240,000
	24	매 입	300	2,800	840,000				400	2,700	1,080,000
	27	매 출				200	2,700	540,000	200	2,700	540,000
	30	차월이월				200	2,700	540,000			
			900	—	2,280,000	900	—	2,280,000			
7	1	선월이월	200	2,700	540,000				200	2,700	540,000

【물음】
(1) ₩2,100,000 (2) ₩1,740,000 (3) ₩360,000

4.

상 품 재 고 장

품명: 갑상품 (총평균법)

날짜		적요	인 수			인 도			잔 액		
			수량	단가	금액	수량	단가	금액	수량	단가	금액
5	1	전월이월	100	500	50,000				100	500	50,000
	5	매 입	300	600	18,000				400		
	10	매 출				200	580	116,000	200		
	16	매 입	400	550	220,000				600		
	20	매 출				500	580	290,000	100		
	25	매 입	200	650	130,000				300		
	31	차월이월				300	580	174,000			
			1,000	—	580,000	1,000	—	580,000			
6	1	전월이월	300	580	174,000				300	580	174,000

【물음】
(1) ₩540,000 (2) ₩406,000 (3) ₩134,000

5.

상 품 재 고 장

(선입선출법) 품명: 갑상품 (단위: 개)

날짜		적요	인 수			인 도			잔 액		
			수량	단가	금액	수량	단가	금액	수량	단가	금액
9	1	전월이월	200	300	60,000				200	300	60,000
	5	매 입	500	420	210,000				200	300	60,000
									500	420	210,000
	7	환 출	100	400	40,000				200	300	60,000
									400	425	170,000
	15	매 출				200	300	60,000			
						200	425	85,000	200	425	85,000
	18	환 입				20	425	8,500	220	425	93,500
	24	매 입	600	350	210,000				220	425	93,500
									600	350	210,000
	26	매 출				220	425	93,500			
						100	350	35,000	500	350	175,000
	30	차월이월				500	350	175,000			
			1,200	—	440,000	1,200	—	440,000			
10	1	전월이월	500	350	175,000				500	350	175,000

【해설】
• 9월 7일 환출 시 인수 운임이 포함된 단가 @₩420으로 기록하면 오답

적중예상문제

1. ④   2. ①   3. ④   4. ②   5. ④   6. ③
7. ③   8. ③   9. ③   10. ④   11. ①   12. ②
13. ③   14. ①   15. ②   16. ④   17. ②   18. ②
19. ②   20. ②   21. ①

【해설】
1 • 순매출액은 매출계정의 대변잔액과 일치한다.
  • 대변잔액은 차변보다 대변이 많다는 것이다.
2 매출환입, 매출에누리, 매출할인은 매출장에 기록한다.
4 매출에누리는 상품매출이익의 감소원인이므로 재고액에는 영향이 없으므로 상품재고장에는 기록되지 않는다.(매출할인도 동일 함)
5 • 재고 수량 : 100 + 300 − 200 = 200개
  • 8/5 : 200개 × 200

6 • 재고수량 : 200+300−400 = 100개
  • 5/1 : 100개×500 = 50,000
7 • 재고 수량 : 100+500−400 = 200개
  • 평균 단가 : (25,000+122,000) ÷ (100+500) = 245
  ∴ 200개×245 = 49,000
8 • (100,000+60,000+75,000)÷1,000개 = 235(총평균단가)
  • 200개×235 = 47,000
11 • 4월 중 매출한 700개의 매출원가를 계산하면
  (300×250)+(400×300) = 195,000
  ∴ 350,000−195,000 = 155,000
12 300,000−30,000 = 270,000
13 이동평균법은 매입단가가 다른 상품을 매입시 평균단가를 산출하여 인도단가로 결정하는 방법이다.
14 ①은 늦게 매입한 것이 재고액이다.
15 ②는 늦게 매입한 것이 먼저 매출된다.
16 • 인플레이션 − 후입선출법   • 디플레이션 − 선입선출법
18 매출에누리와 매출할인은 매출이익의 감소원인이므로 원가로 표시되는 기말재고액에 영향을 주지 않는다.
19 기말재고액이 감소하므로 매출원가가 상승하고 당기순이익이 감소한다. 매출액은 아무런 영향이 없다.
20 보기를 분석하면 1번:기말재고자산 금액이 과대계상될 경우 당기순이익은 과대계상된다. 2번:정답이다. 3번:계속기록법의 설명이다. 4번:도착지인도기준에 의해서 매입이 이루어질 경우, 발생하는 운임은 매출자의 비용으로 처리하여야 하고, 만약 선적지인도기준에 의해서 매입이 이루어질 경우, 발생하는 운임은 매입자의 취득원가에 산입해야 한다.
21 실지재고조사법은 상품의 입고 시에만 상품재고장에 기록하고 출고 시에는 매출액만 매출 계정에 기록하고 매출원가는 기록하지 않는다.

07 외상매출금·외상매입금

1.

No.	차변과목	금액	대변과목	금액
5/4	현 금	30,000	매 출	80,000
	외 상 매 출 금	50,000		
6	매 출	2,000	외 상 매 출 금	2,000
15	외 상 매 출 금	60,000	매 출	60,000
18	매 출	4,000	외 상 매 출 금	4,000
24	현 금	130,000	외 상 매 출 금	130,000

총 계 정 원 장

외 상 매 출 금

5/1 전 월 이 월	65,000	5/6 매 출 2,000
4 매 출	50,000	18 매 출 4,000
15 매 출	60,000	24 현 금 130,000
		31 차 월 이 월 39,000
	175,000	175,000
6/1 전 월 이 월	39,000	

Chapter Five

매출처원장

부산상사

5/1 전월이월	35,000	5/6 반품	2,000
4 상품매출	50,000	24 현금회수	60,000
		31 차월이월	23,000
	85,000		85,000
6/1 전월이월	23,000		

대전상사

5/1 전월이월	30,000	5/18 에누리	4,000
15 상품매출	60,000	24 현금회수	70,000
		31 차월이월	16,000
	90,000		90,000
6/1 전월이월	16,000		

2.

No.	차변과목	금 액	대변과목	금 액
8/6	매 입	64,000	외상매입금 현 금	60,000 4,000
8	외상매입금	3,000	매 입	3,000
15	매 입	80,000	외상매입금	80,000
18	외상매입금	5,000	매 입	5,000
25	외상매입금	130,000	당 좌 예 금	130,000

총계정원장

외상매입금

8/8 매 입	3,000	8/1 전월이월	50,000
18 매 입	5,000	6 매 입	60,000
25 당좌예금	130,000	15 매 입	80,000
30 차월이월	52,000		
	190,000		190,000
		9/1 전월이월	52,000

매입처원장

제주상사

8/8 에누리	3,000	8/1 전월이월	30,000
25 수표발행	70,000	6 상품매입	60,000
30 차월이월	17,000		
	90,000		90,000
		9/1 전월이월	17,000

목포상사

8/18 반품	5,000	8/1 전월이월	20,000
25 수표발행	60,000	15 상품매입	80,000
31 차월이월	35,000		
	100,000		100,000
		9/1 전월이월	35,000

1. ④   2. ②   3. ③   4. ①   5. ②   6. ③
7. ②   8. ④   9. ③   10. ②   11. ④   12. ③
13. ②   14. ①   15. ①

【해설】

1 총계정원장의 계정 수가 줄어들어 단순해진다.

2 ①: 매출처원장, ②: 당좌예금출납장, ③: 매입처원장
④: 상품재고장

3 외상매출금
| 82,000 | 65,000 |
| 540,000 | 기말 (557,000) |

4 외상매출금
180,000	820,000
(875,000)	35,000
	200,000

5 외상매입금
| 535,000 | 150,000 |
| 75,000 | (460,000) |

6 매입채무
130,000	50,000
40,000	1,280,000
(1,160,000)	

10 • 갑상사 계정의 잔액은 차변잔액이므로 매출처이다.
• 거래발생이 3/5 처음으로 차변이 발생한 것으로도 매출처로 추정된다.

11 A에 대한 기입을 분개추정을 하면 (차) 외상매입금 150,000 (대) 현금 150,000이다. 따라서 유동부채가 감소하고 현금(유동자산)이 감소한다.

14 외상매입 상품총액은 4/6 + 4/9 + 4/15 = 390,000

15 대한상사와 상공상사 차변의 7/3, 7/4의 매출이 당기에 외상매출한 금액이다. 당기에 회수한 금액은 대변의 7/3과 7/20이며, 기초잔액은 전기이월액이고, 기말잔액은 차기이월액이다.

08 신용카드와 체크(직불)카드

기본연습문제

1.

No.	차변과목	금 액	대변과목	금 액
(1)	외상매출금	200,000	매 출	200,000
(2)	보통예금 매출채권처분손실	194,000 6,000	외상매출금	200,000
(3)	매 입	80,000	외상매입금	80,000
(4)	비 품	100,000	미 지 급 금	100,000
(5)	보통예금 매출채권처분손실	294,000 6,000	매 출	300,000
(6)	소모품비	50,000	저축예금	50,000
(7)	미지급금	100,000	현 금	100,000
(8)	복리후생비	130,000	보통예금	130,000

1. ②   2. ①   3. ③   4. ③

09 기타 채권·채무

기본연습문제

1.
(1) E   (2) B   (3) I   (4) G   (5) F   (6) C
(7) D   (8) C   (9) A   (10) J   (11) G   (12) H

정답 및 해설 **307**

2. (1) 차 (2) 차 (3) 대 (4) 대 (5) 대 (6) 차
　　(7) 대 (8) 차 (9) 대

3.

No.	차변과목	금 액	대변과목	금 액
(1)	단 기 대 여 금	500,000	현　　　　금	500,000
(2)	현　　　　금	510,000	단 기 대 여 금 이 자 수 익	500,000 10,000
(3)	현　　　　금	700,000	단 기 차 입 금	700,000
(4)	단 기 차 입 금 이 자 비 용	700,000 20,000	당 좌 예 금	720,000

4.

No.	차변과목	금 액	대변과목	금 액
(1)	비　　　　품	2,000,000	미 지 급 금	2,000,000
(2)	비　　　　품	500,000	미 지 급 금	500,000
(3)	미 수 금	250,000	비　　　　품	250,000
(4)	선 급 금	70,000	현　　　　금	70,000
(5)	매　　　　입	700,000	선 급 금 당 좌 예 금	70,000 630,000
(6)	현　　　　금	80,000	선 수 금	80,000
(7)	선 수 금 현　　　　금	80,000 720,000	매　　　　출	800,000

5.

No.	차변과목	금 액	대변과목	금 액
(1)	급　　　　여	3,857,000	소득세예수금 건강보험료예수금 국민연금예수금 현　　　　금	386,000 100,000 50,000 3,321,000
(2)	단 기 대 여 금	54,000	현　　　　금	54,000
(3)	급　　　　여	270,000	단 기 대 여 금 소득세예수금 현　　　　금	54,000 4,800 211,200
(4)	소득세예수금	4,800	현　　　　금	4,800

6.

No.	차변과목	금 액	대변과목	금 액
(1)	가 지 급 금	450,000	현　　　　금	450,000
(2)	현　　　　금 여 비 교 통 비	30,000 420,000	가 지 급 금	450,000
(3)	여 비 교 통 비	350,000	가 지 급 금 현　　　　금	300,000 50,000
(4)	현　　　　금	500,000	가 수 금	500,000
(5)	가 수 금	500,000	선 수 금 외 상 매 출 금	200,000 300,000
(6)	가 수 금	350,000	외 상 매 출 금 단 기 대 여 금 이 자 수 익	200,000 140,000 10,000

7.

No.	차변과목	금 액	대변과목	금 액
(1)	현　　　　금	300,000	상품권선수금	300,000
(2)	상품권선수금	300,000	매　　　　출	300,000
(3)	상품권선수금 현　　　　금	400,000 100,000	매　　　　출	500,000

8. 정답 ③ ▶ 상품권을 발행하면 상품권선수금 계정 대변에 기록하고, 상품을 매출하고 발행하였던 상품권을 받으면 상품권선수금 계정 차변에 기록하여 유동부채의 감소이다.

적중예상문제

1. ③	2. ③	3. ④	4. ②	5. ③	6. ①
7. ③	8. ①	9. ③	10. ④	11. ④	12. ④
13. ①	14. ②	15. ②	16. ③	17. ②	18. ②
19. ①	20. ④

10 어음거래

1. (1) 대변　(2) 외상매출금, 대변　(3) 대변
　　(4) 대변　(5) 받을어음, 차변　(6) 차변
　　(7) 차변　(8) 분개없음　(9) 차변
　　(10) 대변　(11) 차변　(12) 대변　(13) 대변

2. (1)

회사명	차변과목	금 액	대변과목	금 액
인천상사	매　　　입	250,000	당 좌 예 금 지 급 어 음	150,000 100,000
수원상사	현　　　금 받 을 어 음	150,000 100,000	매　　　출	250,000

(2)

회사명	차변과목	금 액	대변과목	금 액
을지상사	매　　　입	300,000	외상매출금	300,000
북악상사	외상매입금	300,000	지 급 어 음	300,000
종로상사	받 을 어 음	300,000	매　　　출	300,000

3.

No.	차변과목	금 액	대변과목	금 액
(1)	받 을 어 음	350,000	매　　　　출	350,000
(2)	매　　　　입	200,000	지 급 어 음	200,000
(3)	당 좌 예 금	350,000	받 을 어 음	350,000
(4)	지 급 어 음	200,000	현　　　　금	200,000
(5)	매　　　　입	500,000	외 상 매 출 금	500,000
(6)	외 상 매 입 금	400,000	지 급 어 음	400,000
(7)	지 급 어 음	150,000	매　　　　출	150,000
(8)	수 수 료 비 용	3,000	현　　　　금	3,000
(9)	당 좌 예 금	450,000	받 을 어 음	450,000
(10)	매　　　　입	500,000	받 을 어 음	500,000

4.

No.	차변과목	금 액	대변과목	금 액
(1)	단 기 대 여 금	750,000	현 금	750,000
(2)	현 금	850,000	단 기 차 입 금	850,000
(3)	비 품	400,000	미 지 급 금	400,000
(4)	현 금 (어음)미수금	1,000,000 3,000,000	건 물	4,000,000

5.

받을어음기입장

날짜	적요	금액	어음 종류	어음 번호	지급인	발행인또 는배서인	발행일	만기일	지급장소	전 말 월일 / 적요
3 / 5	상품매출	500,000	약	8	설악상사	설악상사	3 / 5	4 / 5	한빛은행	4 / 5 입금(당좌예금)

지급어음기입장

날짜	적요	금액	어음 종류	어음 번호	수취인	발행인	발행일	만기일	지급장소	전 말 월일 / 적요
3 / 12	상품매입	800,000	약·어	5	속초상사	당점	3 / 12	4 / 11	서울은행	4 / 11 지급

적중예상문제

1. ④ 2. ④ 3. ④ 4. ④ 5. ① 6. ③
7. ② 8. ④ 9. ④ 10. ② 11. ① 12. ③
13. ④ 14. ④ 15. ④ 16. ④ 17. ②

11 매출채권의 손상(대손)

 기본연습문제

1.

No.	차변과목	금 액	대변과목	금 액
(1)	대 손 상 각 비	70,000	대 손 충 당 금	70,000
(2)	대 손 상 각 비	20,000	대 손 충 당 금	20,000
(3)	분 개 없 음			
(4)	대 손 충 당 금	6,000	대손충당금환입	6,000

2.

No.	차변과목	금 액	대변과목	금 액
(1)	대 손 상 각 비	50,000	외 상 매 출 금	50,000
(2)	대 손 충 당 금 대 손 상 각 비	80,000 40,000	외 상 매 출 금	120,000
(3)	대 손 충 당 금	150,000	외 상 매 출 금	150,000
(4)	대 손 충 당 금	200,000	외 상 매 출 금	200,000

3.

No.	차변과목	금 액	대변과목	금 액
6/30	대 손 상 각 비 손 익	40,000 40,000	대 손 충 당 금 대 손 상 각 비	40,000 40,000
7/25	대 손 충 당 금	22,000	외 상 매 출 금	22,000
10/20	대 손 충 당 금	15,000	외 상 매 출 금	15,000
12/31	대 손 상 각 비 손 익	27,000 27,000	대 손 충 당 금 대 손 상 각 비	27,000 27,000
2/10	현 금	22,000	대 손 충 당 금	22,000

대 손 상 각 비

6/30 대손충당금	40,000	6/30 손 익	40,000
12/31 대손충당금	27,000	12/31 손 익	27,000

대 손 충 당 금

6/30 차 기 이 월	40,000	6/30 대 손 상 각 비	40,000
7/25 외 상 매 출 금	22,000	7/ 1 전 기 이 월	40,000
10/20 외 상 매 출 금	15,000	12/31 대 손 상 각 비	27,000
12/31 차 기 이 월	30,000		
	67,000		67,000
		1/ 1 전 기 이 월	30,000
		2/10 현 금	22,000

적중예상문제

1. ① 2. ③ 3. ③ 4. ① 5. ① 6. ③
7. ③ 8. ② 9. ④ 10. ① 11. ① 12. ④
13. ②

12 유형자산과 무형자산

 기본연습문제

1. (1) 건물   (2) 토지   (3) 보험료
   (4) 차량운반구   (5) 비품   (6) 기계장치
   (7) 건설중인자산   (8) 차량유지비

2. (1) 감가, 감가상각비   (2) 정액법, 정률법
   (3) 간접법   (4) 평가

3.

No.	차변과목	금 액	대변과목	금 액
(1)	토 지	2,070,000	당 좌 예 금 현 금	2,000,000 70,000
(2)	건 물	5,250,000	당 좌 예 금 현 금	5,000,000 250,000
(3)	차 량 운 반 구	8,700,000	당 좌 예 금 현 금	8,000,000 700,000
(4)	건 물 수 선 비	400,000 100,000	당 좌 예 금	500,000
(5)	건설중인자산	200,000	현 금	200,000
(6)	건 물	1,000,000	건설중인자산 현 금	200,000 800,000

4. (1) 90,000   (2) 90,000   (3) 90,000
   (4) 100,000   (5) 90,000   (6) 81,000

5.

No.	직 접 법		간 접 법	
	차 변	대 변	차 변	대 변
(1)	감가상각비 25,000	건 물 25,000	감가상각비 25,000	건물감가상각누계액 25,000
(2)	감가상각비 18,000	비 품 18,000	감가상각비 18,000	비품감가상각누계액 18,000

6.

월일	차변과목	금 액	대변과목	금 액
1/1	건　　　물	1,000,000	당 좌 예 금	1,000,000
6/30	감가상각비	25,000	건물감가상각누계액	25,000
	손　　　익	25,000	감 가 상 각 비	25,000
12/31	감가상각비	25,000	건물감가상각누계액	25,000
	손　　　익	25,000	감 가 상 각 비	25,000
1/1	현　　　금	850,000	건　　　　물	1,000,000
	건물감가상각누계액	50,000		
	유형자산처분손실	100,000		

건　　　　　　　물

1/1 당 좌 예 금	1,000,000	6/30 차 기 이 월	1,000,000
7/1 전 기 이 월	1,000,000	12/31 차 기 이 월	1,000,000
1/1 전 기 이 월	1,000,000	1/1 제　　　좌	1,000,000

건 물 감 가 상 각 누 계 액

6/30 차 기 이 월	25,000	6/30 감 가 상 각 비	25,000
12/31 차 기 이 월	50,000	7/1 전 기 이 월	25,000
		12/31 감가상각비	25,000
	50,000		50,000
1/1 건　　　물	50,000	1/1 전 기 이 월	50,000

감　가　상　각　비

6/30 건물감가상각누계액	25,000	6/30 손　　익	25,000
12/31 건물감가상각누계액	25,000	12/31 손　　익	25,000

유 형 자 산 처 분 손 실

1/1 건　　　물	100,000		

7.

No.	차변과목	금 액	대변과목	금 액
(1)	미 수 금	250,000	건　　　　물	1,500,000
	건물감가상각누계액	1,200,000		
	유형자산처분손실	50,000		
(2)	현　　　금	380,000	건　　　　물	1,540,000
	미 수 금	220,000	유형자산처분이익	45,000
	건물감가상각누계액	985,000		
(3)	현　　　금	225,000	비　　　품	420,000
	비품감가상각누계액	184,000		
	유형자산처분손실	11,000		
(4)	현　　　금	80,000	잡　이　익	80,000
(5)	차 량 운 반 구	7,000,000	차 량 운 반 구	8,000,000
	차량감가상각누계액	5,000,000	당 좌 예 금	5,000,000
	유형자산처분손실	1,000,000		
(6)	당 좌 예 금	6,000,000	건　　　　물	5,000,000
			유형자산처분이익	850,000
			현　　　　금	150,000
(7)	구　축　물	2,000,000	당 좌 예 금	2,000,000
(8)	수 선 비	250,000	현　　　　금	250,000
(9)	비　　　품	50,000	운　반　비	50,000
(10)	비　　　품	320,000	미 지 급 금	300,000
			현　　　　금	20,000
(11)	건　　　물	5,000	건설중인자산	1,000
			당 좌 예 금	4,000

8. (1) c　(2) f　(3) l　(4) b　(5) d　(6) e
(7) g　(8) i　(9) k　(10) h

적중예상문제

1. ③　2. ②　3. ④　4. ③　5. ④　6. ①
7. ②　8. ④　9. ①　10. ③　11. ①　12. ④
13. ④　14. ①　15. ④　16. ④　17. ③　18. ①
19. ①　20. ②　21. ④　22. ②　23. ①　24. ②
25. ③　26. ①

13 개인기업의 자본

 기본연습문제

1. ① 추가출자액　② 당기순이익　③ 인출액

2.

No.	차변과목	금 액	대변과목	금 액
(1)	현　　　금	1,500,000	자　본　금	4,800,000
	매　　　입	800,000		
	건　　　물	2,500,000		
(2)	인 출 금	50,000	현　　　금	50,000
(3)	인 출 금	20,000	매　　　입	20,000
(4)	자 본 금	100,000	인 출 금	100,000
(5)	손　　　익	250,000	자　본　금	250,000
(6)	보 험 료	12,000	현　　　금	20,000
	인 출 금	8,000		
(7)	인 출 금	200,000	단기차입금	200,000
(8)	단기차입금	500,000	자　본　금	500,000
(9)	현　　　금	1,000,000	단기차입금	1,000,000

3.

No.	차변과목	금 액	대변과목	금 액
(1)	인 출 금	250,000	현　　　금	250,000
(2)	인 출 금	350,000	현　　　금	350,000
(3)	세금과공과	320,000	현　　　금	320,000
(4)	세금과공과	70,000	현　　　금	70,000
(5)	소득세예수금	200,000	현　　　금	200,000
(6)	토　　　지	500,000	현　　　금	500,000

4. ① 20,000　② 13,000　③ 120,000　④ 15,000
⑤ 402,000　⑥ 126,000　⑦ 42,000　⑧ −12,000

5. (1) 손익　(2) 인출금　(3) 세금과공과

6. (1) 560,000, (2) 2,300,000, (3) 2,500,000, (4) 258,000

【해설】
① 매출총이익 : 1,820,000 − (450,000+1,460,000−520,000) = 430,000
② 당기순이익 : (430,000+10,000) − (120,000+20,000+18,000+24,000) = 258,000
③ 기말자본 : (320,000+520,000+800,000+1,600,000) − (640,000+100,000) = 2,500,000

④ 기초 자본 : 2,500,000 + 58,000 − 258,000 = 2,300,000
⑤ 외상매입금 : 200,000 + 450,000 + 1,000,000 + 1,260,000 − 50,000 − 2,300,000 = 560,000

적중예상문제

1. ① 2. ③ 3. ③ 4. ④ 5. ② 6. ②
7. ④ 8. ③ 9. ② 10. ① 11. ② 12. ②
13. ② 14. ② 15. ④ 16. ② 17. ④

14 주식회사의 자본

기본연습문제

1. (1) ○ (2) × (3) × (4) ○ (5) × (6) ×
   (7) × (8) × (9) × (10) × (11) × (12) ○

2. (1) c (2) b (3) d (4) e (5) f (6) j
   (7) g (8) l

적중예상문제

1. ③ 2. ② 3. ③ 4. ② 5. ③
6. ③ 7. ② 8. ③ 9. ③

15 거래와 사용장부

기본연습문제

1.

No.	현금출납장	당좌예금출납장	매출처원장	매입처원장	매출장	매입장	상품재고장	받을어음기입장	지급어음기입장
(1)	5,000	150,000		50,000		205,000	205,000		
(2)	5,000		80,000		180,000		150,000	100,000	
(3)				12,000		△12,000	△12,000		
(4)	48,000		50,000			△2,000	△2,000		
(5)			36,000		△36,000		△30,000		
(6)		52,500	54,000		△1,500				
(7)			300,000			500,000	500,000		200,000

▶ 매입처원장과 매출처원장은 차변과 대변의 기입란이 있으므로 △표시를 하지 않는다.

적중예상문제

1. ① 2. ④ 3. ③ 4. ③ 5. ④ 6. ①
7. ② 8. ④ 9. ① 10. ③

제3장·손익계산서 계정의 회계처리

기본연습문제

1.

No.	차변과목	금 액	대변과목	금 액
(1)	현 금	20,000	수 수 료 수 익	20,000
(2)	현 금	300,000	임 대 료	300,000
(3)	현 금	50,000	이 자 수 익	50,000
(4)	현 금	200,000	배 당 금 수 익	200,000
(5)	현 금	60,000	잡 이 익	60,000
(6)	현 금	500,000	잡 이 익	500,000

2.

No.	차변과목	금 액	대변과목	금 액
(1)	복 리 후 생 비	2,000,000	현 금	2,000,000
(2)	통 신 비	200,000	현 금	200,000
(3)	기업업무추진비	53,000	(카드)미지급금	53,000
(4)	도서인쇄비(또는 잡비)	15,000	현 금	15,000
(5)	세 금 과 공 과	570,000	현 금	570,000
(6)	수 수 료 비 용	300,000	현 금	300,000
(7)	광 고 선 전 비	300,000	현 금	300,000
(8)	차 량 유 지 비	50,000	현 금	50,000
(9)	수 도 광 열 비	38,700	보 통 예 금	38,700
(10)	복 리 후 생 비 접 대 비	100,000 100,000	보 통 예 금	200,000
(11)	복 리 후 생 비	50,000	접 대 비	50,000
(12)	소 모 품 비	29,000	현 금	29,000
(13)	기 부 금	3,000,000	현 금	3,000,000
(14)	이 자 비 용	5,000	현 금	5,000
(15)	잡 손 실	620,000	현 금	620,000
(16)	광 고 선 전 비	500,000	보 통 예 금	500,000

적중예상문제

1. ③ 2. ④ 3. ② 4. ④ 5. ④ 6. ④
7. ④ 8. ② 9. ② 10. ① 11. ③ 12. ②
13. ④

제4장·결산 및 전표회계처리

01 시산표

기본연습문제

1. (1) ○ (2) × (3) × (4) ○
   (5) × (6) × (7) × (8) ×

정답 및 해설 **311**

2.

No.	차변과목	금액	대변과목	금액
(1)	외 상 매 입 금	100,000	미 지 급 금	100,000
(2)	현 금	27,000	보 험 료	27,000
(3)	현 금	50,000	수 수 료 수 익	50,000
(4)	현 금	150,000	외 상 매 입 금	150,000
(5)	당 좌 예 금	200,000	현 금	200,000
(6)	매 출	50,000	외 상 매 출 금	50,000
(7)	매 입	20,000	외 상 매 입 금	20,000

3.

합 계 잔 액 시 산 표

차 변 잔액	차 변 합계	계정과목	대 변 합계	대 변 잔액
120,000	(520,000)	현 금	(400,000)	
	1,080,000	(당 좌 예 금)	1,080,000	
(1,080,000)	(1,280,000)	외 상 매 출 금	(200,000)	
(600,000)	(1,000,000)	받 을 어 음	400,000	
(260,000)	260,000	이 월 상 품		
(1,000,000)	1,000,000	비 품		
	(160,000)	외 상 매 입 금	(460,000)	300,000
	400,000	지 급 어 음	(600,000)	(200,000)
		단 기 차 입 금	(120,000)	120,000
		대 손 충 당 금	60,000	(60,000)
		자 본 금	2,000,000	(2,000,000)
		매 출	3,600,000	3,600,000
(2,440,000)	(2,520,000)	매 입	80,000	
(780,000)	780,000	판매비와관리비		
(6,280,000)	(9,000,000)		(9,000,000)	(6,280,000)

적중예상문제

1. ① 2. ④ 3. ④ 4. ③ 5. ① 6. ①
7. ④ 8. ① 9. ③

02 손익의 정리

기본연습문제

1.

월일	차변과목	금 액	대변과목	금 액
9/1	보 험 료	120,000	현 금	120,000
12/31	선급보험료	40,000	보 험 료	40,000
	손 익	80,000	보 험 료	80,000
1/1	보 험 료	40,000	선급보험료	40,000

보   험   료

9/1 현 금	120,000	12/31 선급보험료	40,000
		〃 손 익	80,000
	120,000		120,000
1/1 선급보험료	40,000		

선 급 보 험 료

12/31 보 험 료	40,000	12/31 차 기 이 월	40,000
1/1 전 기 이 월	40,000	1/1 보 험 료	40,000

【해설】 120,000 ÷ 6 = 20,000 × 2 = 40,000(선급분)

2.

월일	차변과목	금 액	대변과목	금 액
3/1	현 금	600,000	임 대 료	600,000
12/31	임 대 료	100,000	선수임대료	100,000
	임 대 료	500,000	손 익	500,000
1/1	선수임대료	100,000	임 대 료	100,000

임   대   료

12/31 선수임대료	100,000	3/1 현 금	600,000
〃 손 익	500,000		
	600,000		600,000
		1/1 선수임대료	100,000

선 수 임 대 료

12/31 차 기 이 월	100,000	12/31 임 대 료	100,000
1/1 임 대 료	100,000	1/1 전 기 이 월	100,000

【해설】 600,000 ÷ 12개월 = 50,000 × 2 = 100,000(선수분)

3.

월일	차변과목	금 액	대변과목	금 액
8/1	임 차 료	360,000	현 금	360,000
12/31	임 차 료	120,000	미지급임차료	120,000
	손 익	480,000	임 차 료	480,000
1/1	미지급임차료	120,000	임 차 료	120,000

임   차   료

8/1 현 금	360,000	12/31 손 익	480,000
12/31 미지급임차료	120,000		
	480,000		480,000
		1/1 미지급임차료	120,000

미지급임차료

12/31 차 기 이 월	120,000	12/31 임 차 료	120,000
1/ 1 임 차 료	120,000	1/ 1 전 기 이 월	120,000

4.

월일	차변과목	금액	대변과목	금액
7/ 1	현 금	90,000	이 자 수 익	90,000
12/31	미 수 이 자	60,000	이 자 수 익	60,000
	이 자 수 익	150,000	손 익	150,000
1/ 1	이 자 수 익	60,000	미 수 이 자	60,000

이 자 수 익

12/31 손 익	150,000	7/ 1 현 금	90,000
		12/31 미 수 이 자	60,000
	150,000		150,000
1/ 1 미 수 이 자	60,000		

미 수 이 자

12/31 이 자 수 익	60,000	12/31 차 기 이 월	60,000
1/ 1 전 기 이 월	60,000	1/ 1 이 자 수 익	60,000

5.

【비용 처리법】

월일	차변과목	금액	대변과목	금액
9/10	소 모 품 비	50,000	현 금	50,000
12/31	소 모 품	20,000	소 모 품 비	20,000
	손 익	30,000	소 모 품 비	30,000
1/ 1	소 모 품 비	20,000	소 모 품	20,000

소 모 품 비

9/10 현 금	50,000	12/31 소 모 품	20,000
		" 손 익	30,000
	50,000		50,000
1/ 1 소 모 품	20,000		

소 모 품

12/31 소 모 품 비	20,000	12/31 차 기 이 월	20,000
1/ 1 전 기 이 월	20,000	1/ 1 소 모 품 비	20,000

【자산처리법】

월일	차변과목	금액	대변과목	금액
9/10	소 모 품	50,000	현 금	50,000
12/31	소 모 품 비	30,000	소 모 품	30,000
	손 익	30,000	소 모 품 비	30,000
1/ 1	분 개 없 음			

소 모 품

9/10 현 금	50,000	12/31 소 모 품 비	30,000
		" 차 기 이 월	20,000
	50,000		50,000
1/ 1 전 기 이 월	20,000		

소 모 품 비

12/31 소 모 품	30,000	12/31 손 익	30,000

알고갑시다!

- 10/ 1 : (차) 선급보험료 120,000 (대) 현   금 120,000
  12/31 : (차) 보 험 료 30,000 (대) 선급보험료 30,000
           손   익 30,000 (대) 보 험 료 30,000

선 급 보 험 료

10/1 현 금	120,000	12/31 보 험 료	30,000
		" 차 기 이 월	90,000
	120,000		120,000
1/ 1 전 기 이 월	90,000		

보   험   료

12/31 선급보험료	30,000	12/31 손 익	30,000

○ 기출문제 : ① (경과분을 분개한다.)
     180,000 ÷ 6 = 30,000 ×2 = 60,000(경과분)

적중예상문제

1. ③	2. ③	3. ④	4. ③	5. ④	6. ④
7. ③	8. ②	9. ③	10. ②	11. ②	12. ④
13. ②	14. ①	15. ②	16. ③

03 결산정리사항의 수정

No.	차변과목	금액	대변과목	금액
(1)	매 입	460,000	이 월 상 품	230,000
	이 월 상 품	568,000	매 입	284,000
(2)	대 손 상 각 비	2,000	대 손 충 당 금	1,000
(3)	감 가 상 각 비	20,000	비품감가상각누계액	10,000
(4)	단기투자자산평가손실	6,000	단 기 매 매 증 권	3,000
(5)	선 급 비 용	6,000	보 험 료	3,000
(6)	이 자 비 용	3,000	미 지 급 비 용	1,500
(7)	소 모 품	6,000	소 모 품 비	3,000

정 산 표

계정과목	시산표 차변	시산표 대변	정리기입 차변	정리기입 대변	손익계산서 차변	손익계산서 대변	재무상태표 차변	재무상태표 대변
현 금	100,000						100,000	
외상매출금	300,000						300,000	
단기매매증권	156,000			6,000			150,000	
이 월 상 품	460,000		568,000	460,000			568,000	
비 품	200,000						200,000	
외상매입금		368,000						368,000
단기차입금		100,000						100,000
대손충당금		4,000		2,000				6,000
비품감가상각누계액		60,000		20,000				80,000
자 본 금		600,000						600,000
매 출		1,464,000				1,464,000		
수수료수익		4,000				4,000		
매 입	1,280,000		460,000	568,000	1,172,000			
급 여	40,000				40,000			
보 험 료	36,000			6,000	30,000			
소 모 품 비	20,000			6,000	14,000			
이 자 비 용	8,000		3,000		11,000			
	2,600,000	2,600,000						
대손상각비			2,000		2,000			
감가상각비			20,000		20,000			
단기투자자산평가손실			6,000		6,000			
선 급 비 용			6,000				6,000	
미지급비용				3,000				3,000
소 모 품			6,000				6,000	
당기순이익					173,000			173,000
			1,071,000	1,071,000	1,469,400	1,469,400	1,330,000	1,330,000

적중예상문제

1. ②   2. ①   3. ④   4. ②   5. ④   6. ②
7. ④   8. ①   9. ②   10. ①   11. ②   12. ④
13. ②

04 원장의 마감

기본연습문제

【 결산정리사항분개 】

No.	차변과목	금액	대변과목	금액
(1)	매 입	255,000	이 월 상 품	255,000
	이 월 상 품	305,000	매 입	305,000
(2)	대 손 상 각 비	600	대 손 충 당 금	600
(3)	감 가 상 각 비	20,000	비품감가상각누계액	20,000
(4)	선 급 보 험 료	5,000	보 험 료	5,000
(5)	급 여	15,000	미 지 급 급 여	15,000

이 월 시 산 표			(19)
현 금	50,000	외 상 매 입 금	48,000
외 상 매 출 금	30,000	미 지 급 급 여	15,000
이 월 상 품	305,000	건물감가상각누계액	40,000
비 품	200,000	대 손 충 당 금	600
선 급 보 험 료	5,000	자 본 금	486,400
	590,000		590,000

No.	구 분	차 변		대 변	
(1)	수익대체분개	매 출 이자수익	1,500,000 20,000	손 익	1,520,000
(2)	비용대체분개	손 익	1,333,600	매 입 급 여 보 험 료 대손상각비 감가상각비	1,030,000 165,000 118,000 600 20,000
(3)	순손익대체분개	손 익	186,400	자 본 금	186,400

적중예상문제

1. ③ 2. ② 3. ④ 4. ③ 5. ①
6. ② 7. ④

05 재무제표

기본연습문제

1.

재 무 상 태 표

한강상사　제2기 20×1년 12월 31일 현재　단위:원

과　　　　　목	금　　　액	
자　　　　　　　　산		
유　　동　　자　　산		3,618,000
당　　좌　　자　　산		3,480,000
현금및현금성자산		1,870,000
단 기 투 자 자 산		434,000
매　출　채　권		1,176,000
재　　고　　자　　산		138,000
상　　　　　　품		138,000
비　유　동　자　산		1,882,000
유　　형　　자　　산		1,882,000
건　　　　　　물	2,000,000	
감 가 상 각 누 계 액	(118,000)	1,882,000
자　　산　　총　　계		5,500,000
부　　　　　채		
유　　동　　부　　채		1,600,000
단　기　차　입　금		450,000
매　　입　　채　　무		1,150,000
부　　채　　총　　계		1,600,000
자　　　　　본		
자　　본　　금		3,650,000
당　기　순　이　익		250,000
자　본　총　계		3,900,000
부 채 와 자 본 총 계		5,500,000

2.

손 익 계 산 서

(주)서울상사　제2기 20×1년 1월 1일부터 12월 31일까지　단위:원

과　　　　　목	금　　　액	
매　　　출　　　액		7,000,000
매　　　출　　　원　　　가		(5,350,000)
[기 초 상 품 재 고 액]	450,000	
[당　기　매　입　액]	5,400,000	
[기 말 상 품 재 고 액]	(500,000)	
매　　출　　총　　이　　익		1,650,000
판　매　비　와　관　리　비		(760,000)
급　　　　　　　　　여	380,000	
[세　금　과　공　과]	130,000	
[소　모　품　비]	100,000	
[대　손　상　각　비]	80,000	
[감　가　상　각　비]	70,000	
영　　업　　이　　익		890,000
영　　업　　외　　수　　익		60,000
[임　　대　　료]	60,000	
영　　업　　외　　비　　용		(30,000)
이　　자　　비　　용	30,000	
법 인 세 비 용 차 감 전 순 이 익		920,000
법　　인　　세　　비　　용		(120,000)
당　　기　　순　　이　　익		800,000

3.

【 기말정리사항 분개 】

No.	차변과목	금액	대변과목	금액
(1)	매　　　입 이 월 상 품	460,000 600,000	이 월 상 품 매　　　입	460,000 600,000
(2)	대 손 상 각 비	11,200	대 손 충 당 금	11,200
(3)	감 가 상 각 비	40,000	건물감가상각누계액	40,000
(4)	선 급 보 험 료	2,400	보　험　료	2,400
(5)	소　모　품	12,000	소 모 품 비	12,000
(6)	이 자 수 익	3,000	선 수 이 자	3,000

재 무 상 태 표

자　산	금　액	부채ㆍ자본	금　액
현금및현금성자산	700,000	매 입 채 무	760,000
단 기 금 융 자 산	240,000	기 타 채 무	3,000
매 출 채 권	744,800	납 입 자 본	2,000,000
기 타 채 권	2,400	당 기 순 이 익	156,200
재 고 자 산	612,000		
건　　　물	620,000		
	2,919,200		2,919,200

손익계산서

비용	금액	수익	금액
기초상품재고액	460,000	매 출 액	2,080,000
당기매입액	1,840,000		
계	2,300,000		
기말상품재고액	600,000		
매 출 원 가	1,700,000		
매출총이익	380,000		
	2,080,000		2,080,000
급 여	106,000	매출총이익	380,000
보 험 료	21,600	이 자 수 익	13,000
소 모 품 비	22,000		
[대손상각비]	11,200		
[감가상각비]	40,000		
이 자 비 용	36,000		
당기순이익	156,200		
	393,000		393,000

적중예상문제

1. ④ 2. ④ 3. ④ 4. ② 5. ③ 6. ①
7. ③ 8. ② 9. ④ 10. ④ 11. ④ 12. ③
13. ② 14. ④ 15. ④ 16. ③ 17. ② 18. ③
19. ④ 20. ② 21. ① 22. ② 23. ① 24. ①
25. ①

07 전표회계

 기본연습문제

1.

입 금 전 표	
상품매출	300,000

출 금 전 표	
비 품	120,000

출 금 전 표	
상 품	100,000

출 금 전 표	
급 여	30,000

대 체 전 표			
상 품	250,000	외상매입금	250,000

대 체 전 표			
외상매출금	400,000	상품매출	400,000

현 금	
5/1 전기이월 50,000	5/1 일계표 250,000
〃 일계표 300,000	

외상매입금	
	5/1 전기이월 30,000
	〃 일계표 250,000

일 계 표
20×1년 5월 1일

차변	원면	계정과목	대변
300,000		현 금	250,000
400,000		외 상 매 출 금	
350,000		상 품	
120,000		비 품	
		외 상 매 입 금	250,000
		상 품 매 출	700,000
30,000		급 여	
1,200,000			1,200,000

2.

입 금 전 표	
상 품 매 출	1,200,000

입 금 전 표	
외 상 매 출 금	230,000

출 금 전 표	
상 품	200,000

출 금 전 표	
판매비와관리비	320,000

대 체 전 표			
상 품	300,000	외상매입금	300,000

대 체 전 표			
비 품	1,000,000	당좌예금	1,000,000

대 체 전 표			
비 품	1,000,000	미지급금	1,000,000

분 개 집 계 표
20×1년 8월 31일

차 변	원면	매수	계 정 과 목	매수	대 변
2,100,000	1	5	현　　　　　금	5	1,020,000
			당 좌 예 금	2	1,320,000
250,000	3	1	외 상 매 출 금	3	680,000
700,000		3	상　　　　　품		
2,000,000		2	비　　　　　품		
450,000	8	2	외 상 매 입 금	1	300,000
150,000		1	지 급 어 음		
			미 지 급 금	1	1,000,000
			상 품 매 출	3	1,650,000
320,000		1	판매비와관리비		
5,970,000		15		15	5,970,000

```
              현                 금              (1)
8/ 1 전월이월    650,000 | 8/31 분개집계표  1,020,000
  31 분개집계표 2,100,000 |

            외  상  매  출  금                  (3)
8/ 1 전월이월    850,000 | 8/31 분개집계표    680,000
  31 분개집계표   250,000 |

            외  상  매  입  금                  (8)
8/31 분개집계표  450,000 | 8/ 1 전월이월    350,000
                         |   31 분개집계표   300,000
```

적중예상문제

1. ① 2. ④ 3. ③ 4. ③ 5. ② 6. ④
7. ① 8. ① 9. ② 10. ① 11. ③ 12. ④